INGRID THOMS-HOFFMANN

Aufgeben war nie eine Option

W0197701

INGRID THOMS-HOFFMANN

Aufgeben
war nie eine Option

Das Leben des
Manfred Lautenschläger

Deutsche Verlags-Anstalt

Penguin Random House Verlagsgruppe FSC® N001967

1. Auflage
Copyright © 2021 by Deutsche Verlags-Anstalt, München
in der Penguin Random House Verlagsgruppe GmbH,
Neumarkter Straße 28, 81673 München
Lektorat: Heike Gronemeier
Umschlaggestaltung: Büro Jorge Schmidt
Umschlagabbildung: Michael Miethe
Satz: Uhl + Massopust, Aalen
Druck und Bindung: GGP Media GmbH, Pößneck
Printed in Germany
ISBN 978-3-421-04892-9

www.dva.de
 Dieses Buch ist auch als E-Book erhältlich.

Gewidmet ist dieses Buch allen MLPlern, die naturgemäß nicht von Anfang an dabei waren und für die die Entstehungsgeschichte unseres Unternehmens und die Höhen und Tiefen, die wir gefeiert und durchlitten haben, von Interesse sein könnten. Und die mit ihrer Begeisterung und Motivation Garanten unseres Erfolges waren und sind.

Gewidmet ist dieses Buch ganz besonders meiner Frau Angelika, die mich 48 von fünfzig MLP-Jahren begleitete und mir immer eine große Stütze war – bei meiner schweren Erkrankung ebenso wie in Krisenzeiten bei MLP. Ohne sie wäre ich nicht, was ich bin.

Danke, mein Schatz!
Manfred

Inhalt

Prolog

AUFGEBEN WAR NIE EINE OPTION

Manfred Lautenschläger hatte Angst. Es war der 4. Dezember 1944, ein Datum, an das er sich immer erinnern wird. Elf Tage vor seinem sechsten Geburtstag machte Manfred Lautenschläger seine erste enge Bekanntschaft mit dem Tod. 97 Menschen verloren in dieser kalten Dezembernacht im öffentlichen Luftschutzkeller des Gasthauses »Drei Linden« im Karlsruher Stadtteil Mühlburg ihr Leben. Manfred Lautenschläger überlebte, so wie auch seine Schwester und seine Mutter. Der Vater war an der Front.

Frieden war für den Jungen aus einfachen Verhältnissen zu diesem Zeitpunkt ein Fremdwort. Er kannte nur den Krieg, wusste nicht, was Frieden bedeuten sollte. Die Erfahrungen, die er in jenen Jahren machte, würde er sein ganzes Leben nicht abstreifen. Wie für so viele aus seiner Generation würden die Erinnerungen an diese Zeit für immer präsent bleiben. Die Rückbesinnung darauf war ihm Mahnung und Motor, brachte ihn vorwärts.

Ein knappes Dreivierteljahrhundert nach den schrecklichen Kriegserlebnissen feierte ein reicher Unternehmer, ein großer Mäzen und liebevoller Familienmensch im Königssaal des Heidelberger Schlosses seinen 80. Geburtstag mit all den Honoratioren, die stolz darauf waren, dass er die meisten von ihnen

»Freunde« nannte. Universitätsprofessoren und Oberbürgermeister gehörten ebenso dazu wie Sportler, Politiker, Kulturschaffende oder Klinikchefs. Als Überraschungsgast spielte die Saxofon-Legende Archie Shepp, in der Küche wirkten Sterneköche, über den Köpfen der Gäste wechselten große Papageienvögel die Farbe ihres Gefieders. Von einem Illusionisten auf die Reise der Sinnestäuschung geschickt, mit der Botschaft: Alles ist machbar. In Manfred Lautenschlägers Leben war alles machbar, alles erreichbar.

Es hätte auch ganz anders kommen können. Dass dem nicht so war, lag daran, dass der Junge, der in einer Sozialwohnung in der Philippstraße 28 im Karlsruher Vorort Mühlburg aufwuchs, seine Wurzeln nie vergaß und stets seinem eigenen Kompass folgte, der ihn in eine Welt katapultierte, in die er nicht hineingeboren worden und in der er doch in all den Jahrzehnten heimisch geworden war. Was er mitbrachte, war eine hellwache Intelligenz, ein starker Wille, gepaart mit Durchsetzungsvermögen, ein ungezügelter Freiheitsdrang, aber auch eine eiserne Disziplin, ein großes Bedürfnis nach Unabhängigkeit und vor allem lebenslange Neugier. Was ihm geschenkt wurde, war Glück. Und zwar sehr viel Glück. Er überlebte den Pankreaskrebs ebenso wie einen schlimmen Unfall mit dem Rennrad, da war er bereits über achtzig. In den Anfangsjahren seines Unternehmens musste er den Tod seines Freundes und Geschäftspartners verkraften, er erlebte erst den kometenhaften Aufstieg und zwischenzeitlich den schwindelerregenden Fall des von ihm gegründeten Konzerns, erwies sich als mitmenschlicher Krisenmanager und ging gestärkt aus jeder Niederlage hervor. Die Kraft dazu gaben ihm seine Frau Angelika und seine fünf Kinder. Manfred Lautenschlägers Leben ist eines voll unglaublicher Höhen und bitterer Tiefen, manchmal märchenhaft, aber immer hochspannend. Die berührende und faszinierende Geschichte eines Mannes, für den aufgeben nie eine Option war.

I

»WO IST DEIN HITLER?«

Sein Leben lang wird Manfred Lautenschläger dieses Gebet
nicht vergessen: »Heilige Maria, Mutter Gottes, bitt' für uns
Sünder, jetzt in der Stunde unseres Todes.« Worte, die sich bis
heute in sein Gedächtnis eingebrannt haben, die er Jahrzehnte
später noch aufsagen kann, ohne sie je danach noch einmal gesprochen oder gehört zu haben. Eine Frau hatte das Ave Maria
voller Angst in den überfüllten Luftschutzkeller geschrien. Die
Stimme der Frau, die unweit von ihm auf einer der Holzbänke
saß, war ihm durch Mark und Bein gegangen. Er hat sie nie
vergessen, erinnert sich an jedes Detail aus dieser Nacht, als
die Bomben über Karlsruhe vom Himmel fielen. Als er ein-
gezwängt zwischen all den Menschen saß und fühlte, dass sie
Angst hatten, genau wie er und seine sechs Jahre ältere Schwester. Nur seine damals 37 Jahre alte Mutter strahlte eine Ruhe
aus, die ihm ein Stück weit Geborgenheit gab.

Es ist 77 Jahre her, dass der Südwesten des Deutschen Rei-
ches in Flammen aufging, Zigtausende im Bombenhagel der
Briten und Amerikaner starben. Vor allem jener 4. Dezember 1944 hat sich tief in die Erinnerung der Nordbadener und
Württemberger eingegraben. In Heilbronn wurden in jener
Nacht in nur rund 37 Minuten etwa 62 Prozent des Stadtge-
bietes zerstört. 6500 Menschen kamen ums Leben. Die meis-

ten von ihnen erstickten in Luftschutzkellern. Noch schlimmer sollte es acht Wochen später Pforzheim treffen. Von den 80.000 Einwohnern starb fast jeder vierte. Mannheim litt seit 1940 unter gezielten Flächenbombardements, die Royal Air Force erprobte hier den kombinierten Einsatz von Spreng- und Brandbomben. Einer der heftigsten Angriffe wurde in der Nacht vom 5. auf den 6. Dezember 1943 geflogen. Durch die wiederholten Angriffe auf die Kurpfalzmetropole wurden etwa 1700 Menschen getötet. Anders als in manch anderen Städten gab es hier ausreichend Bunker, die den Bomben standhielten. Fast auf den Tag genau ein Jahr später sollte es Karlsruhe schwer treffen. Ob die Deutschen ihrem größenwahnsinnigen Führer noch zugejubelt hätten, hätten sie um das Ende des Krieges gewusst? Adolf Hitler brachte ihnen am Ende den Tod, die Zerstörung, das Elend, die Trauer.

Lediglich Heidelberg blieb im Zweiten Weltkrieg nahezu unversehrt. Zwar waren seit 1940 auch hier immer mal wieder Bomben gefallen, aber der Schaden hielt sich in Grenzen. Warum Heidelberg verschont blieb, darüber kann man nur spekulieren. Kriegswichtige Betriebe gab es kaum, und um die Bevölkerung zu demoralisieren, wurden andere Ziele ausgewählt. Es war sicher eine Portion Glück dabei, und vielleicht hatte nicht nur der Karlsruher Manfred Lautenschläger an die Touristenstadt am Neckar sein Herz verloren. Über seine spätere Wahlheimat sagte er: »Hier kriegen mich keine zehn Pferde mehr weg!«

Lange vor dem Zweiten Weltkrieg gehörte »Old Heidelberg« zu den beliebtesten Zielen der Reisenden aus Übersee. Der amerikanische Schriftsteller Mark Twain war Ende des 19. Jahrhunderts bei seinem »Bummel durch Europa« in Verzückung geraten und hatte so seine Landsleute angeregt, die weite Reise auf sich zu nehmen. Ende der 1920er-Jahre war es der amerikanische Botschafter Jacob Gould Schurman, der eine große Spendenaktion in den USA startete, damit die älteste Universität auf deutschem Boden ein neues Gebäude errichten konnte: Die Einweihung der Neuen Universität wurde live im Radio nach Amerika übertragen.

Und dann gab es ja noch die Operette »The Student Prince« des Komponisten Sigmund Romberg, nach dem Schauspiel »Alt-Heidelberg« von Wilhelm Meyer-Förster, die am Broadway Erfolge feierte, mehrfach verfilmt wurde und so die Werbetrommel für Heidelberg rührte.

Ob all das allerdings die kühne These stützt, dass die US-Armee schon während des Krieges plante, hier ihr Hauptquartier einzurichten, und deshalb Heidelberg nicht bombardierte? Belegen lässt sich hingegen, dass Heidelberg später Teil der amerikanischen Besatzungszone wurde, Sitz des Nato-Hauptquartiers für Mitteleuropa und der 7. US-Armee war. Auch der Armeerundfunk AFN sendete aus Heidelberg, wo bis 2013 Tausende Soldaten mit ihren Familien lebten. Was sie mitbrachten, war der »American Way of Life«, der Freiheitsgedanke, die Musik, die auch Lautenschläger liebte, als er als Student nach Heidelberg kam und für immer blieb.

Hier erlebte er aber auch den Hass gegen die amerikanischen »Freunde«, den politischen Protest gegen den Vietnamkrieg, die Anschläge der Roten Armee Fraktion (RAF) gegen amerikanische Einrichtungen. Am 24. Mai 1972 tötete ein Sprengstoffanschlag auf das US-Hauptquartier drei amerikanische Soldaten und verletzte fünf weitere. Ein Attentat mit einer Panzerfaust auf den Oberbefehlshaber der US-Landstreitkräfte in Europa, Frederick James Kroesen, scheiterte am 15. September 1981 nur knapp.

All das lag noch in weiter Ferne, als der kleine Manfred im dichten Gedränge im öffentlichen Luftschutzkeller des Gasthauses »Drei Linden« saß und seine Geburtsstadt Karlsruhe in Flammen aufging. Es war nicht der erste und nicht der letzte verheerende Schlag aus der Luft, der die bereits stark zerstörte Stadt in jener Nacht ein weiteres Mal entscheidend traf. Als die französischen Truppen am 4. April 1945 einmarschierten, lebten dort nur noch 60.000 Menschen, 12.000 Karlsruher waren während des Krieges ums Leben gekommen, darunter an die 6000 Soldaten. Tausende wurden vermisst.

Doch nie zuvor waren so viele Todesopfer an einem Tag zu beklagen gewesen wie an diesem. 375 Menschen starben an jenem Montag nach dem 1. Advent, als 535 viermotorige Maschinen der britischen Royal Air Force ihre vernichtende Fracht abwarfen. Der Großangriff am Abend zerstörte auch Mühlburg, den Stadtteil, in dem Lautenschläger aufwuchs. Die Kirche St. Peter und Paul brannte aus, ebenso wie die Karl-Friedrich-Gedächtniskirche, im Luftschutzraum des Pfarrhauses kamen alle ums Leben, die dort Schutz gesucht hatten, darunter auch die Geistlichen. Ein Volltreffer, der das Gasthaus »Drei Linden« in Schutt und Asche legte, löste ein Inferno im darunter liegenden Luftschutzkeller aus. 97 Menschen starben, die meisten von ihnen Frauen und Kinder. Wie durch ein Wunder entkam die Familie Lautenschläger dem Tod.

Fliegeralarm gehörte für den kleinen Manfred zum Alltag. Allein von August 1941 bis zum Dezember 1944 war er 788 Mal ausgelöst worden. »Ich wurde gefühlt jede Nacht aus dem Bett gerissen«, erinnert sich Lautenschläger Jahrzehnte später. »Schon beim Voralarm rannten wir los.« Von der Volkswohnung in der Philippstraße 28 Richtung Kaiserallee, dann in die Rheinstraße zum öffentlichen Luftschutzkeller unter den »Drei Linden«. Etwa 300 Meter im Laufschritt.

An jenem schrecklichen Abend – es war gegen 17 Uhr, als die Sirenen losheulten – kamen sie spät an. Der erste große Raum war schon überfüllt, Platz fanden sie schließlich im kleineren Bereich dahinter. »Es war ein großes Durcheinander, ein wildes Gedränge und Geschreie«, blickt Lautenschläger zurück. Auf der Bank vor den Doppelstock-Betten hielt er seine kleine Umhängetasche fest umklammert. Sie war schon ziemlich ramponiert und mitgenommen, ein Sattler-Lehrling hatte versprochen, es zu reparieren, aber dazu sollte es nicht mehr kommen.

Bomben zerfetzten die sechzig Zentimeter dicken Schutzmauern, dann flogen die Gesteinsbrocken, die Wände der Zwischenmauern stürzten ein, ebenso wie Teile der Decke. Viele der Schutzsuchenden wurden erschlagen und unter dem Schutt begraben. Außerdem herrschte ein unvorstellbarer Luftdruck, ausgelöst durch die zuvor abgeworfenen zentnerschweren Luftminen. Den direkten Opfern von Luftminen zerriss es, infolge der enormen Druckwelle, die Lunge.

Wie auch die deutsche Luftwaffe setzten Amerikaner und Briten diese »Wohnblockknacker« ein, um Brandbomben einen guten Zugang zu den leicht brennbaren Dachböden zu ermöglichen. Das Feuerinferno sollte großflächig, die Straßen durch die entstehenden Trümmer für Rettungskräfte unpassierbar sein. Hilfe für die Opfer kam deshalb oft zu spät.

Der Angriff dauerte endlose 21 Minuten lang. Der freundliche Sattler-Lehrling, der unweit von Lautenschläger saß, wurde von einem herabfallenden Stück Mauerwerk tödlich getroffen. Über ihnen brannte das mehrstöckige Haus lichterloh, und es sollte noch stundenlang brennen. Irgendwann hörte er Kommandos:

»Sofort raus, Explosionsgefahr!« Die Rufe galten den Pionieren, die versuchten, zu den Eingeschlossenen vorzudringen. Es war ein unmögliches Unterfangen, eine Brandbombe hatte das Treppenhaus zerstört. Es gab keinen Ausgang mehr. Die Pioniere wurden abgezogen, die Menschen im Keller blieben zurück. Irgendwann schlief Lautenschläger erschöpft ein. Als nach 14 Stunden Helfer endlich die verängstigten Menschen herausholten, kletterte er über Schuttbrocken und Tote dem Ausgangsloch entgegen, durch den Hauptraum, in dem alle Menschen umgekommen waren. Vor dem einstigen Eingang des Gasthauses »Drei Linden« hatte sich ein riesiger Bombentrichter aufgetan, um den herum Tote und Verwundete lagen.

Manfred Lautenschläger erinnert sich noch, wie er zusammen mit seiner Mutter und Schwester Ilse endlich aus dem Kellerloch hinauf ans Tageslicht kam, an die Explosionsgefahr, die von den brennenden Häusern ausging, an die Ruinen, an die Hunderte Stabbrandbomben, die den Teer der Straßen zum Schmelzen gebracht hatten, an die Rheinstraße, die in Flammen stand, und daran, wie sie sich mühsam ihren Weg zurück in die Philippstraße bahnten.

Noch heute versagt dem fünffachen Familienvater die Stimme, wenn er von jenen Erlebnissen im Luftschutzkeller erzählt. Nein, sein Leben lang »gelitten« habe er zwar nicht unter den schrecklichen Eindrücken. Aber da war – auch später noch – die »panische Angst vor Blitz und Donner«, und da ist bis heute das ungute Gefühl, in einen Keller zu gehen, ein beklemmendes Gefühl vor der Enge, die Panik vor tieffliegenden Flugzeugen. Was er jahrzehntelang ignorierte, nennt er heute »Trauma«. Jenes nicht zu fassende Phänomen, das so tief sitzt und doch verborgen ist, unter den vielen Schichten eines langen, wechselvollen Lebens.

Aber dieses Gebet, dieses »Heilige Maria, Mutter Gottes…«, das wird er nie vergessen, und auch jenen Satz, den diese Frau im Luftschutzkeller dem Blockwart entgegenschleuderte. »Merker hieß der«, den Namen weiß Lautenschläger bis heute. »Merker, wo ist dein Hitler?«, hatte sie ihn angeschrien.

Der plante zu diesem Zeitpunkt die »Ardennen-Offensive«. Mit einer letzten verzweifelten Schlacht versuchte Nazi-Deutschland im Westen, den Zweiten Weltkrieg noch zu drehen. Am 16. Dezember 1944 überraschten die Deutschen mit ihrer Offensive die Alliierten. Doch als sich am 25. Januar 1945 Hitlers Truppen geschlagen geben mussten, war der Frontverlauf wieder so wie vor dem Durchbruchsversuch – und die Verluste auf beiden Seiten enorm. Wenige Monate vor dem Ende des Krieges hatten Hybris und Wahnsinn noch einmal Zigtausenden von Soldaten den Tod gebracht. Historiker gehen von 85.000 Toten, Vermissten und Verwundeten auf deutscher und 75.000 auf alliierter Seite aus. Darüber hinaus starben Tausende von Zivilisten in den Dörfern und Städten Belgiens und Luxemburgs.

Aber damit setzte sich die deutsche Zivilbevölkerung erst einmal nicht auseinander. Sie hoffte, wie auch die Familie Lautenschläger, dass ihre Angehörigen heil von der Front zurückkehren mögen, dass sie selbst dieser tödlichen Hölle entkommen würden.

Als die Lautenschlägers in der Philippstraße ankamen, war ihr Wohnblock wie durch ein Wunder unversehrt, lediglich die Eingangstüre hatte es aus den Angeln gerissen. Aber die Mutter wollte weg aus dem Trümmerfeld Karlsruhe, wollte hinaus aufs Land. Am Tag nach dem Bombenangriff und der schrecklichen Nacht im Luftschutzkeller der »Linde« schnappte sie ihre beiden Kinder und marschierte los. Vom Karlsruher Stadtteil Mühlburg über Durlach und Grötzingen nach Berghausen, wo die Mutter herstammte und wo ihre beiden Schwestern lebten. An die zwanzig Kilometer bewältigten die Kinder an der Hand der Mutter. Nach einer gefühlten Ewigkeit kamen die drei endlich bei der Tante an, in der Hoffnung auf ein Bett, auf ein wenig Essen. Doch noch an der Türschwelle hörten sie, wie die Tante in das Innere des Hauses rief: »Ach Gott, die kommen schon wieder.« Die Mutter machte auf der Stelle kehrt, so etwas wollte sie sich nicht sagen lassen. Und schließlich gab es da ja noch ihre beste Freundin Friedel, die wohnte nicht weit weg. Dort verbrachten sie die erste Nacht, und hier lernte Lautenschläger auch Klara kennen, eine junge Zwangsarbeiterin aus der Ukraine, die so unglaublich nett war und die später bittere Tränen weinte, als sie wieder zurück in ihre Heimat musste. Und wer sich später fragte, weshalb Lautenschläger als reicher Mann ausgerechnet ein Anwesen in Simferopol, der ukrainischen Partnerstadt Heidelbergs, kaufen und zu einer Begegnungsstätte mit medizinischer Versorgung für ehemalige Zwangsarbeiterinnen ausbauen lassen sollte, der findet hier den Ursprung dieses Engagements.

Aber erst einmal suchten die Lautenschlägers eine Unterkunft für ein paar Tage oder Wochen. Die fanden sie schließlich bei der jüngeren Schwester der Mutter. Gestört hat es sie nicht, dass sie dort zu dritt in einem winzigen Zimmerchen in einem einzigen Bett schlafen mussten. Hier, im ehemaligen Elternhaus der Mutter – sie stammte aus einer Bauernfamilie –, bekamen sie wieder eine entfernte Ahnung von Sicherheit. Auch wenn das Elternhaus längst verkauft war und die Tante dort zur Miete wohnte. Hier blieben sie bis zum Ende des Krieges.

Für die Mutter barg das Haus viele Erinnerungen an glücklichere Tage. Hier hatte sie ihre Kindheit in bescheidenem Wohlstand verbracht, hier verliebte sie sich mit 17 Jahren in den zwei Jahre älteren Hermann Lautenschläger. Der »Löwengässler« kam aus dem benachbarten Grötzingen und war der Sohn eines Tagelöhners, bettelarm, aber der beste Sänger und Tänzer der ganzen Umgebung. Er hatte zwölf Kinder gezeugt, der Jüngste war Hermann. Im Dorf hieß es, Lina habe »unter ihrem Stand« geheiratet. Wie fundamental sich die Klatschmäuler doch irrten.

Hermann war nicht nur ein überaus sportlicher junger Mann, sondern dazu noch beruflich sehr ehrgeizig und der Einzige unter den Geschwistern, der es nach oben schaffte – bis zum Justizoberamtmann, die höchste Stufe auf der entsprechenden Karriereleiter für einen Nichtakademiker. Schon mit 14 Jahren hatte er sich selbstständig eine Lehrstelle als Feinmechaniker gesucht, mit 19 Jahren bewarb er sich bei der Polizei. Der intelligente Junge schaffte die Prüfungen spielend. Er glänzte aber nicht nur mit Köpfchen, sondern wurde auch badischer Polizeimeister im Hochsprung, im Kugel- und Steinstoßen.

Mit Beginn des Krieges änderte sich auch das Leben von Hermann Lautenschläger radikal. Er musste an die Front. Uniformierte Polizeikräfte waren in der Zeit des Nationalsozialismus Heinrich Himmler unterstellt, der mit einer Machtfülle ausgestattet war, die nur von Hitler übertroffen wurde. Himmler hat als einer der Hauptverantwortlichen des Holocaust Millionen von Menschenleben auf dem Gewissen.

Der Reichsführer-SS und Chef der Deutschen Polizei baute mithilfe der von ihm direkt oder indirekt kontrollierten Organe ein Terrorsystem auf, das aus Willkür und Überwachung bestand, das die Menschen einschüchterte, politische Gegner verfolgte und ermordete. Ein System, dem Zivilisten wie Kriegsgefangene gleichermaßen zum Opfer fielen. Und ein System, das keinen Widerspruch duldete. Von niemandem, erst recht nicht von einem kleinen Armeeangehörigen aus der Provinz.

Hermann Lautenschläger zog als einfacher Soldat in den Krieg. Erst gegen Frankreich, dann auf dem Balkan. Seine Vorgesetzten erkannten, dass in dem 35-Jährigen Potenzial steckte, und meldeten ihn zum Offizierslehrgang an. Sein militärischer Aufstieg nahm allerdings ein jähes Ende, weil Lautenschläger seinem inneren Kompass folgte, der ihm vorgab, was gut ist und was böse. Hermann hatte mit ansehen müssen, wie sein Kompaniechef einen jungen Partisanen erschoss, der, als Mädchen verkleidet, unter seinem weiten Rock eine Handgranate versteckt hatte. Der Offizier erschoss den Jungen auf der Stelle. Lautenschläger war entsetzt und hielt damit nicht hinter dem Berg. Vom Offizierslehrgang wurde er postwendend ausgeschlossen.

Von Anfang an war die Okkupationspolitik Hitlers auf dem Balkan von Terror gegenüber der Bevölkerung geprägt. Die jugoslawischen Partisanen schlugen entsprechend brutal zurück. Und die Reaktion der Deutschen darauf war grausam: Für einen getöteten Soldaten wurden hundert, für einen verwundeten Soldaten fünfzig gefangene Geiseln erschossen. In Serbiens Städten fielen 1941 Tausende Menschen, darunter viele Jugendliche, diesen Vergeltungsaktionen zum Opfer. Als Begründung für diese Morde führten die Nazis das Erstarken der Widerstandsbewegung gegen die deutschen Besatzer an. Es war vor allem die kommunistisch geführte »Volksbefreiungsbewegung«, die »Tito-Partisanen«, die immer mehr Zulauf bekam. Zwischen Herbst 1944 und Mai 1945 gelang es der »Volksbefreiungsarmee Jugoslawiens«, teils mithilfe der Roten Armee, Jugoslawien weitgehend unter Kontrolle zu bringen und die deutschen Besatzer zurückzudrängen. Deren Vergeltungsmaßnahmen sowie die allgemeinen Kampfhandlungen forderten Schätzungen zufolge aufseiten der Partisanen und der Zivilbevölkerung über eine halbe Million Menschenleben.

Gnade konnten die Wehrmachtsangehörigen also von den Partisanen nicht erwarten. Damit rechnete auch Hermann Lautenschläger nicht, als seine gesamte Kompanie im Frühjahr 1945 in Gefangenschaft geriet, auf Laster verfrachtet und in ein Lager transportiert werden sollte. Dort kamen sie jedoch nie an. Alle Soldaten wurden erschossen und irgendwo auf freiem Feld verscharrt – bis auf Lautenschläger. In einem unbeobachteten Moment war er vom Wagen abgesprungen und um sein Leben gerannt. Hinter sich hörte er die Schüsse aus den Gewehren der Partisanen. Die Kugeln verfehlten ihn nur knapp. Unverletzt konnte er sich nach Österreich durchschlagen, wo er in amerikanische Kriegsgefangenschaft geriet.

Von seinen Erlebnissen erzählt hat Hermann Lautenschläger seiner Frau und den beiden Kindern so gut wie nichts. Wie so viele, die davongekommen waren. Als er im Frühherbst 1945 sein Zuhause in der Philippstraße wieder erreichte, ließ er alles hinter sich. Den furchtbaren Krieg, die jeweils vier Wochen Gefangenschaft bei den Amerikanern und dann bei den Briten und auch die Zeit in Zuzenhausen. Dort, knapp fünfzig Kilometer von Karlsruhe entfernt, war er bei einem Freund untergetaucht, weil er Sanktionen der Franzosen fürchtete, in deren Land er einst als Wehrmachtsangehöriger einmarschiert war und die jetzt die zerstörte Residenzstadt besetzt hielten.

Manfred Lautenschläger kann sich noch gut erinnern, wie

er einem Mann mit blauschwarzem Haar in die Arme stürzte, einem Mann, den er kaum kannte. Aber als eine Nachbarin an jenem Tag ausrief: »Der Herr Lautenschläger ist da«, gab es für Manfred kein Halten mehr. Da rannte er los, weg von seinen Spielkameraden, mit denen er gerade im weitläufigen Hinterhof des Häuserkarrees herumgetollt war. Die Familie Lautenschläger war endlich wieder komplett.

Erlebt hatten Mutter Lina, Ilse und Manfred das Kriegsende noch in Berghausen. Anfang Mai 1945 kreisten Flugzeuge über dem Ort. »Aufklärungsflugzeuge«, sagten die Leute. Für Manfred ein Wort, mit dem er nichts anfangen konnte. Nur so viel verstand er: Sie warfen keine Bomben ab, und sie schossen auch nicht mit Maschinengewehren auf Menschen. Am nächsten Tag fuhr eine französische Militärkolonne in Berghausen ein. Vorneweg ein Jeep, auf dessen Kühlerhaube Manfreds 17-jähriger Cousin Kurt saß. Manfred war stolz auf seinen großen Cousin. Was er nicht wusste: Die Franzosen hatten den jungen Burschen als Kugelfang auf ihr Führungsfahrzeug gesetzt, da in den umliegenden Hügeln versprengte Soldaten und Mitglieder des Volkssturms lauerten, die noch immer nicht begriffen hatten, dass der Krieg verloren war.

Eine Episode brannte sich in das Gedächtnis des Buben ein: Die meisten französischen Soldaten in Berghausen waren Marokkaner, Männer, die europäischen Frauen – zumal deutschen – wenig Achtung entgegenbrachten und sie als Freiwild betrachteten. Vergewaltigungen waren, wie bei der Roten Armee, an der Tagesordnung. Eines Nachts sprang auch die Tür ihres kleinen Zimmers auf, und ein marokkanischer Soldat stand mit gezogener Pistole unter dem Türstock. Manfred flößte nur die Pistole Furcht ein, von dem, was der Soldat wirklich suchte, davon verstand der Bub noch nichts. Als der

Marokkaner aber die Mutter mit ihren zwei Kindern im Bett liegen sah, gab er sein Vorhaben auf und verschwand wieder. Auch die frisch geschlachtete Gans, versteckt auf dem Schrank, entdeckte er nicht.

In Karlsruhe und Umgebung waren zeitgleich mit den Franzosen auch die Amerikaner einmarschiert. Die Afroamerikaner waren in der Nazipresse als Monster dargestellt worden: »Deutsche, wollt ihr, dass diese Bestien eure Frauen und Mütter vergewaltigen?«

Manfred hatte noch nie einen Menschen mit dunkler Hautfarbe gesehen. Er war dann auch sehr erschrocken, als er dem ersten schwarzen GI begegnete. Und sehr erstaunt, als der ihn freundlich anlachte mit seinen blendend weißen Zähnen im dunklen Gesicht, und selig, als er von ihm einen halben Laib Weißbrot, ein Täfelchen Schokolade und eine Apfelsine bekam. Delikatessen, die Manfred noch nie zu sehen, geschweige denn zu essen bekommen hatte.

Bei aller Dramatik während der letzten Kriegstage – eine eher lustige Begebenheit hat sich damals auch zugetragen. In ganz Deutschland wurden Brücken gesprengt, um den alliierten Truppen das Vorankommen zu erschweren. So war auch der Dorfkommandant von Berghausen auf die glorreiche Idee gekommen, die Brücke über die Pfinz, den Bach, der durch Berghausen fließt, zu sprengen. Die Sprengung war nachts angesetzt, und da der Bach nur ungefähr hundert Meter am Elternhaus der Mutter vorbeifloss, mussten die Bewohner die Nacht im Keller verbringen, ausnahmsweise nicht wegen feindlicher Bomben. Alles wartete auf den großen Knall – aber nichts geschah. Dann plötzlich ein gotteslästerliches Fluchen. Es war der Ortskommandant. Die Bombe wollte und wollte nicht explodieren. Als man der Sache auf den Grund ging, fand man in der Bombe statt Pulver Sand vor. Die Berghausener Bauern hatten sich so kurz vor Kriegsende nicht auch noch ihre Dorf-brücke zerstören lassen wollen. Sie waren ein hohes Risiko ein-gegangen. Hätte man den oder die Übeltäter erwischt, hätte man sie sicherlich wegen Sabotage standrechtlich erschossen. Beispiele dafür gab es zu Tausenden.

Mit dem Ende des Krieges kehrte auch die Normalität des Alltags langsam zurück. Für Manfred Lautenschläger hieß das: Schulunterricht, Bandenkämpfe, Raufereien, heiß geliebte Fuß-ballspiele. Aber er musste sich nun auch mit einem strengen Vater auseinandersetzen, den er die ersten sieben Jahre seines Lebens kaum erlebt hatte. Aus dem wilden, ungestümen Jun-gen sollte ein »ordentlicher, anständiger Mensch« werden. Und das hieß zur damaligen Zeit: Prügel als Erziehungsmethode, als Qualitätsmerkmal für eine gute Erziehung. Irgendwann, als Be-schwerden über den Jungen kamen, meinte Hermann Lauten-schläger: »An der Erziehung kann's nicht liegen, er hat genug Prügel bekommen.«

Geschlagen wurde in der Schule, gerne mit dem Rohrstock über die ausgestreckten Hände, und zu Hause. Selbst die Mut-ter war nicht zimperlich, wenn es um die Züchtigung ihres Sohnes ging. Mit Liebesentzug hatte das nichts zu tun. Aufop-ferungsvoll pflegte sie ihren Filius, als er alle möglichen Kin-derkrankheiten durchmachte. Saß nächtelang an seinem Bett und flößte ihm Salbeitee ein, als er mit Diphtherie danieder-lag, so, wie sie früher schon um sein Leben gebangt hatte, als er im Alter von drei, vier Jahren an Scharlach erkrankt war und sechs Wochen lang im Krankenhaus in Quarantäne ver-bringen musste. Und so, wie sie ihn getröstet hatte, als er wie-der wegen Scharlach im Frühjahr 1944 nach Pforzheim in die dortige Klinik gekommen war und sie ihn nur einmal in der

Woche besuchen konnte. Sie war entsetzt, als sie erfuhr, dass im schwer vom Krieg gezeichneten Krankenhaus ein Blechfass im Keller als provisorische Toilette diente und Manfred dort eine Frauenleiche gesehen hatte. Ihre mütterlichen Gefühle hielten Lina Lautenschläger aber nicht davon ab, den Sohn mit Prügeln zu bestrafen. »Sie meinten es wirklich gut, glaubten das Richtige zu tun«, entschuldigt Manfred Lautenschläger seine Eltern. »Sie hatten es als Kinder nicht anders erlebt.«

Prügel waren seit Ewigkeiten Bestandteil einer strengen Erziehung. Und streng musste die Erziehung sein, sonst taugte sie nicht. Hinzu kam in dieser Generation die Verrohung der Sitten in der Nazizeit. Die Väter hatten im Krieg getötet, hatten täglich um ihr Leben gefürchtet, hatten unvorstellbare Grausamkeiten gesehen. Und die Mütter führten nicht mehr das Leben der bürgerlichen Hausfrau, auf das sie in ihrer Jugend vorbereitet worden waren, frei nach Schiller: »Und drinnen waltet die züchtige Hausfrau, die Mutter der Kinder.« Sie waren plötzlich Mutter und Vater zugleich, mussten ganz allein die Familie zusammenhalten, warteten voller Angst auf Nachricht von ihren Männern, hörten monatelang nichts – und wenn sie dann etwas hörten, war es oft die Nachricht vom Tod des Mannes.

Tatsächlich war es bis in die 1970er-Jahre an bundesdeutschen Schulen gängige und legale Praxis, zu schlagen. Und der Freibrief auf körperliche Züchtigung durch die Eltern behielt noch viel länger seine Gültigkeit. Erst im November 2000 wurde der Grundsatz »Kinder haben ein Recht auf gewaltfreie Erziehung« im Bürgerlichen Gesetzbuch verankert.

Manfred Lautenschläger zeigte seinem Vater allerdings schon viel früher die Grenzen körperlicher Gewalt auf. Die Auseinandersetzungen zwischen Vater und Sohn hatten mit der Zeit immer mehr zugenommen. Manfred war inzwischen 17 Jahre alt, überragte seinen alten Herrn um einiges und war als Rennruderer gut durchtrainiert. Der Besuch des Gymnasiums hatte seinem geistigen Reifeprozess zudem eine andere Richtung gegeben. Als sein Vater einen Streit mit der Anwendung körperlicher Gewalt beenden wollte, wehrte sich der Sohn. »Ich hatte die Augen geschlossen. Als ich sie wieder öffnete, hatte ich meinen Vater am Kragen gepackt.« Den entgeisterten Blick des Vaters hat er nie vergessen. Der hatte verstanden, dass eine neue Ära im Verhältnis Vater-Sohn begonnen hatte.

Dass aus dem ungestümen Knaben ein schulischer Überflieger werden sollte, hatte sich schon in der Volksschule angedeutet. Das Lernen fiel ihm leicht, und so blieb viel Zeit für die Dinge, die Manfred wirklich interessierten. Sein Leben, das waren der Hof, die Straße, die Jungs aus der Nachbarschaft, die »Bandenkriege« – und natürlich der Fußball. Hier begegnete er auch den Brüdern Mehdorn. Einer von ihnen, Hartmut, stieg später bis an die Spitze der deutschen Industriemanager auf, sein älterer Bruder war Klassenkamerad von Manfred. Die Familie, die aus Polen geflüchtet war, hatte im Arbeiterviertel Mühlburg eine Bleibe auf Zeit gefunden – direkt gegenüber den Lautenschlägers auf der anderen Straßenseite.

Die Drei-Zimmer-Wohnung der Lautenschlägers war mehr als bescheiden. Mit seiner sechs Jahre älteren Schwester teilte Manfred sich ein winziges Zimmerchen. Ein Schrank, zwei Betten – mehr ließ sich auf den wenigen Quadratmetern nicht unterkriegen. Den Kindern machte das nicht viel aus, denn ohnehin war die Küche der Mittelpunkt, der Ort, an dem alle zusammenkamen. Hier zauberte die Mutter auf dem Kohlenherd Erstaunliches, zumal, wenn man bedenkt, wie streng rationiert die Lebensmittel waren.

Die Lebensmittelkarten waren schon kurz vor Kriegsbeginn ausgegeben worden. Seitdem gab es Nahrungsmittel – zu festgesetzten Preisen – nur noch auf die monatlich ausgegebenen Scheine. Ob Kartoffeln, Obst oder Gemüse, Brot, Fleisch, Fett oder Eier – alles war rationiert. Selbst Marmeladen wanderten nur gegen die »Zuckerkarte« über die Theke. Butter gab es gar nicht, stattdessen »Heldenbutter«, wie Margarine genannt wurde. Die Alliierten verteilten zwar nach dem Krieg neue Lebensmittelkarten, hielten aber am Prinzip fest. Es reichte gerade, um nicht zu verhungern. Als die Lebensmittelmarken 1950 abgeschafft wurden, lag die Währungsumstellung von der Reichsmark zur D-Mark schon zwei Jahre zurück. Am 20. Juni 1948 hatte die Bevölkerung von den Behörden eine Sofortausstattung in bar erhalten, das »Kopfgeld«: 40 DM gab es für den Haushaltsvorstand, vier Wochen später jeweils 20 DM für jede weitere Person. Große Sprünge ließen sich damit nicht machen, zumal auch der Verdienst von Hermann Lautenschläger als mittlerer Beamter nicht gerade üppig war.

Wenn Manfred Lautenschläger viel später darauf angesprochen wird, was für ihn »Geborgenheit« ausmacht, fallen ihm spontan Bratkartoffeln ein. Die gab es nämlich jeden Tag als Abendessen, zumindest während der ersten drei Jahre nach dem Krieg. Wer heute seine geschmackvolle Villa besucht, wer auf dem weitläufigen Grundstück immer wieder moderne Skulpturen entdeckt oder den Blick über die Hügel bis in den Kraichgau schweifen lässt, dem fällt es schwer, den erfolgsverwöhnten Unternehmer mit dem Kind in Verbindung zu bringen, das seine Hausaufgaben am Küchentisch machte, das sich, in Ermangelung eines Badezimmers, am Wasserhahn über dem Sandsteinspülbecken in der Küche waschen musste und dem es unter der Woche nicht gestattet war, das Wohnzimmer zu betreten. Schließlich sollten die »guten Möbel« geschont werden, und geheizt wurde – wenn überhaupt – nur sonntags.

Das alles störte den Buben wenig, so war nun mal der Nachkriegsalltag in vielen Familien. Und schließlich hatte er sich mit ganz anderen Dingen rumzuschlagen. Zum Beispiel mit den Kerlen aus der Oststadt. Die waren bei den Kinderbandenkriegen die größten Gegner der Philippsträßler aus Mühlburg. Klar, gab es da schon mal ordentlich Dresche. Lina und Hermann blieben angesichts von blutender Nase, blauen Flecken und verschrammtem Gesicht die wilden Raufereien nicht verborgen. Wenn dann noch Eltern aus der Nachbarschaft an der Haustüre klingelten, um ihrem Ärger über den wilden Manfred Luft zu machen, dann hing der Haussegen schief.

Die darauffolgenden Zurechtweisungen und körperlichen Züchtigungen konnte Manfred gut wegstecken. Nur eines nicht: das Fußballverbot. Was der Vater als »Proletensport« abtat, war seine wirkliche Leidenschaft. Manfred muss so um die zehn, elf Jahre alt gewesen sein, als ihn ein »Talentspäher« des Karlsruher Fußball Vereins (KFV) beim Straßenfußball ansprach. Doch der Vater schob dem einen Riegel vor. Gespielt hat Manfred dann aber trotzdem, wenn auch nicht beim KFV. Erst in Straßenschuhen, bis er sich mit 13 Jahren seine ersten Fußballschuhe kaufen konnte, für die er lange gespart hatte: »Puma Atom«, sein ganzer Stolz.

Später galt seine Begeisterung dem Karlsruher Sport-Club (KSC), der 1952 aus der Fusion des VfB Mühlburg mit dem FC Phönix entstanden war. Dabei hatten die Mühlburger Kicker sportlich schon einiges vorzuweisen, 1948 waren sie in die damals erstklassige Oberliga Süd (eine Bundesliga gab es noch nicht) aufgestiegen. Zwei Jahre später spielten sie gegen den Deutschen Meister. Der hieß VfR Mannheim und hatte zuvor im Juli 1949 in der legendären »Hitzeschlacht« von Stuttgart vor 92.000 Zuschauern in einem mitreißenden Spiel mit 3:2 nach Verlängerung gegen den haushohen Favoriten Borussia Dortmund gewonnen.

Manfred Lautenschläger kauerte damals wie so oft mit den anderen Jungs hinter dem Tor der Mannheimer und jubelte. Was keiner für möglich gehalten hatte, war passiert: 5:2 für Mühlburg. Noch heute zählt er die Szene zu seinen schönsten Fußballerlebnissen, wie er dem VfR-Torwart Hermann Jöckel den hinter dem Tor gelandeten Ball in die Hände drückte, der auf Mannemerisch sagte: »Komm, geb mer de Ball. Vielleicht g'winne mer noch.«

Es war aber nicht nur der Fußball, der Lautenschlägers Herz erobert hatte. Zwar beugte er sich nur äußerst widerwillig dem Fußballverbot der Eltern, aber da gab es ja noch die anderen Sportarten wie Rudern und Basketball – und die Leichtathletik, wo er neben seinen Fußball-Heroen neue Idole fand, deren Namen und Bestzeiten er bis heute mit schlafwandlerischer Sicherheit aufsagen kann.

Sein Wahnsinnsgedächtnis ließ ihn auch in der Schule nicht im Stich: »Ich musste beim Vokabellernen nur einmal drüberschauen«, erinnert er sich. Er weiß auch noch, wie seine Lehrer aus der Volksschule hießen, nennt etwa Robert-Johannes Schenk, seinen Deutschlehrer in der dritten und vierten Klasse. Der böhmische Heimatdichter hatte einen Narren an dem aufgeweckten Knaben gefressen. Von seinen gefürchteten »Bärentatzen«, mit dem Rohrstock über die ausgestreckten Hände, blieb Manfred verschont. Locker schaffte er die Aufnahmeprüfung für die Helmholtz-Oberrealschule, wie das Gymnasium damals hieß. Von 14 Noten erreichte er im Volksschulzeugnis zwölf Mal die Eins. Mit ihm schafften aus seiner Klasse noch vier Jungs den Sprung in die weiterführende Schule, außer ihm nur einer von ihnen später das Abitur. Als er dann 1958 das Abitur mit einem Notendurchschnitt von 1,8 bestand, waren die Eltern stolz, schließlich war Manfred der Einzige der »ganzen Lautenschläger-Sippschaft«, der dies geschafft hatte. (Zwei Jahre später machte am »Helmholtz« übrigens Klaus Tschira das Abitur. Der Mitbegründer des weltweit agierenden Software-Konzerns SAP erkor wie Lautenschläger Heidelberg zu seiner Wahlheimat und rief hier seine international agierende Stiftung ins Leben.)

Dabei hatte es zwischendurch nicht einmal danach ausgesehen, dass Lautenschläger tatsächlich bis zur Reifeprüfung die Schulbank drücken würde. Es war in der Obersekunda (11. Klasse), als Hermann Lautenschläger die Faxen dicke hatte mit seinem Sohn. Dessen aufrührerisches, freiheitsliebendes Wesen, das sich so schwertat, sich der häuslichen Autorität unterzuordnen, musste einen Dämpfer bekommen. Eine Lehre schien das probate Mittel, eine Ausbildung, während der er »Disziplin und Ordnung« lernen sollte, wollte Hermann dem Filius nach der Mittleren Reife angedeihen lassen. Mit der Aussicht auf das Technikum. Obwohl Manfred die Untersekunda gerade erst mit einem exzellenten Zeugnis beendet und damit die Mittlere Reife in der Tasche hatte, suchte Hermann Lautenschläger den Schulsekretär auf, um seinen Sohn vom Gymnasium abzumelden. Ob Deutsch, Latein, Geschichte oder Erdkunde – überall hatte Manfred mit einer Eins abgeschlossen. Aber der Vater hatte seine Rechnung ohne den Schulsekretär gemacht, der sofort Manfreds Klassenlehrer informierte. Über eine Stunde redete dieser auf Hermann ein: »Ihr Sohn ist einer der intelligentesten Schüler, die ich je hatte.« Manfred durfte nun doch auf der Schule bleiben.

Wie ein Schwamm sog er das Wissen, das ihm dort vermittelt wurde, auf. Er begeisterte sich für Geschichte ebenso wie für Deutsch. Noch heute glänzt er in vertrauter Runde mit seiner humanistischen Bildung. Ist es Zufall, dass er gerne aus der berühmten epikureischen Ode des Horaz an Quintus Delli zitiert? »*Aequam memento rebus in arduis servare mentem, non secus in bonis ab insolenti temperatam laetitia, moriture Delli.*«

Diese Aufforderung, Gleichmut im Unglück ebenso zu bewahren wie im überschwänglichen Glück und dabei der eigenen Sterblichkeit zu gedenken, begleitet Lautenschläger sein ganzes Leben lang. Dass Horaz (geb. 65 v. Chr.), einer der bedeutendsten römischen Dichter der augusteischen Zeit, aus kleinen Verhältnissen kam und in den Kreis des adligen Gönners und Kunstliebhabers Maecenas aufstieg, mag dabei eine der hübschen Parallelgeschichten sein, die das Schicksal schreibt. Dass Lautenschlägers Engagement weit über das Kulturelle hinausgeht, dürfte ganz im Sinne des Maecenas sein.

Trotz seiner ausgezeichneten Noten – als typischer Streber galt Lautenschläger nie. Dazu war er viel zu gerne draußen mit den Jungs zusammen, mit denen er jede freie Minute verbrachte. In den Ferien traf er sich mit Kumpels im Schwimmbad oder am Rhein, mit der christlichen Jungschar fuhr er zu Zeltlagern im Schwarzwald und in den Alpen. Das aber kostete Geld, das sich der 15-Jährige gefälligst selber verdienen sollte. Für 82 Pfennige Stundenlohn schob Manfred in einer Möbelschreinerei Riesenbretter in den siebzig Grad heißen Trockenofen. Von morgens um 7 Uhr bis zum Abend. Erst um 19 Uhr durfte er den Vorhof zur Hölle verlassen. Dazwischen lagen eine Viertelstunde Frühstück und dreißig Minuten Mittagspause. Der Tag dehnte sich endlos, aber die Plackerei nahm er in Kauf, schließlich lockte das Zeltlager. Die Aufenthalte dort prägten den Heranwachsenden, es war die Zeit, als sich der junge Christ vorstellen konnte, Missionar zu werden.

Nach dem Abitur im Frühjahr 1958 standen ihm alle Wege offen, aber was er studieren wollte, darüber war sich Lautenschläger nicht im Klaren. Er tendierte mit dem Herzen zur Medizin, mit dem Kopf zu Jura.

Das, was Manfred Lautenschläger möglich war, nämlich die Voraussetzung für ein Studium zu schaffen, blieb seiner Schwester Ilse verwehrt. Dabei war sie ein strebsames, intelligentes Mädchen. Dass die beiden sich auch im Teenager-Alter noch ein Zimmer teilten, war nichts Ungewöhnliches. Eine große Nähe zueinander fanden sie jedoch nie. Zu groß waren der Altersunterschied von sechs Jahren, zu unterschiedlich die Interessen.

Das Kriegsende erlebte Ilse mit 14 Jahren. Ihre »Höhere Mädchenschule« existierte nicht mehr, und so begann sie eine Lehre als Schneiderin. Eine harte Zeit für das junge Ding. Während ihr Bruder noch die Schulbank drückte, mit seinen Freunden Fußball spielte, mit dem Fahrrad an den nahe gelegenen Rhein fuhr, um mit seinen Kumpels über den Fluss zu schwimmen und sich an die vorbeifahrenden Lastkähne zu hängen, da musste Ilse schon hart ran. Morgens um 7 Uhr begann ihr Arbeitsalltag. Dazu kam noch die halbstündige Anfahrt mit der Straßenbahn. Abends fiel sie dann völlig erschöpft ins Bett. Welch eine Genugtuung, als sie nach drei Jahren des Abrackerns als Beste von 200 Prüflingen die Gesellenprüfung bestand. Als Beste schnitt sie später auch bei der Abschlussprüfung in der »Höheren Handelsschule« ab. »Sie hätte das Zeug zur Modedesignerin gehabt«, da ist sich ihr Bruder sicher. Aber die Zeiten waren andere.

Ilse hat in ihrem Leben weit weniger Glück gehabt als »der Kleine«, beruflich wie privat. Mit 52 Jahren starb sie an Krebs. Sie überlebte den Vater um nur wenige Monate.

Mit dem Studieren ließ sich Lautenschläger erst einmal Zeit. Er hatte ganz andere Überlegungen im Kopf: 1955 war – nach langer politischer Debatte – die Bundeswehr gegründet worden. Wehrpflichtig war er zwar nicht, aber nach langem Nachdenken kam er zu dem Entschluss, sich für drei Jahre als Offiziersanwärter zu bewerben. Die Eltern fanden das prima: Er würde jetzt militärische »Zucht und Ordnung« beigebracht bekommen. Danach stand Manfred selbst allerdings nicht der Sinn. Vielmehr kalkulierte er ganz kühl: Das Studium würde Geld kosten, und die Eltern würden dazu nur einen kleinen Teil beitragen können. Bei der Bundeswehr betrug der Sold für einen Freiwilligen 200 DM monatlich. Bei freier Kost und Logis und nur geringen anderen Lebenshaltungskosten (bei minimaler Freizeit) konnte er davon sicherlich 150 DM oder mehr sparen. So könnten in einem Jahr vielleicht 2000 DM, nach drei Jahren 6000 DM zusammenkommen. Und am Ende der Dienstzeit würde er noch eine Abfindung in Höhe von 8500 DM erhalten. Zu Beginn des Studiums hätte er also um die 15.000 DM auf dem Konto – Anfang der 1960er-Jahre ein Vermögen. Ein großzügiger Monatswechsel für einen Studenten betrug damals 200 bis 250 DM; mit seinem Startkapital könnte Manfred also mindestens fünf Jahre finanzieren, sein ganzes Studium. Also meldete er sich am 1. April 1958 als Offiziersanwärter in der Falkenstein-Kaserne in Koblenz. Er hätte es besser wissen müssen …

Die Kaserne, 1937/38 von der Wehrmacht errichtet, atmete 1958 noch immer den Geist der alten »Kommissköpfe«. Vom Leitbild des »Staatsbürgers in Uniform«, der in Staat und Gesellschaft integriert ist, war man noch meilenweit entfernt. Und die noch junge »Parlamentsarmee« hatte ein Riesenproblem: Für die Ebenen oberhalb der einfachen Soldaten standen ausschließlich Männer zur Verfügung, die bis 1945 in der Wehrmacht gedient hatten. Bundeskanzler Konrad Adenauer begründete den Rückgriff auf die »Altgedienten« sinngemäß mit der Feststellung, man könne den Nato-Partnern ja keinen 21-jährigen General anbieten. So musste Lautenschläger sich Uniformträgern unterordnen, die einst einen persönlichen Eid auf Adolf Hitler geschworen hatten, die nichts anderes als absoluten Gehorsam kannten. Schon nach einer Woche war ihm klar: »Diese Welt ist nicht die meine.« Sich unterzuordnen und Befehlen zu gehorchen, dieses ständige »Stillgestanden« und »Jawoll«, das passte nicht zu seinem freiheitsliebenden Wesen.

Er meldete sich alsbald wieder ab und berief sich darauf, dass der Vertrag mit der Bundeswehr nicht gültig sei, da er bei Abschluss erst 18 Jahre alt gewesen war – volljährig wurde man zu jener Zeit erst mit 21. Das Verfahren zog sich sieben Monate hin, bis er endlich aus dem Vertrag entlassen wurde. Die Wehrpflicht von zwölf Monaten musste er allerdings noch ableisten.

Im April 1959 war dann endgültig Schluss mit der Bundeswehr. Lautenschläger gehörte unter 150 Abgängern zu den dreien, die nicht einmal Gefreiter geworden waren, worauf er stolz war. Und in der Abschlussbeurteilung stand dick unterstrichen das Wort: Insubordination. Worauf er ebenfalls stolz war.

Das Studium konnte beginnen. Er freute sich darauf.

II

VON DER LEICHTIGKEIT DES SEINS

Es war wie fast jeden Abend: Laut, heiß, die Luft voller Zigarettenqualm. Manfred Lautenschläger kontrollierte, wer den Eingang zum Club im Keller des »Haus Buhl« passieren durfte. Meist gab es keine Probleme. Man kannte sich. Der große, bärtige, langhaarige Typ, der den Einlass kontrollierte, war einer von ihnen. Eigentlich studierte er Jura, seit 1959 war Lautenschläger an der Heidelberger Universität eingeschrieben. Eigentlich. Denn so richtig hatte die Begeisterung den 22-jährigen Bummelstudenten noch nicht gepackt. Und außerdem brauchte er Geld. Der Job im »Haus Buhl« war da wie gerufen gekommen.

Der Plan mit der Bundeswehr als Finanzier des Studiums war nicht aufgegangen, und die 150 Mark von zu Hause reichten hinten und vorne nicht. Anfangs hatte er gehofft, dass er zu den knapp 20 Prozent der Studenten zählen würde, die in den Genuss des »Honnefer Modells« kamen, das kurz zuvor eingeführt worden war. Sein Abiturzeugnis erfüllte die Bedingungen, aber sein Vater verdiente als mittlerer Beamter mit 750 D-Mark Monatsgehalt ein paar Mark zu viel, und so war es mit der staatlichen Unterstützung nichts geworden. Immerhin wurde er von den Studiengebühren befreit, die es damals noch gab.

Er versuchte, den Gürtel so eng wie möglich zu schnallen, war im ersten Semester noch einige Wochen zwischen Karlsruhe und dem fünfzig Kilometer entfernten Heidelberg gependelt, hatte noch bei seinen Eltern gewohnt, aber ein Dauerzustand sollte das nicht sein. Er wollte selbstständig und unabhängig sein. Als er schließlich eine preiswerte und sturmfreie Bude mitten in der Altstadt fand, musste der bescheidene Monatswechsel von zu Hause dringend aufgestockt werden. Warum also nicht das Notwendige mit dem Lustvollen verbinden? Denn das lockere, ungebundene Studentenleben, abseits des Elternhauses, das gefiel ihm. Also erklärte er tagsüber den amerikanischen Touristen auf dem Schloss die Liebe ihres Landsmannes Mark Twain zur Romantik. Mit 5 Dollar – umgerechnet damals rund 20 DM – war die einstündige Führung bestens bezahlt, das Trinkgeld obendrein erbrachte meist das Vielfache. Nachts hielt er sich ganz an Henry Miller. Begeistert hatte er dessen »Wendekreis des Krebses« gelesen. Diese wunderbare anarchisch-rauschhafte Beschreibung der Pariser Jahre Millers, das passte zum Studentenleben eines Manfred Lautenschläger. Als das Buch 1934 in den USA erschien, war es gleich verboten worden. Zu viel Sex.

So exzessiv trieb es der junge Student zwar nicht, aber er zog für sich dieses »Lachen, Liebe, Nächte« heraus. Und die Nächte, die verbrachte er am liebsten in der »Tangente«, dem Studentenclub im »Haus Buhl« am Ende der Hauptstraße. Hier war er Türsteher, legte als Discjockey aber auch Platten auf. Wie in jenem romantischen Song »Greenfields« von den Brothers Four steckte da natürlich ein hübsches Mädchen dahinter. Gerne ließ er sich überreden, die Scheibe immer und immer wieder kreisen zu lassen. Er selbst ließ sich besonders gerne von Ray Charles' »I can't stop loving you« in wohlige Sphären entführen.

Die »Tangente« war eine ganz besondere Studenten-Disco. Gegründet 1960 von Erich Kaub, ein paar Jahre älter als Lautenschläger und Chef des AStA, des »Allgemeinen Studentenausschusses«. Dieser clevere Typ, ein eingefleischter Sozialist, wurde später Europas größter Beatklub-Unternehmer. »Mit dem APO-Philosophen Ernest Mandel diskutiert er im Urlaub über kommunistische Wirtschaftstheorien, mit Oetkers Bierchef Gert Drummer verhandelt er über Kreditverträge und Limonaden-Umsätze: Der spätere Diplom-Volkswirt Kaub, in Speyer geboren, hatte schon immer eine Vorliebe für Kontrapunkte«, schrieb der *Spiegel* einmal über ihn. Als zweiter Vorsitzender des Verbandes Deutscher Studenten wetterte er noch gegen die Bonner Sozialpolitik, da schenkte er schon im Keller des »Haus Buhl« Bier an seine Kommilitonen aus.

Aber Kaub wollte mehr, wollte Gastronomie mit Kultur verbinden. Das ging auch eine Weile gut. Zweimal in der Woche ließ er das 1959 gegründete Studentenkabarett »Bügelbrett« auftreten. Der DDR-Barde Wolf Biermann gehörte zu den Gästen, Paukenschläger Wolfgang Neuss reiste aus Berlin an. Natürlich waren die Texte des »Bügelbretts« für die damalige Zeit ultralinks. Über der jungen Bundesrepublik lag das Schweigen der Nazi-Vergangenheit, die staatlichen Behörden atmeten noch den Geist des Hitler-Regimes, die Existenz eines zweiten deutschen Staates wurde totgeschwiegen. Genug Stoff für ein politisches Kabarett.

Nur – Aufklärung, dazu noch in Form von Satire, das wollten die Behörden dem Volk nicht zumuten. Deutschlands bestes Studentenkabarett wurde zensiert. Wie beim Auftritt des »Bügelbretts« im Norddeutschen Rundfunk fielen oft ganze Passagen dem Rotstift zum Opfer, über kritische Stellen legten die Fernsehredakteure geschickt Publikumsapplaus.

Verantwortlich für die aus Sicht der Jungen dringend notwendige Auseinandersetzung mit Staat und Gesellschaft zeichnete Kaubs Ehefrau Hannelore, die in Heidelberg Sprachen studierte und später bundesweit Karriere machte. Haupttexter war zum einen Werner Franke, ein junger Biologiestudent, der es später als führender Molekularbiologe am Deutschen Krebsforschungszentrum zum profiliertesten Doping-Gegner der Welt brachte. Und zum anderen Peter Knorr, den alle nur »Pit« nannten und der Geschichte, Politik und Germanistik studierte. Er machte seine Leidenschaft zum Beruf, wurde später Textchef beim Satireblatt *Pardon* und gehörte zu den Mitbegründern der *Titanic*. Anfangs saßen sie alle bei Knorr in der Küche – F. K. Waechter, Chlodwig Poth, Eckhard Henscheid – und bastelten gemeinsam am Konzept der »endgültigen« Satirezeitschrift. Der Erfolg blieb nicht aus. Richtig zu Geld gekommen sind sie, als sie für Otto Waalkes arbeiteten und Otto zu jenem Otto machten, über den die ganze Nation lachte. Für den ostfriesischen Komiker schrieben sie die Gags der Shows, die Dialoge der Filme und alles, was in den Otto-Büchern steht.

Anfang der 1960er-Jahre allerdings ging die Satire in eine ganz andere Richtung, von Klamauk keine Spur. Der Paragraf 218, der Abtreibungsparagraf, der Rechtfertigungsgrund »Ethische Indikation« gegen eine Strafbarkeit der Abtreibung nach einer Vergewaltigung, wo die katholische Kirche immer noch vom »gottgewollten Leben« sprach, war brandaktuell, außerdem die Ostpolitik, die allgegenwärtigen Alt-Nazis. Lautenschläger hörte »berufsbedingt« begeistert zu, kann heute noch die Erkennungsmelodie des »Bügelbretts« singen: »Frack und Uniform und die stolze Reserviertheit gehen oft konform mit der Dummheit und Borniertheit.«

Wie selbstherrlich der Staatsapparat mit unliebsamen Zeitgenossen umging, das sollte noch auf einem ganz anderen Feld sichtbar werden, in der »*Spiegel*-Affäre« von 1962. Das war ein Thema, mit dem sich die Studenten diskutierend die Nächte um die Ohren schlugen. Der damalige Verteidigungsminister Franz-Josef Strauß warf der Redaktion des Nachrichtenmagazins »Landesverrat« und »aktive Bestechung« vor, weil Herausgeber Rudolf Augstein einen brisanten Bericht (»Bedingt abwehrbereit«) über ein Nato-Manöver veröffentlicht hatte. In diesem wurde behauptet, dass die Bundesrepublik mit der vom Verteidigungsministerium verfolgten Atomstrategie im Falle eines sowjetischen Angriffs keine Überlebenschance hätte. Der Verdacht stand im Raum, dass Deutschland Atommacht werden wollte.

Auf Initiative des Verteidigungsministers griff die Bundesanwaltschaft ein, verhaftete sechs Redakteure und *Spiegel*-Chef Augstein, durchsuchte Wohnungen, beschlagnahmte private Notizen und Briefe. Die Redaktion wurde dichtgemacht, alle Schreibmaschinen mitgenommen. Die journalistische Arbeit war für Wochen lahmgelegt, dem Magazin drohte die Pleite. Es schien, als habe der CSUler aus Bayern sein Ziel, den »publizistischen Terror« aus Hamburg zu stoppen, erreicht. Das Innen- und das Justizministerium hatte keine Ahnung von der Aktion. CSU-Innenminister Hermann Höcherl, ehemaliges NSDAP-Mitglied, Wehrmachtoffizier und Richter kommentierte hinterher lapidar: »Die Beamten können nicht den ganzen Tag mit dem Grundgesetz unter dem Arm herumlaufen.« Der Bundeskanzler selbst sprach im Bundestag von einem »Abgrund von Landesverrat«.

Mit dem *Spiegel* solidarisierten sich damals nicht nur andere Verlage und die Studenten, sondern auch weite Teile der Bevölkerung. Der Bundesgerichtshof beendete ein knappes Jahr später das Verfahren, Strauß musste zurücktreten, weil er das Parlament über seine Rolle in der Affäre angelogen hatte (um dann kurze Zeit später wieder in die Politik einzusteigen), die Verfassungsbeschwerde des *Spiegel* lief ins Leere. Die Hälfte der Richter wertete den – unbegründeten – Verdacht auf Landesverrat höher als das Recht des Volkes, umfassend informiert zu werden.

Einer, der damals in Heidelberg auch kräftig politisch mitmischte, war Klaus Staeck, im selben Jahr wie Lautenschläger geboren und ebenso wie er Jura-Student. Im »Haus Buhl« hatte er 1960 seine erste Ausstellung, entwarf für den AStA Plakate und Flugblätter, damals noch weit entfernt vom »Bonner Bildersturm«, der erst 16 Jahre später für Empörung sorgen sollte, als der parlamentarische Geschäftsführer der CDU/CSU, Philipp Jenninger, während einer Ausstellungseröffnung in der Bonner Parlamentarischen Gesellschaft einige der Plakate des Polit-Grafikers von den Wänden riss.

Heidelberg war die Keimzelle großer politischer Debatten und die »Tangente« das Biotop, in dem sich der angehende Akademiker Lautenschläger wohlfühlte. Hier lernte er zwar nichts für sein Jurastudium, aber vieles, was die Grundlagen seines Denkens bilden sollte. Die »Tangente« war Ausdruck seines »Befreiungsschlags« vom Elternhaus und Stätte seiner frühen Politisierung. Zwei Jahre lang war er hier »zu Hause«, bis die Universität wieder Anspruch auf ihr »Haus Buhl« erhob und die Diskothek in der Kettengasse eine neue Bleibe fand. Beim Umbau jobbte Lautenschläger als Hilfsarbeiter für 3 D-Mark Stundenlohn.

Doch so langsam dräute das Erste Staatsexamen. Sollten die Zeiten der durchdiskutierten Nächte wirklich vorbei sein, musste er tatsächlich Abschied nehmen von den Sonnentagen auf der Neckarwiese, den Frühstücken am Nachmittag? Lautenschläger hatte zwar viel gelernt, aber wenig davon hatte mit der Juristerei zu tun. Und in acht Wochen Vorbereitungszeit lässt sich jahrelang Vernachlässigtes nun einmal nicht nachholen. Er schrieb miserable Klausuren. Fünf von 15 möglichen Punkten! Fast wäre er durchs Examen gerasselt, hätte ihn nicht die »Märchenklausur« im letzten Moment gerettet. Es war die achte und letzte Klausur. Beim Thema »Plebiszit im modernen Rechtsstaat – eine kritische Würdigung« konnte er ausholen, auf Allgemeinwissen zurückgreifen und einen fundierten »Aufsatz« schreiben, der ihm eine hohe Punktzahl einbrachte. Damit hatte er die erste Hürde »cum acho kracho« genommen.

Im Herbst 1964 begann das vierjährige Referendariat. Die Praxis war schon deutlich interessanter, man bekam Einblick in das Wesen und die Arbeit der Justiz, Lautenschläger lernte die ganze Bandbreite seiner möglichen Berufsfelder kennen. Er saß in dunkler Robe in Amts- und Landgerichten, schaute sich in der öffentlichen Verwaltung um und durfte auch mal in kleineren Verfahren – wenn es etwa um Verkehrsdelikte oder Körperverletzungen ging – den Ankläger geben. Als er schließlich 1969 das Zweite Staatsexamen ablegte, war er dreißig Jahre alt, von den 68ern stark politisiert und vom gesamten juristischen Betrieb nicht sonderlich begeistert. Was ihn damals am meisten interessierte, war die Kriminologie.

Lautenschläger konnte sich sein künftiges Berufsleben als Anwalt vorstellen, als linker Anwalt. Ein Traum ging für ihn in Erfüllung, als ihn zwei Studenten – einer von ihnen war ein prominentes Mitglied des Sozialistischen Deutschen Studentenbundes (SDS) – baten, in einem Sit-in-Prozess ihre Verteidigung zu übernehmen. Angeklagt waren mehrere Studenten. Der andere Verteidiger war Horst Mahler. Zu Lautenschlägers großer Enttäuschung wurde das Verfahren eingestellt, der gemeinsame Auftritt mit Horst Mahler vor Gericht fiel aus.

Die Studenten standen in jenen Jahren politisch zum größeren Teil links, sie gingen auf die Straße, demonstrierten. Protestiert wurde gegen den Vietnamkrieg der Amerikaner, gegen die Rechten im bürgerlichen Lager und ihr Festhalten an überkommenen Strukturen. Alles wurde infrage gestellt. Die Familie, das Rechtssystem, der Staat, die Universität. Gedacht wurde global, gehandelt lokal.

In Baden-Württemberg regierte von 1966 an der CDU-Politiker Hans Filbinger, ehemaliges NSDAP-Mitglied, dessen unrühmliche Vergangenheit als »furchtbarer Jurist« und »Hitlers Marinerichter« – so bezeichnete ihn der Dramatiker Rolf Hochhuth – erst über ein Jahrzehnt später eine Debatte über seine NS-Vergangenheit auslösen sollte. Filbingers Unrechtsbewusstsein gipfelte in dem Satz: »Was damals rechtens war, kann heute nicht Unrecht sein.« Damit verteidigte er sich gegen die Vorwürfe, er habe als ehemaliger NS-Marinerichter noch im März 1945, bereits in britischer Gefangenschaft – die Engländer hatten den Deutschen die Judikatur überlassen –, an Todesurteilen mitgewirkt und für ihre Durchführung gesorgt. Im Mittelpunkt der Diskussion stand dabei die Erschießung eines 22-jährigen Matrosen, der sich Ende 1943 in Oslo vier Wochen bei einer norwegischen Freundin versteckt hielt und erwogen hatte, mit ihr in das neutrale Schweden zu fliehen. Wegen vollendeter »Fahnenflucht im Felde« war er zunächst zu acht Jahren Zuchthaus verurteilt worden. Die Staatsanwaltschaft ging in Berufung, das Urteil wurde aufgehoben. Im Januar 1945 wurde Filbinger mit dem Fall beauftragt. Als

Ankläger forderte er die Todesstrafe, das Gericht folgte ihm. Als die Urteilsbestätigung aus Berlin zunächst ausblieb, stellte Filbinger mehrere schriftliche Nachfragen und trieb damit die Hinrichtung zielstrebig voran. Am 15. März traf der Schriftsatz in Oslofjord ein. Am selben Tag ordnete Filbinger die Vollstreckung an und verkürzte damit die übliche Dreitagesfrist bis zur Hinrichtung. Schon einen Tag später, am 16. März 1945, wurde der Matrose hingerichtet. Filbinger war dabei und gab wohl als leitender Offizier den Feuerbefehl.

Die *Zeit* veröffentlichte 1978 erstmals die Details. Da erfuhr auch die Mutter des jungen Matrosen mehr über die Umstände, die kurz vor Kriegsende zum Tod ihres Sohnes geführt hatten.

Die deutsche Gesellschaft erlebte in einer nie gekannten Form »Radau«, ausgehend von einer Studentenbewegung, zum Großteil organisiert vom SDS. Am 2. Juni 1967 hatte Kriminalobermeister Karl-Heinz Kurras in West-Berlin dem Studenten Benno Ohnesorg aus eineinhalb Meter Distanz mit einem gezielten Schuss in den Hinterkopf geschossen. Der Student hatte mit seiner schwangeren Frau gegen den Staatsbesuch von Schah Mohammad Reza Pahlavi protestiert. Kurras wurde mithilfe von Falschaussagen und erheblichen polizeilichen Manipulationen in zwei Gerichtsverfahren freigesprochen. 2009 stellte sich heraus, dass er als Geheimer Mitarbeiter für die Stasi gearbeitet hatte.

Zur Beerdigung Ohnesorgs in Hannover zogen Tausende Studenten durch die Innenstadt, auch in Heidelberg wurde ein Schweigemarsch organisiert. Landauf, landab demonstrierten Studenten im Juni 1967 gegen Polizeigewalt. Der Tod von Benno Ohnesorg markierte einen Einschnitt in der westdeutschen Nachkriegsgeschichte – mit weitreichenden gesellschaftspolitischen Folgen. Die Studenten waren die Vorreiter einer Bewegung geworden, die die Bundesrepublik für immer verändern sollte.

Es war Rudi Dutschke, der im selben Jahr seine Anhänger dazu aufrief, ihr revolutionäres Potenzial in einem »langen Marsch durch die Institutionen« in die Gesellschaft zu tragen. Einige von ihnen schafften es, erklommen gar höchste politische Ämter, um dann staatstragend zu agieren. So wie Joschka Fischer, der es als früherer Straßenkämpfer zum Außenminister und Vizekanzler (1998 bis 2005) brachte. Fischer holte sich in seinen Planungsstab einen gewissen Joscha Schmierer, einen der prominentesten SDSler in Heidelberg und Mitglied im Bundesvorstand des SDS. 1973 war Schmierer Mitbegründer des maoistischen Kommunistischen Bundes Westdeutschland (KBW), zwei Jahre später wurde er wegen schweren Landfriedensbruchs zu einer Haftstrafe verurteilt. 1978 reiste er mit einer KBW-Delegation zu einem Solidaritätsbesuch zu Pol Pot nach Kambodscha. Selbst nach Bekanntwerden der Gräueltaten durch die Roten Khmer schickte er dem Diktator und Massenmörder 1980 noch eine Solidaritätsadresse. Dennoch holte Fischer den alten Kampfgefährten in seinen Planungsstab, wo er auch von seinem Nachfolger Frank-Walter Steinmeier weiterbeschäftigt wurde.

Ein anderer dieser »Revoluzzer« war Otto Schily, dessen politische Karriere als deutscher Innenminister (1998 bis 2005) mit der rot-grünen Regierung enden sollte – von den Idealen seiner frühen Jahre weit entfernt. Allerdings hatte sich der Mitbegründer der Grünen eher als »Bürgerrechtler in liberaler Tradition« verstanden. Aber davon war erst im Nachklang die Rede. Diese Metamorphose erinnert an eine Begegnung von Manfred Lautenschläger mit Alt-Bundeskanzler

Helmut Schmidt Ende der 1990er-Jahre. Als der damalige Chef der Heidelberger Druckmaschinen, Hartmut Mehdorn, dem Alt-Kanzler den inzwischen fünffach als »Unternehmer des Jahres« Ausgezeichneten mit den Worten vorstellte: »Das ist Manfred Lautenschläger, ein Alt-68er«, fragte Schmidt lakonisch: »Und wann wurden Sie vernünftig?«

Dreißig Jahre zuvor war Schmidt schon einmal in Heidelberg gewesen, auf dem Höhepunkt der Studentenproteste. Lautenschläger erinnert sich noch gut an dessen Auftritt 1968 in der Heidelberger Stadthalle. Als damaliger SPD-Fraktionschef war Schmidt als Wahlkämpfer für seine baden-württembergischen Genossen an den Neckar gekommen, teilte ordentlich nach links gegen die Aktivisten des SDS aus, dessen Mitglied Lautenschläger nie war, und bekam kräftig Contra. Schließlich war er in Heidelberg in der »Zitadelle des Aufruhrs« gelandet, wie die *Frankfurter Allgemeine Zeitung* die Studentenbewegung in der Provinz bezeichnete. Hier jagte die Polizei die Protestler durch die Straßen, hier prügelte sie auf am Boden liegende Frauen ein, brachte Wasserwerfer in Stellung, durchsuchte Wohnungen und verhaftete Demonstranten, die dann von Richtern verurteilt wurden, die in ihnen eine große Gefahr für den Staat und seine Ordnung sahen.

In Heidelberg tobte der »Straßenkampf«, die Altstädter waren genervt, und die lokale *Rhein-Neckar-Zeitung* hieb verbal auf die Studenten ein. Ein Auslöser war, dass die Linken in einem Flugblatt des AStA Lokal-Chef Karl Stauder attackiert hatten. Darin wiesen sie nach, dass Stauder als »Gaupresseamtsleiter« von Franken und Lokalredakteur der *Fränkischen Nachrichten* Artikel schrieb wie: »Warum der Jude Deutschlands Todfeind für alle Zeiten ist.« Gründer der Tageszeitung war Julius Streicher, der auch für das antisemitische NS-Hetzblatt *Der Stür-*

mer verantwortlich zeichnete. Aber nicht Stauder musste die *Rhein-Neckar-Zeitung* in den »wilden Jahren« verlassen, sondern Emil Belzner, der 23 Jahre lang das *RNZ*-Feuilleton betreut hatte. Sein »Fehler«: Er hatte den Ausspruch »Wo gehobelt wird, fallen Späne« des Heidelberger Oberstaatsanwalts Carl Naegele aufs Korn genommen. Mit diesen Worten hatte der Jurist eine Knüppel-Orgie der Polizei gegen Studenten bagatellisiert. Belzner schrieb: »*Verba terrent.* Worte schrecken. Man fährt jäh auf, wenn man unpassende, während des Nazi-Regimes schwer diskreditierte Aussprüche amtlicherseits, gewissermaßen als Rechtfertigung oder als Entschuldigung, zu hören bekommt.« Denn immerhin sei das Naegele-Wort doch auch der »Lieblings-Ausspruch« Hermann Görings und Julius Streichers gewesen, und »daraus wurde dann sehr bald: »Wo gehobelt wird, da rollen Köpfe.« Auf der Hauptstraße vor dem *RNZ*-Gebäude skandierten unterdessen die Studenten: »RNZ – ins Klosett«.

Im Laufe der Jahre hat sich auch die *RNZ* gewandelt und ist zu einer liberalen Zeitung geworden. Der jetzige Chefredakteur Klaus Welzel und Manfred Lautenschläger verstehen sich bestens. Das mag auch daran liegen, dass Welzel als Schüler von Lehrern unterrichtet wurde, die als Studenten für die Aufarbeitung der Nazi-Vergangenheit, für Pressefreiheit und Toleranz, gegen den Krieg in Vietnam, für Demokratisierung und Veränderungen gekämpft hatten. Beide sind sich einig über den positiven Einfluss dieser aufständischen Generation auf die heutige Gesellschaft. Und wenn Welzel Lautenschläger als »emotional, zuverlässig, empathisch«, aber auch als »drängend, fordernd und sehr direkt« beschreibt, dann sind das Adjektive, die einem Unternehmer seines Formats eher selten zuteilwerden.

Während sich eine Zeitung wie die *RNZ* über Generationen häutete, einstige Straßenkämpfer nach Jahrzehnten zum politischen Establishment gehörten, wurde Lautenschläger nach der schmidtschen Definition »vernünftig«, als er sich nach dem Zweiten Staatsexamen gegen eine juristische Karriere und für die eines Versicherungsmaklers entschied.

Daran hätte er im Traum nicht gedacht, als er sich am 27. Juli 1967 von den revolutionären Ideen des marxistischen Soziologen Rudi Dutschke mitreißen ließ. Es waren Sätze voller Hoffnung, die Lautenschläger im überfüllten Hörsaal 13 hörte: »Wir können eine Welt gestalten, wie sie die Welt noch nie gesehen hat, eine Welt, die sich auszeichnet, keinen Krieg mehr zu kennen, keinen Hunger mehr zu haben, und zwar in der ganzen Welt. Das ist unsere geschichtliche Möglichkeit.«

Jahrzehnte später ließ Lautenschläger diesen Hörsaal 13, den größten und repräsentativsten der Universität Heidelberg, der sehr in die Jahre gekommen war, aufwendig sanieren. Da war er längst »vernünftig« geworden, hatte längst die 180-Grad-Wende eines Horst Mahler erlebt, da war sein »Idol«, bei dem er sich beinahe beworben hätte, längst vom Sockel gefallen.

Wie hatte sich der angehende Jurist noch gefreut, an der Seite des großen Mahler vor Gericht zu stehen, um linke Studenten zu verteidigen. Erste Erfahrungen in der Strafverteidigung hatte er zwar schon gesammelt, aber von Mahler würde er einiges lernen können. Schließlich vertrat der als Mitbegründer des »Sozialistischen Anwaltskollektivs« viele Aktivisten der Studentenbewegung. Dass Mahler dann aber zusammen mit einigen dieser Aktivisten 1970 die »Rote Armee Fraktion« (RAF) gründete, zum Terroristen wurde, sich an Banküberfällen beteiligte, jahrelang ins Gefängnis wanderte, um dann zum NPD-Mitglied und Neonazi zu mutieren, war für Lautenschläger eine »Riesenenttäuschung«.

Aber der hatte sich zu diesem Zeitpunkt längst in eine ganz andere Richtung entwickelt. Mit dieser Form der Rebellion, wie sie von der RAF auf die Spitze getrieben wurde, konnte er sich nicht identifizieren. Das hatte nichts mehr mit einer gerechten, humanistischen Grundhaltung zu tun, mit dem Protest gegen alles Autoritäre, das war für ihn kein Aufbegehren mehr gegen die verkrusteten Strukturen eines in der Vergangenheit erstarrten Staates. Das war Lichtjahre entfernt von jenen jungen, rebellischen Juristen, die ohne die vorschriftsmäßige schwarze Robe in die Gerichtssäle marschiert waren. Wie Horst Mahler, der unter dem Applaus seiner Anhänger in der ersten Reihe im schwarzen Rollkragenpulli erschien.

Mit der Ablehnung des Vietnamkrieges hatte sich Lautenschläger identifiziert, mit der Aufarbeitung der Nazi-Vergangenheit sowieso und auch mit dem Spruch der Hamburger Studenten: »Unter den Talaren – Muff von 1000 Jahren«. Und er war auch dabei gewesen, als es galt, das Erscheinen der *Bild*-Zeitung zu verhindern.

Der Springer-Konzern hatte seit Monaten gegen die linken Anti-Vietnam-Studenten mobilgemacht und im Frühjahr 1968 sogar zu einer Gegenkundgebung aufgerufen. Die Zahl derer, die kamen, war groß. Auf ihren Transparenten wurde unter anderem Dutschke als »Volksfeind Nr. 1« dargestellt, die *Bild* hatte immer wieder dazu aufgerufen, den »Terror der Jungroten« zu stoppen, und Dutschke als »Rädelsführer« ausgemacht.

Es war am 11. April, dem Gründonnerstag, als ein rechtsradikaler Hilfsarbeiter den Helden der Linken mit drei Schüssen lebensgefährlich verletzte. Elf Jahre später starb Dutschke an den Folgen dieses Attentats. Die Schüsse auf dem Berliner Kurfürstendamm lösten eine ungeahnte Protestwelle aus. Vor allem die Auslieferung und das Erscheinen des Springer-Blatts wollten die Studenten mit aller Macht verhindern. Das Verlagsgebäude in Berlin wurde mit Brandsätzen beworfen. Von Heidelberg aus startete man nach Esslingen, wo die *Bild-Zeitung* für den baden-württembergischen Raum gedruckt wurde. Die Aktion war ein voller Erfolg. Die gesamte Auflage der *Bild-Zeitung* für die Ostertage schwamm im an der Druckerei vorbeifließenden Neckar. »Die Polizei fotografierte die Demonstranten und notierte die Autonummern«, erinnert sich Lautenschläger. Er wurde nicht erfasst, er war mit einem Freund in dessen Auto gekommen.

Nicht so viel Glück hatte der »Mittäter« und Gerichtsreferendar Jürgen Laubscher. Ihn erklärte die Anwaltskammer trotz bestandenen Examens für »unwürdig«, als Anwalt zu arbeiten. Laubscher hatte vor dem »Ehrengericht« der Anwaltskammer die Aussage verweigert. Ein Recht, das jedem Angeklagten zusteht. Nicht aber vor einem »Ehrengericht«, hieß es in der Ablehnung zur Anwaltschaft. Die Begründung, die im Juni 1969 auch im *Spiegel* veröffentlicht wurde, spiegelt den Geist der Zeit wider:

»›Mit nicht zu übertreffender Liberalität‹ – so findet Dr. Adolf Kulzinger, Präsident der Karlsruher Anwaltskammer – habe er geprüft, ob der Heidelberger Jura-Assessor Jürgen Laubscher, 30, Anwalt werden darf. Kulzinger kam zu der Überzeugung, dass Laubscher ›unwürdig‹ ist, Anwalt zu werden. Der Assessor legte beim Ehrengerichtshof am Oberlandesgericht Stuttgart Klage gegen die Nichtzulassung ein.«

Der Präsident der Anwaltskammer begründete dies in einem Gutachten für das baden-württembergische Justizministerium folgendermaßen: Laubscher habe sich einer Beteiligung an der Blockade verdächtig gemacht. Gegenüber dem Vernehmen der Richter habe er die Aussage verweigert. Ein Mann, der nach einer jahrelangen juristischen Ausbildung an einem solchen rechtswidrigen Angriff gegen die staatliche Ordnung teilgenommen habe, sei unwürdig, den Beruf des Rechtsanwalts auszuüben. Wohlgemerkt: Laubschers Teilnahme war überhaupt nicht nachgewiesen, er hatte lediglich die Aussage verweigert.

Ironie der Geschichte: Jener Anwaltskammer-Präsident Adolf Kulzinger sollte sich noch im Dezember desselben Jahres einen »zweiten Laubscher« ins Haus holen, nämlich den Rechtsassessor Manfred Lautenschläger. Der Junganwalt stieg Ende 1969 in die renommierte Mannheimer Anwaltskanzlei Kulzinger und Karcher ein. Von seiner »unwürdigen« *Bild-Zeitung*-Aktion hatte sein Chef offensichtlich keine Ahnung.

Ehe Lautenschläger die Zusage der renommierten Anwaltskanzlei erhalten hatte, hatte er auch daran gedacht zu promovieren, am liebsten über das Strafsystem. Der Gedanke war in ihm gekeimt, als er während seines Referendariats an einer Denkschrift für die Evangelische Kirche Deutschland (EKD) über Sinn und Zweck der Strafe mitarbeitete. Die wissenschaftliche Auseinandersetzung damit interessierte ihn. Zudem unternahm die sozialliberale Koalition gerade weitere Vorstöße zur Reform des Sexualstrafrechts. Auch die Kirchen schalteten sich in die heftig geführte Diskussion ein.

Seit 1954 beschäftigte sich die sogenannte Große Strafrechtskommission mit einer Reform, die unter anderem auch auf Paragraf 175 abzielte. Doch nur drei Jahre später hatte das Bundesverfassungsgericht entschieden, dass der Paragraf verfassungsgemäß sei. Die Tatsache, dass nur schwule Männer, nicht aber auch lesbische Frauen wegen »Unzucht« bestraft würden, verstoße nicht gegen den Gleichheitsgrundsatz – das Verfassungsgericht wörtlich: »Hier wird nicht Gleiches ungleich, hier wird Ungleiches seiner Ungleichheit gemäß behandelt.«

In der Urteilsbegründung ging das Gericht auch auf die unterschiedliche Ausgestaltung der Geschlechtsorgane bei Mann und Frau ein: »Die körperliche Bildung der Geschlechtsorgane weist dabei dem Mann und der Frau verschiedene Funktionen zu: Von Natur aus ist dem Manne das Fordernde und Drängende, der Frau das Hingebende eigen.« Deshalb sei die männliche Homosexualität auch gefährlicher für die Gesellschaft als die weibliche.

Nicht nur unter den Talaren der Universitätsautoritäten, auch unter den Talaren der obersten Richter steckte der »Muff von 1000 Jahren«. Erst der gesamtgesellschaftliche Wandel – nicht zuletzt durch die 68er-Bewegung – führte 1969 zu einer ersten Reform des Sexualstrafrechts. Homosexuelle Handlungen unter Männern über 21 Jahre galten in der Bundesrepublik fortan nicht mehr als strafbar.

Zwar konnte Lautenschläger kein »Spitzenexamen« vorweisen, es war aber ganz ordentlich ausgefallen, wenn auch mit Hindernissen. Er hatte nicht damit gerechnet, schon zum Frühjahrstermin des Staatsexamens antreten zu müssen, sondern erst im Herbst. Denn es galt folgende Regel: Würde die erste Klausur schon im Februar geschrieben, müsste er »ran«. Nun war am 26. Februar Rosenmontag, am 28. somit Aschermittwoch. Kein Mensch rechnete damit, dass an diesem Tag die erste Klausur geschrieben würde, sondern erst im März. Damit hätte Lautenschläger noch eine Laufzeit seines Referendariates um ein weiteres halbes Jahr verlängert gehabt. Und darauf hatte er auch seine Examensvorbereitung abgestellt.

Aber es kam anders: Als Termin für die erste von neun Klausuren wurde tatsächlich der Aschermittwoch angesetzt – und Lautenschläger auf dem falschen Fuß erwischt. Da half nur noch »krank« werden. Ein befreundeter Mediziner verabreichte ihm am Rosenmontag ein Medikament, das künstlich Fieber erzeugt.

Um sicherzugehen, bekam er die dreifache Dosis verabreicht. Die Fieberschübe kamen prompt in unglaublicher Heftigkeit. 41,8 Grad zeigte das Thermometer. Lautenschläger litt schwer für das befreiende Attest durch den herbeigerufenen Amtsarzt. Ein halbes Jahr später absolvierte er dann das Examen, relativ gut vorbereitet. Und vom 9. Januar 1969 an durfte er sich dann Volljurist nennen. Die Bewerbung war geschrieben. Schließlich machte er das Rennen um die begehrte Stelle bei der Kanzlei Kulzinger und Karcher. Lautenschläger hatte 1800 Mark Monatsgehalt ausgehandelt, ein für damalige Verhältnisse sehr ordentliches Gehalt. Beschwingt fuhr er eine Woche zum Skilaufen.

Als er dann bei Dienstantritt auf einen einstigen Studienkollegen traf, der 200 Mark weniger bekam, und sein Chef plötzlich darauf bestand, dass er sich ebenfalls mit 1600 Mark zufriedengeben sollte, und mit Änderungskündigung drohte, da reichte es Lautenschläger, und da sprach er jenen Satz aus, der sein weiteres Leben bestimmen sollte: »Sparen wir uns doch die ganze Chose, und ich höre gleich auf.«

Erst zwei Jahre später sagte er seinen Eltern, dass er der Juristerei den Rücken gekehrt hatte. Einem Vater, der es ohne

Abitur zum Justizoberamtmann gebracht hatte, der so stolz gewesen wäre, ihn als Amtsrichter oder wenigstens als Rechtsanwalt zu sehen. Was für den Vater ein Traum gewesen wäre, wäre für Lautenschläger ein Albtraum geworden.

III

DER UNAUFHALTSAME AUFSTIEG

Dass Lautenschläger die Kanzlei so spontan und leichten Herzens verließ, lag auch daran, dass er seit einiger Zeit einen Plan B im Kopf hatte. Er wollte Versicherungen verkaufen, wollte sein eigener Herr sein und selbst entscheiden können, wohin die Reise ging. Es sollte für immer sein großer Plan A werden.

Vom Volljuristen zum Versicherungsverkäufer, quasi von jetzt auf gleich – eine geplante Karriere geht anders. Wobei dieses Planen, dieses Sich-Zwängen-Unterwerfen, das hätte Lautenschläger auch nicht entsprochen. Dann lieber ein klarer Schnitt, ein radikaler Neuanfang. Dass ihn seine Entscheidung zum Milliardär machen würde und dass darauf der Sturz fast ins Bodenlose folgen sollte, hätte niemand ahnen können. Den ganz großen Knall, den hätte er sich aber doch gerne erspart. Vor allem seiner Mitarbeiter wegen. Denn dieser Knall kam so überraschend und so heftig, dass es Jahre brauchte, um sich davon zu erholen. Um ihn ging es dabei weniger, auch wenn sein Vermögen um 95 Prozent schrumpfte. »Ich bin doch nicht unglücklicher, nur weil ich weniger Geld habe. Zum Leben reicht es immer noch«, sagt er. Ging es um sein Lebenswerk? »Mein Lebenswerk, das ist meine Familie, meine Frau und meine Kinder«, entgegnete Lautenschläger, als ihm diese Frage in einem Interview gestellt wurde. Aber natürlich war auch das erfolgreich Geschaffene eines langen Berufslebens, der Idealismus und das Unternehmertum Teil seines Lebenswerkes, das 2002 in Trümmern zu liegen schien.

2002 war das Jahr, als MLP vom gefeierten Börsenliebling zum Schmuddelkind wurde, als die Aktie am Freitag, dem 2. August binnen Tagesfrist um fast 50 Prozent einbrach. Es war der bis dahin dramatischste Absturz eines Dax-Wertes.

Um das ganze Ausmaß zu begreifen, muss man die Hintergründe kennen. Muss wissen, wie zwei »Edel«-Aussteiger in der Heidelberger Altstadtkneipe »Destille« übereinkamen, sich mit Versicherungsberatung für angehende Akademiker selbstständig zu machen, muss ihren Weg verfolgen, sie durch Höhen und Tiefen begleiten, ihre Philosophie verstehen, die von Freiheit und Nichtanpassung geprägt war, herübergerettet aus den 68er-Jahren. Noch heute ist dieser Geist Bestandteil der liberalen Unternehmenskultur von MLP.

Fundamente, wie jene, auf denen MLP steht, werden heute nicht mehr gebaut. Das hat viel mit Globalisierung, gesellschaftlichen und unternehmerischen Strukturen zu tun und dem olympischen Wettkampfgedanken »*Citius, altius, fortius*« – »schneller, höher stärker«. Diese zwischenzeitliche Fokussierung, aus MLP einen Weltkonzern zu machen, hätte dem Finanzdienstleister fast das Genick gebrochen. Manfred Lautenschläger, der immer so stolz war, unter den »fähigsten Mitarbeitern die begabtesten auszuwählen und ihnen genügend Freiraum zur eigenen Entfaltung zu gewähren«, hatte sich in der Auswahl seines Nachfolgers geirrt. Aber was damals kaum einer für möglich hielt, MLP kam wieder auf die Beine. Das hatte viel damit zu tun, dass man sich auf seine Ursprünge besann, auf das Vertrauen der Kunden und die Loyalität der MLP-Berater und -Mitarbeiter, auf den Freiheitsgedanken, die flachen Hierarchien. Und ganz entscheidend war, dass sich der Aufsichtsrat mit seinem Chef Lautenschläger für einen Mann als Vorstandsvorsitzenden entschied, der für Offenheit und Seriosität stand.

Wie dramatisch sein Leben verlaufen würde, das hätte sich Manfred Lautenschläger 35 Jahre zuvor nicht in seinen kühnsten Träumen vorstellen können. Es war im November 1968, als er sich gerade mit den Vorbereitungen zum mündlichen Teil seines Zweiten Staatsexamens herumschlug. Der schriftliche war gut gelaufen, das vorangegangene Referendariat hatte immerhin teilweise Spaß gemacht, und im Januar sollte nun also die letzte Prüfung stattfinden.

Was aber sollte nach dem Examen passieren, nach dem Ende einer zehnjährigen Ausbildung? Klar, es gab aussichtslosere Qualifikationen als die eines Volljuristen. Mit dieser Ausbildung im Rücken ist man vorbereitet auf den Ernst des Lebens, stehen einem viele Optionen offen. Doch so richtig brannte Lautenschläger für keine.

In dieser entscheidenden Zeit kam an einem tristen Novembertag jener Brief an, der das Leben Lautenschlägers prägen, der aus einem ausgezeichneten Schüler und mittelprächtigen Studenten einen überaus erfolgreichen Geschäftsmann machen sollte.

Der Brief kam aus Freiburg und war von einem gewissen Werner Thomae unterschrieben. Das sagte dem angehenden Akademiker erst einmal gar nichts. Was ihn veranlasste, das Schreiben, das eine Beratung in Versicherungsangelegenheiten anbot, nicht gleich in den Papierkorb zu werfen, war die Tatsache, dass eine Beratung »von Jurist zu Jurist« angeboten wurde. So etwas zieht bei Juristen mit ihrem anerzogenen Standesbewusstsein immer. Ein paar Tage später stand dann ein sympathischer Typ vor der Tür, der sich als Eicke Marschollek vorstellte. Der regionale Mitarbeiter von Thomae und Lautenschläger machten einen Termin klar, und ein paar Tage später kam es dann zu einem Beratungsgespräch, einem Gespräch mit lebenslangen Folgen.

Zunächst aber überzeugte die Idee. Thomae, jener Sonnyboy aus Freiburg und zunächst bei einer großen Lebensversicherungsgesellschaft angestellt, hatte sich selbstständig gemacht und konzentrierte sich auf die Beratung von Juristen, die dabei waren, das Zweite Staatsexamen zu absolvieren. Angeschrieben wurden alle Assessoren des jeweiligen Jahrgangs in Baden-Württemberg, damals etwa 250 Absolventen.

Wie alle seine Examenskollegen war Lautenschläger von verschiedenen Versicherungsgesellschaften und deren Vertretern kontaktiert worden. Jeder behauptete, dass seine Gesellschaft das beste Angebot habe. Aber jeder sprach natürlich »*pro domo*«. Das neue an Thomaes Programm: Er übertrug das Maklerprinzip – in der Industrie seit Jahrzehnten üblich – auf die Einzelperson. Das gab es bis dato nicht: Der Makler sucht, unabhängig von Versicherungsunternehmen, das jeweils passende Angebot heraus, er sondiert den Markt, was dem Kunden unmöglich ist. Clearingstelle ist der Makler, er vertritt die Interessen seines Kunden, nicht die der Versicherungsgesellschaft.

Dieses Geschäftsmodell war nicht nur anders, es war überzeugend. Der Vertreter einer einzigen Firma konnte als weisungsgebundener Angestellter nur das Produkt seiner Gesellschaft anbieten, der Makler hingegen vergleicht verschiedene Angebote und sucht das beste für seinen Kunden heraus. Hinzu kamen die handelnden Personen: Jungakademiker, wie Lautenschläger auch. Sie sprachen dieselbe Sprache, sie kannten die Situation, die Probleme, die der Berufseinsteiger in diesem für ihn so entscheidenden Lebensabschnitt hat, aus eigenem Erleben – und sie waren durch und durch sympathische Typen, die so gar nicht dem herkömmlichen Typus des Versicherungsvertreters entsprachen.

Das erste Beratungsgespräch – Lautenschläger hatte noch zwei Examenskollegen mitgebracht – verlief ausgesprochen angenehm und fachlich höchst kompetent, objektive Beratung vom Feinsten. Keine Spur von Hochdruckverkauf. Die Beratenen hatten zu keinem Zeitpunkt den Eindruck, man wolle ihnen mit aller Macht eine Versicherung andrehen. Man verstand sich bestens, und am Ende der Beratung fragte Thomae ihn, ob er nicht als Berater bei Thomae und Partner anfangen wolle.

Lautenschläger fühlte sich ein wenig geschmeichelt, doch da ihm das Angebot einer renommierten Mannheimer Anwaltskanzlei vorlag, lehnte er freundlich, aber bestimmt ab. Er konnte ja nicht ahnen, wie schnell die Desillusionierung folgen würde. Nach dieser Enttäuschung bei seinem Eintritt ins Berufsleben und in die Anwaltskanzlei rief er spontan Eicke Marschollek an: »Ich könnte mir doch vorstellen, bei euch mitzumachen. Steht das Angebot noch?« Die Antwort: »Super. Der nächste Juristenjahrgang macht gerade Examen.«

Einfach war Lautenschläger die Entscheidung nicht gefallen. Immerhin hatte er es zum Volljuristen gebracht, die »Berechtigung zur Ausübung des Richteramtes« erlangt, wie es so schön heißt, und das Recht, die schwarze Robe zu tragen. Sein Beruf würde ihn – er war damals noch zu haben – auch zum »willkommenen Schwiegersohn« machen. Dem gegenüber stand ein Job, der mit Akquisition verbunden war. (»Guten Tag, mein Name ist Lautenschläger. Sie haben von mir einen

Brief erhalten mit dem Angebot, Sie in Versicherungsfragen zu beraten.«) Und nicht immer war die Antwort: »Sehr schön. Kommen Sie doch bitte herein.« Und so war sein gedankliches Hintertürchen in der Anfangszeit, hier ein paar Erfahrungen zu sammeln, die ihm später als Anwalt nützlich sein könnten. So ganz hatte er den Traum von der »Kanzlei Lautenschläger« damals noch nicht aufgegeben.

Jedoch: Das Niveau der Beratung war anspruchsvoll, mit der eines Rechtsanwaltes oder Steuerberaters durchaus vergleichbar. Und die Zusammenarbeit mit Eicke Marschollek gestaltete sich in jeder Hinsicht angenehm, ihre Beratung kam bei ihren jungen Kunden an, und das Wichtigste: Sie verstanden sich – bei allem Unterschied der Charaktere – menschlich. Jeder wusste, er konnte sich blind auf den anderen verlassen. Der Grundstock von Marschollek, Lautenschläger und Partner, kurz MLP, war gelegt.

Werner Thomae hatte nach seinem juristischen Staatsexamen eine Ausbildung bei einer großen Lebensversicherung begonnen. Mit ihrer Sonderabteilung »Deutsche Anwalts- und Notarversicherung« gerierte sie sich als Standesversicherung, als »Ruhegehalts-, Witwen- und Waisenkasse für deutsche Rechtsanwälte und Notare«. In Wahrheit war und ist sie eine ganz normale Lebensversicherung, die Bezeichnung DANV war aber ein echter Wettbewerbsvorteil, den es für die Konkurrenz erst einmal auszuräumen galt.

Werner Thomae erkannte die Chance, die eine Zielgruppe wie die jungen Juristen bot, hatte aber die Idee, diese Klientel nicht als Einfirmenvertreter, sondern als unabhängiger Makler glaubwürdig zu beraten. Er machte sich also selbstständig und wurde in den ersten Jahren zum Mentor Manfred Lautenschlägers. Dass der ihm, dem einstmals so erfolgreichen Geschäftsmann, dann später bis zu dessen Tod und danach seiner Witwe finanziell helfen würde, das hat viel mit Dankbarkeit und Respekt zu tun. »Wenn Thomae nicht gewesen wäre, wäre aus mir nicht das geworden, was ich heute bin«, resümiert Lautenschläger heute. Am 9. April 1969 besiegelten die beiden per Handschlag ihre Zusammenarbeit. Eineinhalb Jahre sollte sie dauern. So lange, bis das einstige Vorbild Thomae »den Pfad der Tugend« verließ.

Die Schulungen bei »Thomae und Partner« hatten Lautenschläger gezeigt, dass Versicherungen ein heikles Thema sind, ein schwer zu durchschauender Dschungel verschiedenster Sparten und Tarife. Ganz abgesehen vom mangelnden Reiz für die Kunden, bei diesen Themen in die Tiefe zu gehen – gerade, wenn man jung und gesund ist, die Berufswelt noch vor einem und das Alter in schier unsagbarer Entfernung liegt. Wer will sich schon mit sämtlichen möglichen Eventualitäten beschäftigen, damit, dass jedes Lebensalter und jede Lebenslage spezielle Fragen aufwerfen, dass während der Ausbildung andere Aspekte wichtiger sind als der Gedanke an den Ruhestand? Genau damit müssen sich die Berater auseinandersetzen, wenn sie nicht nur Versicherungen auf die Schnelle verkaufen, sondern ihre Kunden seriös beraten wollen. Lautenschläger und Marschollek wollten. Das thomaesche Konzept war die Grundlage. Als unabhängiger Versicherungsmakler mit verschiedenen Unternehmen der Daseinsvorsorge zusammenzuarbeiten, daraus ließ sich die genaue »Passform« für die juristischen Jungakademiker schneidern. Zumal, wenn sie sozusagen von ihresgleichen beraten wurden, von Leuten, die selbst vor nicht allzu langer Zeit die Uni verlassen hatten und von denen der eine auch noch ein Volljurist war.

Und so schrieben die beiden erst einmal die neue Generation künftiger Juristen an. Die Beratung von »Akademiker zu Akademiker« konnte beginnen. Es galt, mit den Empfängern des Schreibens persönliche Gespräche zu führen. Also machten sich die beiden auf den Weg, denn nur ein Bruchteil der Absolventen hatte ein Telefon. Sie klapperten die potenziellen Kunden ab, in Heidelberg, in ganz Baden-Württemberg. Manfred Lautenschläger im VW, Eike Marschollek im Opel.

Es gibt eine Begebenheit aus der Anfangszeit, die Lautenschläger ganz besonders in Erinnerung geblieben ist. Sie ist beispielhaft dafür, dass MLP heute noch immer so »tickt« wie zu Beginn. Eicke Marschollek und er hatten einen Tag mit Terminen vollgepackt. Der Tag begann morgens um zehn Uhr südlich von Tübingen, führte im Zwei- bis Drei-Stunden-Takt über Tübingen und Stuttgart und schließlich zurück in heimische Gefilde. Dort hatten sie um 19 Uhr ihren letzten Termin in Neckargemünd. Doch alles verschob sich. Es war absehbar, dass sie es niemals pünktlich nach Neckargemünd schaffen würden.

Von unterwegs legten sie den Termin sicher vier oder fünf Mal weiter nach hinten, und zwar aus den gelben Telefonzellen, die zu dieser Zeit noch üblich waren. Erst auf 20:30 Uhr, dann auf 21:30 Uhr und schließlich auf Mitternacht. Gefühlt hielten sie an jeder Telefonzelle unterwegs einmal an. Glücklicherweise war der Kunde flexibel, und als sie um halb zwei endlich todmüde in Neckargemünd eintrafen, empfing er sie tatsächlich mit einer Flasche Pils. Es versteht sich fast von selbst: Die Beratung war sehr erfolgreich. Sie hatten einen Kunden gewonnen.

Überhaupt ließen die unorthodoxen Arbeitszeiten – viele Termine fanden abends statt – das lockere Studentenleben wiederaufleben. Oft traf man sich nach den Abendterminen noch in einer der Heidelberger Altstadt-Kneipen, um Abschlüsse zu feiern oder Frust abzulassen – »Lust- und Frustgemeinschaft«.

Und sie waren kreativ, durchforsteten die Tarife der Gesellschaften, suchten nicht nur die besten Angebote für ihre Kunden heraus, sondern entwickelten neue, die es so auf dem Markt nicht gab. »Wir waren quasi Marktforscher für die Gesellschaften, wir waren nah am Kunden, kannten seinen Bedarf«, ist Lautenschläger heute noch stolz auf den damaligen Pioniergeist. Immer am Ball sein, sich Neues ausdenken, Angebote prüfen, die besten auswählen – das beflügelte nicht nur die Kreativität, sondern kam vor allem den zukünftig Versicherten zugute.

Natürlich lief beileibe nicht alles rund. Nicht nur einmal überlegte Lautenschläger, hinzuwerfen. »Die direkte Akquise fiel mir schon schwer, das war ja richtiges Klinkenputzen«, räumt er mit der Vorstellung auf, dass es sich dabei um einen »Traumjob« gehandelt hätte. »Wenn ich in den ersten Wochen meiner neuen Tätigkeit die angeschriebenen Assessoren abklapperte, mit dem VW durch ganz Baden-Württemberg tourte, von Tür zu Tür ging, klingelte, niemanden antraf oder auch mal unhöfliche Antworten wegstecken musste, da kamen dann doch Zweifel auf.«

Dazu kam, dass die beiden »Greenhorns« im Versicherungsgeschäft zwar exzellent berieten, aber von Verkaufstechniken meilenweit entfernt waren. Der Frust, wenn nach langen, intensiven Kundengesprächen dann doch der Verkaufsprofi von der Konkurrenz den Abschluss machte, saß tief. Dessen »Argument« war sehr häufig: Teilung der Provision mit dem Kunden. Das war für Lautenschläger so unvereinbar mit einer anspruchsvollen Beratung, dass er später ein solches Gebaren bei seinen MLP-Beratern vertraglich zum fristlosen Kündigungsgrund machte.

Doch mit der Anzahl der Beratungen kam die Erfahrung,

kam die Erkenntnis, dass das »aim of the game« der Abschluss war, der zur Top-Beratung einfach dazugehörte. Sein Einkommen im ersten halben Jahr betrug um die 1800 DM monatlich, also in etwa, was seine Examenskollegen in juristischen Berufen verdienten. Nach 500 DM Unterhaltszuschuss als Gerichtsreferendar eine gewaltige Steigerung. Im ersten vollen Jahr 1970 war es dann schon das Doppelte.

Frust hin, kleine Demütigung her – irgendwie machte die ganze Sache doch großen Spaß. Das Tüfteln an neuen Modellen, alternative Formen entwickeln, die Kunden auf hohem Niveau beraten, das wog das höhere Sozialprestige eines reinen Juristenberufes auf. Aber das Wichtigste von allem: Er war selbstständig, er war unabhängig, sein Erfolg hing nur von seiner eigenen Leistung ab, er musste keinem Vorgesetzten gefallen, um Karriere zu machen.

Und neben dem »Übervater« Thomae lernte er mit der Zeit gestandene, selbstbewusste Repräsentanten dieser nicht immer gerade angesehenen Branche kennen, unter den Vermittlern ebenso wie bei den Managern der Versicherungsgesellschaften, die ihn darin bestärkten, dass er auf dem richtigen Weg war, dass er sich hier etwas aufbauen konnte.

Im Laufe des Jahres 1970 jedoch trat eine Entwicklung in der Unternehmensstrategie von Thomae ein, die Lautenschläger immer mehr irritierte. Um die Hintergründe zu verstehen, muss man die Landschaft der Finanzdienstleistung in der damaligen Zeit etwas näher beleuchten.

Etwa zeitgleich mit Lautenschlägers Berufsstart erschien am deutschen Markt ein Unternehmen namens IOS – »Investor Overseas Services«. IOS vertrieb Investmentfonds, ein damals in Deutschland weitgehend unbekanntes Produkt. IOS gewann sehr schnell mit großen Versprechungen Tausende von Vertretern, viele aus der Versicherungsbranche. Das Verkaufssystem war ein Strukturvertrieb: Der Vermittler wurde angehalten, weitere Vermittler einzustellen. Hatte er drei angeworben, stieg er eine Provisionsstufe höher und kassierte die Differenz zwischen seiner Provision und derjenigen seiner »Untergebenen«. Hatten diese drei wiederum jeder drei Vermittler geworben, stiegen sie jetzt wie ihr »Chef« eine Stufe höher, der Chef wiederum eine weitere Stufe usw., usw. Es entwickelte sich eine pyramidenförmige Vertriebsstruktur, daher die deutsche Bezeichnung »Strukturvertrieb«, auf Englisch vielleicht noch treffender »pyramid sales force« genannt. Mit Slogans wie »Sei kein Opfer des Kapitalismus – nutze ihn« wurden Verkäufer ebenso geworben wie Kunden.

Gründer von IOS war Bernie Cornfeld, der nicht nur ein charismatischer ehemaliger Baptistenprediger war, sondern – immer von schönen Frauen umgeben – ein beliebtes Zielobjekt der Yellow Press. Da Cornfeld die Bedingungen der strengen amerikanischen Börsenaufsicht SEC weder erfüllen wollte noch konnte, verlegte er seinen Firmensitz auf die Bahamas, von keiner Aufsichtsbehörde belästigt. Deshalb musste er sich aus Ländern wie den USA, der Schweiz, Großbritannien und Frankreich zurückziehen, nicht dagegen aus Deutschland, das mit 300.000 Anlegern zu seinem wichtigsten Absatzmarkt wurde.

Ein williger Gehilfe wurde für ihn 1967 der damalige FDP-Vorsitzende und ehemalige Vize-Kanzler Erich Mende. Für 30.000 Dollar – ca. 120.000 DM Jahressalär und seinerzeit ein Spitzeneinkommen – verpflichtete der Politiker sich insbesondere zur Öffentlichkeitsarbeit. Für Mende kein Widerspruch zu seinem Amt als Parteivorsitzender. Dem *Spiegel* eröffnete er damals: »Mein künftiger Boss heißt Bernard Cornfeld.« Ein

Boss ohne Skrupel. Bevor er seine »Berater« losschickte, ließ Cornfeld diese erst einmal hundert Namen aufschreiben von all den Leuten, die sie kannten: Verwandte, Bekannte, Freunde, Nachbarn. Die galt es dann zu »bearbeiten«. Viele neue Kunden konnten so gewonnen werden. Wenn der ehemalige Vizekanzler Teil des Managements war, musste es schließlich eine seriöse Gesellschaft sein.

Als die undurchsichtigen Machenschaften auch dank kritischer Presseveröffentlichungen in *Spiegel, Stern* oder *FAZ* langsam ans Licht kamen, brach der Absatz neuer Produkte ein, Sparer verlangten ihr Geld zurück, die IOS-Aktie stürzte ab. Nach dem Zusammenbruch seines Imperiums wurde der Geschäftsmann festgenommen. Ihm wurde unter anderem gewerbsmäßiger Betrug und Urkundenfälschung vorgeworfen. Eine Klagewelle rollte auf Cornfeld zu. Letzten Endes wurde er freigesprochen, weil »die Behörden sich außerstande sahen, die Vorwürfe der Kläger zu erhärten«, wie die *FAZ* schrieb. Für die Kläger endete die Sache in einem finanziellen Desaster.

IOS – von keinem Aufsichtsamt kontrolliert – hatte nach Belieben schalten und walten können und diese Freiheiten auch ungeniert ausgenutzt, zum Schaden der Kunden. Es stellte sich auch die Frage, warum Cornfeld sein Unwesen in Deutschland treiben konnte, nicht aber – wie schon erwähnt – in Ländern wie den USA, Großbritannien, Frankreich, der Schweiz. Die Antwort liegt in der offenkundig laxen Aufsicht in Deutschland.

Ein paar Tausend Verkäufer waren arbeitslos geworden, blieben dies aber nicht lange. Ein neuer Fonds aus den USA, unkontrolliert residierend in Panama, kam ebenso aggressiv wie einige Jahre zuvor IOS auf den Markt: Gramco Usif Immobilienfonds. Er investierte in dreistelliger Millionenhöhe in Bürohäuser in amerikanischen Großstädten. Garantierte Rendite: 12 Prozent. Selbst die Deutsche Bank empfahl die Anlage, auch andere Banken vertrieben das neue Juwel.

Werner Thomae wurde auf der höchsten Vertriebsstufe Repräsentant von Gramco Deutschland. Lautenschläger empfahl die Anlage, vertrauend auf die guten Vertriebsadressen, einem jungen Anwalt, der eine Erbschaft von 30.000 DM investierte.

Es kam, wie es kommen musste. Die Anlegermillionen versickerten in dunklen Kanälen, die Anleger verloren ihr Investment zu 100 Prozent. Lautenschläger erstattete seinem Kunden die 30.000 DM in drei Jahresraten von 10.000 DM. Eine Einmalzahlung konnte er sich damals, im Spätherbst 1970, nicht leisten. Das Vertrauen in Thomae war erschüttert. Lautenschläger wollte sich abnabeln und nahm erste Kontakte zu Versicherungsgesellschaften auf.

Thomae hatte Marschollek und ihm die Aufnahme in seine KG angeboten. Lautenschläger bat um Bedenkzeit, bereits entschlossen, die Zusammenarbeit zu beenden. Marschollek unterschrieb, er war offensichtlich noch nicht so weit. Irgendwann im November 1970 trafen sich die beiden in der Altstadtkneipe »Destille« auf ein Bier. Es blieb nicht bei einem. Eicke Marschollek redete sich plötzlich seinen Frust über Thomae von der Seele. Thomae, der sie für eine neue Idee der Versicherungsberatung für eine hochkarätige Klientel begeistert hatte, hatte aus ihrer Sicht den Pfad der Tugend verlassen. Als Eicke zu Ende geredet hatte, sagte Lautenschläger: »Eicke, ich habe schon einen Termin mit dem Landesdirektor der ›Alten Leipziger‹ vereinbart. Lass uns zu zweit hinfahren.«

Und so schlug in der Heidelberger Altstadtkneipe »Destille«, Treffpunkt von Studenten und Professoren gleichermaßen, die Geburtsstunde von MLP. Am 1. Januar 1971 wurde MLP als Gesellschaft des bürgerlichen Rechts gegründet. Und während der damalige Bundeskanzler Willy Brandt im selben Jahr mit dem Friedensnobelpreis geehrt wurde und das Bild Deutschlands in der Welt veränderte, wollten Lautenschläger und Marschollek »die Welt aus den Angeln heben«.

IV

AUF LEBEN UND TOD

Als Tochter Christine, seit Kindesbeinen »Schnuppi« genannt, zum 80. Geburtstag des Vaters ihre Rede vor der illustren Gästeschar hielt, sagte sie einen Satz, der jeden im Saal berührte: »Als Kind dachte ich sehr lange Zeit, dass MLP für ›Mein Lieber Papi‹ steht.« Diese Worte drückten aus, wie sehr die Liebe zur Familie für Lautenschläger immer an erster Stelle stand – noch vor seiner tiefen Verbundenheit zum Unternehmen und seinen Mitarbeitern. Vielleicht war das der Schlüssel für den kometenhaften Aufstieg eines Finanzdienstleisters, der so anders als die anderen war.

Noch vom Geist der 68er beseelt, wollten Lautenschläger und Marschollek natürlich Geld verdienen, aber über allem standen Begriffe wie Freiheit, Glaubwürdigkeit, Kreativität und Fairness. »Wer frühzeitig das Vertrauen von Menschen gewinnt, die später einmal zu den Besserverdienenden zählen, hat sich ein solides Fundament geschaffen«, sagte der Konzernchef später einmal. Es war das Vertrauen ihrer Kunden, das ihnen Höhenflüge bescherte. Für Marschollek sollte dieser Höhenflug ein jähes Ende nehmen. Er starb im Alter von nur 35 Jahren bei einem Schlittenunfall. Sein Freund und Partner Lautenschläger war dabei. Zwei Jahre später sollte er selbst um sein Leben kämpfen.

1971, als die beiden jungen Männer beschlossen, sich selbstständig zu machen, dachten sie nicht vom Ende her, sondern waren voller Ideen und Enthusiasmus. »Unser Erfolg beruhte in den Anfangsjahren auf unserer persönlichen Integrität«, so Lautenschläger rückblickend.

Von Werner Thomae hatten sie sich in aller Freundschaft und Offenheit getrennt. Hatten ihm klipp und klar deutlich gemacht, dass sein neues Geschäftsmodell mit ihren Vorstellungen nicht vereinbar war. Sie wollten ihre Kunden zur bestmöglichen Vorsorge beraten. Und beim Verkauf ihrem Grundsatz treu bleiben: Von Akademikern für Akademiker. Die Jura-Abgänger hatten sie im Fokus, später dehnten sie die Zielgruppe auf Mediziner und Zahnmediziner aus, danach noch auf Wirtschaftswissenschaftler und Ingenieure. Diese Jungspunde bewiesen einer ganzen alteingesessenen Branche, dass es auch anders geht: »Besondere Zielgruppen müssen auch besonders behandelt werden – und vor allem müssen wir unsere Kunden verstehen, ihnen zuhören«, das war ihr Credo, das auch für die zukünftigen MLP-Berater galt.

Zwei von ihnen hatte Lautenschläger schon im Jahr vor der Gründung der eigenen Firma als Berater gewonnen. Ihm war schnell klar geworden, dass er zumindest einen Teil der Akquise abgeben musste, wollte er sich auf andere, weiterreichende Aufgaben konzentrieren. Nachdem die neuen Berater geschult waren, alle Unterlagen, Adressen bekommen hatten, also auf das ganze Rundum-Paket zurückgreifen konnten, durften sie in die Welt der Versicherungsberatung einsteigen. Bei erfolgreichem Vertragsabschluss zahlte die entsprechende Versicherungsgesellschaft die Provision an Lautenschläger, der gab den Löwenanteil an seine Berater weiter und behielt davon für seine Aufwendungen nur einen Teil ein.

Dass die beiden neuen Berater dann hinter seinem Rücken eigene Geschäfte machten, gehörte zu den ersten Enttäuschungen dieser Anfangsjahre. Es sollten nicht die letzten sein. Den Enthusiasmus der beiden Unternehmensgründer konnte das allerdings nicht erschüttern, und auch nicht ihr Vertrauen in künftige Berater. Wenn Lautenschläger heute von den 2000 MLP-Kundenberatern spricht, dann schwingt immer viel Respekt und Achtung vor ihrer Leistung mit, aber auch der Stolz, dass nach fünfzig Jahren immer noch die Grundidee der Anfangsjahre Bestand hat: sich hineindenken in die Situation jedes einzelnen Menschen, ihn in komplexen Entscheidungsprozessen bestmöglich beraten und begleiten.

Die Anfangszeit von MLP fiel in eine Phase umgreifender politischer Veränderungen in der Bundesrepublik. Eine ganze Führungsriege trat ab. Alles hatte 1969 begonnen, mit der Wahl des SPD-Politikers Gustav Heinemann zum Bundespräsidenten. Er folgte auf den CDU-Mann Heinrich Lübke, der in die Geschichte der Bundesrepublik als Zielscheibe des Spottes und der Häme einging. Verankert im kollektiven Gedächtnis ist seine Begrüßungsrede bei einem Staatsbesuch in Liberia 1962, die mit den Worten begann: »Sehr geehrte Damen und Herren, liebe Neger«. Welch Unterschied zum Friedenskämpfer Heinemann.

Mehr noch als dessen Wahl zum Bundespräsidenten sollte allerdings die darauffolgende Bundestagswahl das politische Klima verändern. Willy Brandt war es, der einer ganzen Generation Hoffnung gab. Der vergessen ließ, dass sein Vorgänger Kurt Georg Kiesinger ein Christdemokrat mit Nazi-Vergangenheit war. Vor allem die akademische Jugend hatte damals aufbegehrt gegen das politische und gesellschaftliche System der Bundesrepublik. Die APO hatte die erste Große Koalition unter Kiesinger dafür verantwortlich gemacht, dass die Opposition im Parlament bis zur Bedeutungslosigkeit verkommen und nicht mehr hörbar war. Auch das wurde mit dem SPD-Politiker Brandt anders.

Erstmals kam es zu einer sozialliberalen Regierung. Mit Walter Scheel, der von Mende den FDP-Parteivorsitz übernommen hatte, als Vizekanzler. Vergeblich hatte sich Mende gegen die von ihm ungeliebte neue Koalition und die Ostverträge eingesetzt. 1970 wechselte er zur CDU. Als Hinterbänkler wurde er für zehn Jahre Abgeordneter der Konservativen. Seinen gut bezahlten Job bei IOS hatte er sicher in der Tasche. Er diente einem Boss ohne Skrupel. Lautenschläger hielt es lieber mit Willy Brandt und dessen Maxime »mehr Demokratie wagen«.

In Willy Brandt sah auch die Jugend einen Kanzler, mit dem sie sich ein Stück weit identifizieren konnte, der nicht durch eine NS-Vergangenheit belastet war. Die Ostverträge der Regierung Brandt/Scheel, die auf Ausgleich mit der Sowjetunion und den osteuropäischen Staaten zielten, lösten heftige Diskussionen nicht nur im konservativen Lager aus. Und als Willy Brandt am 7. Dezember 1970 in Polen vor dem Mahnmal für die jüdischen Opfer des Aufstandes im Warschauer Ghetto niederkniete und um Verzeihung bat, ging dieses Foto um die Welt. Im eigenen Land wurde dieses Eingeständnis deutscher Schuld von den »Ewiggestrigen« als »Verrat« und »Nestbeschmutzung« gebrandmarkt. Für Deutschland war es ein historischer Wendepunkt.

Wie stark die Macht der Bilder, wie groß ihre Symbolkraft ist, das hatten die USA schon vorher erfahren. Es waren erschütternde Fotografien. Was alle Demonstrationen, an denen sich auch Lautenschläger einst beteiligt hatte, nicht vermocht hatten, schafften diese unvergesslichen Bilder. Erst 1969 hatte die Weltöffentlichkeit von dem Massaker an den Einwohnern des südvietnamesischen Dorfes My Lai erfahren, das die US-Armee vertuschen wollte. Im Jahr davor hatten die Soldaten 507 Dorfbewohner brutal umgebracht. Unter ihnen 173 Kinder, 76 Babys und sechzig Greise. Die Soldaten waren auf der Jagd nach dem feindlichen Vietcong.

Ein US-Fotograf drückte auf den Auslöser, als sie einen dieser Guerilla-Kämpfer schnappten: ein schmächtiger Mann in zerfetzter Kleidung, die Hände in Handschellen auf dem Rücken, hinter ihm amerikanische Soldaten. Ein südvietnamesischer General, der Polizeichef von Saigon, tötet den Mann mit einem Kopfschuss.

Trotz großer Anti-Vietnam-Demonstrationen ging der Krieg weiter. Und er wurde auch nicht beendet, als das Bild der kleinen Vietnamesin 1972 um die Welt ging, die dem Grauen des Krieges ein Gesicht gab. Nach einem Napalm-Angriff hatte sich die Neunjährige die brennenden Kleider vom Leib gerissen und lief schreiend die Straße entlang. Die Welt war erschüttert. Die US-Regierung, damals unter Präsident Richard Nixon, erreichte das Grauen mit voller Wucht, als immer mehr Särge gefallener US-Soldaten nach Hause kamen. Trotz der Unterstützung durch die Weltmacht USA musste sich Südvietnam dem Vietcong und den Kommunisten aus dem Norden geschlagen geben. Als Präsident Gerald Ford 1975 den Vietnamkrieg für die USA für beendet erklärte – sein Vorgänger Nixon war mittlerweile über die Watergate-Affäre gestürzt –, musste er den Tod von 60.000 Soldaten rechtfertigen, die im Kampf gegen den Kommunismus gefallen waren. Für Vietnam ging ein zwanzig Jahre andauernder Krieg zu Ende, der bis zu fünf Millionen Opfer gefordert hatte.

Aber es waren nicht nur diese Bilder, diese Schreckensnachrichten, die Anfang der 1970er-Jahre auch im kleinen Lautenschläger-Marschollek-Team für Erschütterung und Diskussionen sorgten. Da war auch die Katastrophe von München, deren Bilder um die Welt gingen. Die XX. Olympischen Spiele, seit der Nazi-Olympiade 1936 die ersten auf deutschem Boden, sollten den Nationen ein anderes Bild von Deutschland vermitteln. Die Spiele verliefen in toller Atmosphäre, es waren »heitere Spiele«, ein »Sommermärchen«. Und dann geschah die Katastrophe: Elf Sportler der israelischen Mannschaft wurden am 5. September 1972 von der palästinensischen Terror-Organisation »Schwarzer September« als Geiseln genommen. Die Befreiungsaktion durch deutsche Behörden scheiterte. Alle Geiseln, fünf Terroristen und ein Polizist starben. Nach einer Gedenkstunde im Olympiastadion schrieb IOC-Präsident Avery Brundage Geschichte. Mit nur fünf Worten: »The Games Must Go On!«, beendete er die Diskussionen um den Abbruch der Spiele. Sie gingen weiter – ohne die israelische Mannschaft, die München nach der Trauerfeier verlassen hatte. Bis heute wird die Entscheidung des IOC kontrovers diskutiert. Unterstützung kam damals von Bundeskanzler Willy Brandt, der sich im Bayerischen Rundfunk zu Wort meldete: »Es darf nicht sein, dass eine Gruppe rücksichtsloser Extremisten darüber bestimmen kann, ob große internationale Veranstaltungen stattfinden können oder nicht. Die heiteren Spiele sind zu Ende. Was das bedeutet, werden viele von uns noch gar nicht ermessen können. In diesen Stunden und Tagen haben wir uns nun neu zu bewähren.«

Zu bewähren hatte sich der deutsche Staat auch in ganz anderer Richtung. Seit 1970 versetzte die »Rote Armee Fraktion« (RAF) Politik und Wirtschaft in Angst und Schrecken.

Mitbegründerin war die ehemalige Journalistin Ulrike Meinhof. Sie kommentierte den Anschlag auf die israelischen Sportler so: »Die Aktion des ›Schwarzen September‹ hat das Wesen imperialistischer Herrschaft und des antiimperialistischen Kampfes auf eine Weise durchschaubar und erkennbar gemacht wie noch keine revolutionäre Aktion in Westdeutschland oder Westberlin. Sie war gleichzeitig antiimperialistisch, antifaschistisch und internationalistisch.«

Mit diesen kruden Ideen musste sich die Regierung Brandt und nach dessen Rücktritt vor allem Helmut Schmidt als Kanzler auseinandersetzen. Die RAF wollte das Land radikal umkrempeln. Als sie nach langen 28 Jahren von der Bildfläche verschwand, standen 33 Morde auf ihrem Konto. Bankvorstände wie Alfred Herrhausen oder Jürgen Ponto gehörten ebenso zu den Opfern wie Generalbundesanwalt Siegfried Buback oder Arbeitgeberpräsident Hanns-Martin Schleyer, dessen Bild als »Gefangener« der RAF für beklemmende Schlagzeilen sorgte. Mit drei Kopfschüssen wurde er »hingerichtet«.

In Heidelberg, wenige Hundert Meter von dem Haus entfernt, in dem Lautenschläger wohnte, tötete das Kommando der RAF im selben Monat mit zwei Autobomben drei junge amerikanische Soldaten. Das Attentat galt dem europäischen Hauptquartier der US-Armee.

Eine Blutspur zog sich durch das Land, verursacht von »revolutionären« Linksradikalen, zu denen auch Rechtsanwalt Horst Mahler gehörte. Jener Mahler, mit dem sich Lautenschläger in seiner Assessoren-Zeit eine Zusammenarbeit hatte vorstellen können. Das alles war für ihn nun Lichtjahre entfernt. Mit Abscheu und Zorn verfolgte er das Wüten gegen eine Gesellschaftsordnung, die dem Einzelnen so viel Freiheit ließ, gegen einen Staat, in dem vor dem Gesetz alle gleich waren, gegen einen Staat, der seinen Bürgern die längste Friedenszeit seiner Geschichte bescherte. Manfred Lautenschläger war froh, in ebenjener Demokratie zu leben, die ihm, dem Jungen aus einfachen Verhältnissen, so vieles ermöglicht hatte. Auch, dass er sein eigenes, selbstbestimmtes Leben führen konnte, ohne Druck von außen, ohne Gängelung. Sein Beruf machte ihm Spaß und Eike Marschollek und er waren ein ideales Team, das seinen Idealen treu geblieben war.

Als Manfred Rieder ganz am Anfang zu ihnen stieß, waren sie sicher, dass da einer kam, der zu ihnen passte. Eigentlich wollte Lautenschläger den Juristen als Kunden gewinnen. Umso überraschter war er, als Rieder ihm eröffnete, dass er gerne als Berater bei ihm anfangen würde. Lautenschläger schlug ein. Solche Leute, das war genau das, was ihm für eine qualifizierte Beratertruppe vorschwebte: freundlich, höflich, kommunikativ, bestens ausgebildet. Bald waren sie sich einig, dass Rieder das Potenzial hatte, der dritte Mann in der Geschäftsleitung zu werden, er sollte das erste »P« bei MLP sein, der gleichberechtigte Partner von Marschollek und Lautenschläger.

Gleichberechtige Partner, das waren mittlerweile auch die beiden Freunde geworden. Nicht jeder wirtschaftete mehr in seinen eigenen Topf (Lautenschläger mit, Marschollek ohne Berater), sondern zusammen wollten sie wachsen. In der Gewissheit, dass sich die Erfolgsspirale nach oben drehen wird, dass sie mehr Berater brauchen würden, dass sie ihre junge Firma weiter ausbauen könnten, die jetzt nicht mehr als »Gesellschaft des bürgerlichen Rechts« (GbR), sondern als »Offene Handelsgesellschaft« (OHG) firmierte.

Gearbeitet wurde nach wie vor in den Wohnungen, ein gemeinsames Büro gab es noch nicht. Das wurde aber bald unvermeidlich. Denn die »Nobodys« in einer hart umkämpften Branche waren bald keine »Nobodys« mehr. Betrug der Umsatz im Neugeschäft der Lebensversicherungssumme 6 Millionen D-Mark, so kletterte er ein Jahr später auf 13 Millionen. Das heißt: Im zweiten Jahr seines Bestehens war MLP zum größten Personen-Versicherungsmakler Baden-Württembergs aufgestiegen.

Als Lautenschläger, Marschollek und mittlerweile auch Rieder 1972 ihre neue »Firmenzentrale« bezogen, wurde erst einmal gefeiert. Zwar waren die Räume, immerhin 135 Quadratmeter, lediglich angemietet, dafür in guter Lage in Heidelbergs Weststadt. In diesem Umfeld – der Stadtteil zählt bis heute mit seinen sandsteinfarbenen Jugendstilbauten zu den begehrtesten – würden sie sich wohlfühlen können. Das Erdgeschoss der alten Villa war von der Einteilung her ideal, die Aussicht auf den großen Feigenbaum aus Lautenschlägers Büro wunderschön. Fehlte nur noch die entsprechende Ausstattung. Und für Ästhetik hatten die jungen Leute schon immer einen Sinn. Zwar konnten sie sich das Mobiliar des Designer-Duos Charles und Ray Eames, das sie so gerne gehabt hätten, nicht leisten – aber das Imitat schon. Ein cleverer Stuttgarter Student war auf den legalen Nachbau gekommen und bot ihn für ein Drittel des Ladenpreises an. Und so ließen sich die Gäste in den aus Palisanderholz gefertigten lederüberzogenen Stühlen nieder. Was Manfred Lautenschläger besonders freute: Seine Eltern waren aus Berghausen gekommen und haderten nicht mehr mit dem Sohn, den sie doch so gerne in der Robe des Amtsrichters gesehen hätten. Das stilvolle Büro, die illustre Gästeschar, darunter viele Geschäftspartner, beeindruckte die beiden.

Und das Geschäft boomte. Das Interesse der Jungakademiker an einer entsprechenden Vorsorge in allen Lebenslagen war groß. Wie auch die Zahl der Berater ständig wuchs. MLP hatte sich in kürzester Zeit einen Namen gemacht. Von den studierten Bewerbern konnten sie sich die qualifizierten für den Außendienst aussuchen. Sie hatten das, was sie nur wenige Jahre zuvor erträumt hatten: »Eine kleine, unverwechselbare Beratungssozietät«. Zusammen mit Eike Marschollek und dem später dazugekommenen Rieder führte Lautenschläger eine überschaubare Truppe. Als dann 1974 die GmbH gegründet wurde, wurden alle drei zu gleichen Teilen Gesellschafter.

Nicht nur geschäftlich lief alles rund. Im Jahr davor hatte Lautenschläger die Frau seines Lebens kennengelernt. Angelika, 21 Jahre alt, war dabei, am Dolmetscherinstitut ihr Vordiplom zu machen, sehr selbstbewusst und ausgesprochen hübsch. Kennengelernt hatten sie sich auf dem Tennisplatz. Lautenschläger spielte Doppel gegen Angelika. Sie war die beste Spielerin auf dem Platz, obwohl die anderen drei männlichen Geschlechts waren – und so gewann sie mit ihrem Partner das Match. Es ging um ein Abendessen. Ein Abendessen mit lebenslangen Folgen.

Als sie Manfred wenige Monate später in Berlin ihren Eltern vorstellte, entsprach er – bärtig und im Jeans-Outfit – nicht unbedingt dem Idealbild eines Schwiegersohns beim Antrittsbesuch. Und »Versicherungsvertreter« war auch nicht gerade der Beruf, den die Eltern sich für den Zukünftigen ihrer Tochter vorgestellt hatten. Auch der Altersunterschied – hier das junge Mädchen von 21 Jahren, dort der »lebenserfahrene« Mittdreißiger, hier die junge Studentin, die die berufliche Karriere noch vor sich hatte, dort der mitten im Berufsleben stehende Freund – war schon sehr ungewöhnlich. Aber fast zehn Jahre berufsbedingt im Ausland hatten die Eltern zu sehr liberalen und toleranten Menschen werden lassen. Und sympathisch war man sich schon auf Anhieb. Was sie nicht wussten: Lautenschläger verdiente in seinem dritten Berufsjahr 80.000 D-Mark und damit ebenso viel wie sein künftiger Schwiegervater. Und der war immerhin ein arrivierter Architekt und Geschäftsführer des größten Statik-Büros von Berlin.

Der finanzielle Erfolg Lautenschlägers kam nicht von ungefähr. Wie engagiert er zu seinem Beruf stand, wie zielorientiert er dabei vorging, erlebte das Ehepaar, als sich Lautenschläger mal für ein paar Stunden ausklinkte, um »auf Tour« zu gehen. Nicht in Bars und Kneipen, sondern zu potenziellen Kunden, alles Juristen, darunter eine WG von drei linken Anwälten, die einige Monate später über die *Bild-Zeitung* bundesweit bekannt werden sollten.

Lautenschläger und Marschollek zogen sich allmählich immer mehr aus der direkten Kundenberatung zurück. Für sie galt es, andere Aufgaben zu übernehmen, weiter zu denken, sich für die Zukunft zu rüsten. Als aktive »Marktforscher« wollten sie nicht nur die »Baukastenmodule« verschiedener Versicherungen anbieten, sie waren selbst innovativ, wussten, wo sich Lücken auftaten. Sie tüftelten an neuen Versicherungsmodellen. Denn die Branche bot vor allem Standardmodelle, die dem ganz spezifischen Bedarf von akademischen Berufseinsteigern nicht unbedingt gerecht wurden. Diese jungen Leute waren meist noch ledig, eine herkömmliche Lebensversicherung, die in erster Linie dem Hinterbliebenenschutz im Todesfall diente, interessierte sie nicht besonders. Ihr Risiko war der Verlust der Arbeitskraft. Die gesetzliche Rentenversicherung zahlte in den ersten Jahren gar keine, nach dieser »kleinen Wartezeit« lediglich eine völlig unzureichende Rente für diesen Fall.

So kreierte Lautenschläger zusammen mit dem Chefmathematiker einer großen Lebensversicherungsgesellschaft einen Tarif mit minimalem Todesfallschutz, gerade so viel, dass das Ganze steuerlich noch als Lebensversicherung anerkannt werden konnte. In voller Höhe abgesichert war der Versicherte für sein aktuelles Risiko, die Berufsunfähigkeit. Ein Tarif, der dem Bedarf des jungen Kunden vollauf gerecht wurde und deutlich weniger kostete als eine – nicht benötigte – Vollversicherung. Und, ebenso neu: Bei späterer Heirat, wenn der Hinterbliebenenschutz wichtig wurde, konnte ohne erneute Risikoprüfung auf eine Vollversicherung umgestellt werden.

Eines von unzähligen Beispielen. MLP war für die Produktpartner nicht nur Vermittler, sondern vielmehr noch willkommener Gesprächspartner, der seine Erfahrung aus Tausenden Beratungen einbrachte. Durch diese besondere Form der Zusammenarbeit wuchs zudem auch immer mehr die Verhandlungsposition gegenüber den Gesellschaften im wohlverstandenen Interesse des Kunden.

Was Lautenschläger von seinen Beratern einforderte, entsprach seiner tiefsten Überzeugung: »Man muss gegenüber den Kunden, unserem wertvollsten Gut, nicht nur freundlich sein, sondern man muss seine ganze Intelligenz, seine ganzen Fähigkeiten investieren, um zu optimalen Lösungen zu kommen.« Jahre später nahm Lautenschläger an einem Managementseminar von Wolfgang Mewes teil, dem Begründer der EKS-Strategie. EKS steht für engpasskonzentrierte Strategie. Es wurde für ihn zum Déjà-vu-Erlebnis.

Unternehmenszweck ist nicht, wie die vorherrschende Meinung lehrte, die Gewinnmaximierung. Begründet hatte diese Maxime der Wirtschaftsnobelpreisträger Milton Friedman 1970. Friedman gilt als einer der ganz großen Theoretiker des modernen Kapitalismus. Der Manager, so Friedman, ist Angestellter der Eigentümer des Unternehmens, der Aktionäre. Er hat das Unternehmen ihren Ansprüchen entsprechend zu führen, möglichst viel Geld zu verdienen. Ein Unternehmer habe nur »eine einzige soziale Verantwortung«, nämlich alles zu tun, um den Gewinn zu steigern.

Mit anderen Worten: Der einzige Zweck eines Unternehmers ist der, Geld zu verdienen – Geld für die Aktionäre. »Shareholder Value« war das neue Schlagwort. Eine Einstellung, die Lautenschläger nie akzeptierte. Für ihn galt immer die Reihenfolge: Mitarbeiter, Kunde, Aktionär. Selbstverständlich hat der Aktionär ein Recht darauf, dass mit seinem Geld verantwortungsvoll umgegangen wird. Das steht überhaupt nicht zur Diskussion. Entscheidend aber ist die Reihenfolge. Zwar schreibt Friedman bei seiner Forderung nach Gewinnmaximierung auch, man dürfe dabei »nicht gegen die gesellschaftlichen Grundregeln verstoßen«, man habe sich »an die Spielregeln« zu halten, schwammige Begriffe, die durchaus willkürlich ausgelegt werden können. Aber Gewinnmaximierung heißt eben auch schneller Gewinn, oft genug zulasten der Nachhaltigkeit. Die Gefahr besteht, dass externe Investoren und Analysten das System aus dem Gleichgewicht bringen können.

Der Mitarbeiter steht dem Unternehmen weit näher als ein Investor. Es war in der Zeit vor dem Primat des Shareholder Value durchaus üblich, dass man ein Leben lang für ein und dasselbe Unternehmen arbeitete (in Schwaben galt der Spruch: »Ich schaff' beim Daimler«). Das Unternehmen fühlte sich für seine Beschäftigten verantwortlich, der Arbeitnehmer war loyal und stolz auf »sein« Unternehmen.

Es darf in der Wirtschaft niemals nur ums Geld gehen. Sogar Henry Ford sagte:

»Ein Unternehmen, das nur Geld macht, ist ein erbärmliches Unternehmen.«

In einem Unternehmen haben Menschen mit Menschen zu tun, nach innen wie nach außen. Und Mewes lehrt: »Behandle Deine Mitarbeiter gut, sei immer für Deine Kunden da. Dann wirst Du als Unternehmer erfolgreich sein, der wirtschaftliche Erfolg stellt sich dann fast von selbst ein.« Leider, so Lautenschläger heute, sei Mewes im Zeitalter der Globalisierung weitgehend in Vergessenheit geraten.

»Der wirtschaftliche Erfolg ist eine Folgeerscheinung. Niemals darf er zum Ziel werden.«

Dieser Satz ist nicht etwa einem Management-Lehrbuch entnommen. Er stammt von Gustave Flaubert.

Diese Orientierung auf den Kunden war ein Grundsatz, auf dem der wachsende Erfolg des jungen Unternehmens beruhte, das nicht mit einer eingeführten Marke werben konnte. »Die Marke«, so sagte Lautenschläger zum 40. Geburtstag von MLP, »die waren wir selbst«. Darauf vertrauten die Kunden, deren Kreis immer weiterwuchs. Das neue offizielle Büro war dabei ein wichtiger Meilenstein. MLP hatte ein repräsentatives Gesicht nach außen, regelmäßige Geschäftszeiten, war bei Fragen immer zu erreichen. Was lag da näher, als auch andere Standorte, möglichst Uni-Städte, ins Auge zu fassen? Schließlich war man ja auf Hochschulabsolventen spezialisiert.

Das erste Büro außerhalb Heidelbergs war jedoch einem ganz anderen Umstand geschuldet. Die Jungakademiker zog es nach ihrer Ausbildung häufig in die Ferne. Dahin, wo es die Jobs gab. Vornehmlich im Raum Köln/Düsseldorf und im Ruhrgebiet ließen sie sich nieder. Von Heidelberg immerhin so an die drei, vier Stunden Fahrzeit. Da wurde es mit der Kundenbetreuung schon ein wenig mühsamer. Und alle zwei, drei

Wochen für einige Tage unterwegs sein erwies sich als ziemlich anstrengend und auch kostspielig.

Die Lösung: eine eigene Dependance. Als sich dann auch noch ein ehemaliger Mitarbeiter von Werner Thomae als Geschäftsstellenleiter anbot, war die Sache perfekt. MLP wagte diesen Schritt, investierte, kam für Einrichtung und laufende Kosten auf und konnte am 27. April 1975 stolz vermelden: »Wir haben die erste Geschäftsstelle außerhalb Heidelbergs gegründet«. Ein Unterfangen, das zunächst einmal unter einem guten Stern stand, aber schon zwei Jahre später für größtmöglichen Ärger sorgen sollte. Für die aufstrebende Firma wurde es zu einem Desaster mit tragischen Folgen, an dessen Ende das Unternehmen MLP nur noch einen Verantwortlichen hatte: Manfred Lautenschläger.

Auslöser für das Fiasko waren nicht etwa sinkende Geschäftszahlen, mangelnde Unterstützung aus der Zentrale oder geringe Einkommen. Im Gegenteil: Finanziell lief alles glänzend. Auslöser waren vielmehr die Menschen hinter dem Erfolg. Es war falscher Ehrgeiz, der schließlich zur Zerschlagung dieser umsatzstarken Geschäftsstelle – mittlerweile waren weitere Niederlassungen in Bonn, Wiesbaden und Stuttgart gegründet worden – führte.

Dabei glaubte das Führungsteam, dass gerade Düsseldorf »befriedet« wäre. Schließlich hatten sie auf Druck des Geschäftsstellenleiters und der dortigen Berater einen ihrer erfolgreichsten Berater, Jochen Aymanns, abgezogen. Dem Diplomkaufmann hatten die Düsseldorfer vorgeworfen, ein Unruhestifter zu sein. Jedenfalls würde er nicht in ihre Riege passen. Als Aymanns als Geschäftsstellenleiter nach Bonn wechselte, schien erst einmal alles geklärt zu sein. War es aber nicht. Nicht mit der Geschäftsstelle und nicht mit Aymanns, wie sich später herausstellen sollte.

Im Dezember 1977 wurde in Heidelberg jedenfalls erst einmal ein überaus ertragreiches Geschäftsjahr gefeiert. In einem feinen Restaurant stießen die jungen Unternehmer mit ihren Geschäftspartnern an. Die 100-Millionen-Versicherungssumme in der Sparte Lebensversicherung war übersprungen worden, MLP war die Nummer 1 unter den Personenversicherungsvermittlern in Deutschland und hatte sich im Markt der Finanzdienstleister einen Namen gemacht. Die Stimmung war bestens, als die Hiobsbotschaft aus Düsseldorf schlagartig die gute Laune verhagelte: Der Geschäftsstellenleiter hatte fristlos gekündigt. Was er offenbar nicht verkraftet hatte, das war die Ablehnung von Lautenschläger, Marschollek und Rieder, ihn als vierten Mann und damit als gleichberechtigten Partner in die Führungsriege aufzunehmen. War das der Grund, sich ohne Gespräch, ohne Vorankündigung aus dem Staub zu machen? Das Trio war vor den Kopf gestoßen. Und da Offenheit und Vertrauen damals wie heute zu den obersten Prinzipien der »MLP-Familie« gehören, sollten bei einem persönlichen Gespräch vor Ort die Hintergründe geklärt werden.

Eike Marschollek machte sich am nächsten Tag auf den Weg ins Rheinland. Erfahren hat er in Düsseldorf nicht viel. Der Geschäftsstellenleiter glänzte durch Abwesenheit, die Berater durch Nichtwissen. Nein, hier sei alles zum Besten bestellt, beruhigten sie den aufgebrachten Chef. Als nach zwei Tagen die nächste fristlose Kündigung kam, kurze Zeit später wieder eine, wurde den Heidelbergern klar: Das ist kein Zufall, das Ganze hat Methode. Sollten sie erpresst werden, mit dem Ergebnis, den Geschäftsstellenleiter in der Führung zu installieren? Und wer würde als Nächster gehen? Lautenschläger war maßlos enttäuscht, fühlte sich hintergangen. Sein Partner Marschollek bot sich an, in Düsseldorf »Flagge« zu zeigen – vielleicht konnte er ja der Intrige durch sein persönliches Erscheinen auf die Spur kommen.

Als er nach einer intensiven Arbeitswoche zurückkam, hatte er zwar viele Unterlagen gewälzt, war aber so schlau wie vorher. Seinen Winterurlaub in Berwang hatte er sich wohlverdient. Und während er mit seiner Familie ins verschneite Tirol reiste, hielt Lautenschläger in Heidelberg die Stellung – und sah sich mit weiteren fristlosen Kündigungen aus Düsseldorf konfrontiert. So konnte es, so durfte es nicht weitergehen. Lautenschläger lud für den 7. Januar zu einer Krisensitzung in Marscholleks Ferienort mit allen Geschäftsstellenleitern und einigen Beratern ein. Schließlich ging es nicht mehr nur um die größte Geschäftsstelle, es ging auch um die Frage: Wie geht es grundsätzlich mit MLP weiter?

Mit schlechtem Gewissen verließ Lautenschläger seine Familie – seine Frau Angelika erwartete in diesen Tagen ihr zweites Kind –, um sich am Vorabend vor dem Treffen mit dem Partner zu besprechen. Nach dem Abendessen wollten sie sich noch die Beine vertreten. Die Bewegung an der frischen Luft würde ihnen guttun. Doch diese Art von »Spaziergängen« kannte sein Freund nur zu gut. Neben seinem schlanken, durchtrainierten Kumpel Manfred würde ihm, dem eher barocken Typen, der leidenschaftlich gerne aß und trank, schnell die Puste ausgehen. Marschollek schlug vor, Schlitten mitzunehmen, für den Rückweg bergab. Ein verhängnisvoller Vorschlag.

Sie stapften los, die Dorfstraße hinauf, kehrten in einem kleinen gemütlichen Wirtshaus ein, das sich ideal zum Reden eignete, tranken einen Wein und fuhren dann mit den Schlitten zurück, Marschollek voraus. Die abschüssige Straße war vereist, im fahlen Mondlicht glitzerte der Schnee. Als Lautenschläger gerade eine Kurve genommen hatte, sah er seinen Freund. Er lag neben seinem Schlitten auf der Straße, die Augen geschlossen. Lautenschläger rieb ihn mit Schnee ein. »Sei doch nicht so brutal«, kam es zurück. Lautenschläger registrierte das Lebenszeichen mit Erleichterung. Ein vorbeikommendes Auto hielt an, brachte Marschollek zum Hotel. Der herbeigerufene Notarzt tippte auf eine schwere Gehirnerschütterung, empfahl, in die nächste Klinik in die nahe gelegene Bezirksstadt Reutte zu fahren. Lautenschläger machte sich mit dem Ehepaar Marschollek auf den Weg, alles schien noch im Bereich des Beherrschbaren zu sein. Sein Freund war bei Bewusstsein, war ansprechbar. Erst als die Ärzte im kleinen Krankenhaus darauf bestanden, den Patienten mit einem Rettungswagen ins hundert Kilometer entfernte Universitätsklinikum nach Innsbruck zu bringen, schwante ihnen Schlimmes. Lautenschläger fuhr alleine zurück ins Hotel. Er wollte sich um die Kinder des Ehepaares kümmern.

Während des Transports nach Innsbruck fiel sein Freund ins Koma. Die vernichtende Diagnose schockierte Lautenschläger zutiefst: Bei dem Sturz vom Schlitten hatte sich Marschollek ein Hämatom im Gehirn zugezogen. »Ihr Freund wird sein Leben lang debil bleiben, wenn er überhaupt überlebt. Beten Sie zu Gott, dass er dies nicht tut«, erklärte ihm ein befreundeter Neurologe, der mit den behandelnden Ärzten in Innsbruck telefoniert hatte. Sein Freund, sein Vertrauter, sein Geschäftspartner überlebte nicht. Nach einem Vierteljahr auf der Intensivstation starb er. Es war der 15. April 1978, und die Zeit stand still.

»Ich fühlte damals eine tiefe Trauer und Schmerz. Ich war

plötzlich alleine«, beschreibt Lautenschläger seine damalige Situation. Sicher, er hatte seine Familie, am 13. Januar war sein Sohn Markus auf die Welt gekommen, aber er musste sich auch um MLP kümmern. Das war er auch seinen Beratern schuldig.

Lautenschläger wusste, dass er vor großen Herausforderungen stand. Und dass sein Mitgesellschafter Manfred Rieder, dieser glänzende Jurist, dieser exzellente Berater, die Lücke, die Marschollek gerissen hatte, nicht würde schließen können. Jetzt wurde Lautenschläger so richtig bewusst, welche »besondere Beziehung« er zu jenem Menschen hatte, der ihn einst als Kunden gewonnen hatte, mit dem er den Sprung ins Ungewisse einer Firmengründung wagte, das Unternehmen mit immer neuen Ideen und den alten Idealen nach vorne trieb, basierend auf einer gegenseitigen absoluten Verlässlichkeit. »Hier hatten sich zwei Menschen gefunden, die unterschiedlicher nicht hätten sein und denken können und dennoch Gleichgesinnte waren«, sagte Lautenschläger Jahrzehnte später bei einem seiner vielen Vorträge, bei denen er von Studenten nach dem »Geheimnis des Erfolges« befragt wurde.

Die folgenden Tage und Wochen waren schwierig. Da grummelten schon einzelne Geschäftsstellenleiter über Manfred Rieder, da gab es Anfang Januar noch das ungelöste Problem der Düsseldorfer Geschäftsstelle, dazu der geplante Heidelberger Umzug in ein größeres Büro. Die Sorge um den im Koma liegenden Freund drückte dabei schwer auf sein Gemüt. Aber wollte Lautenschläger Düsseldorf und damit ein Stück weit auch MLP nicht der Erosion aussetzen, dann musste etwas geschehen. Denn sein ehemaliger Geschäftsstellenleiter hatte ja nicht nur einen Großteil der Berater mitgenommen, sondern dazu auch noch einen Teil des Kundenstammes aus diesem Gebiet.

Drei Tage nach der geplanten Krisensitzung in Tirol fand das Treffen nun in heimischen Gefilden statt. Von den verbliebenen drei Getreuen aus der Geschäftsstelle wurde ein neuer Leiter für Düsseldorf bestimmt in der Hoffnung auf ruhigere, vertrauensvollere Zeiten. Denn erst allmählich war ans Tageslicht gekommen, dass die Düsseldorfer ihr eigenes Süppchen gekocht hatten. Sie hatten MLP hintergangen. Unter einer Deckadresse hatten sie Versicherungsanträge unter Umgehung der Heidelberger an die entsprechenden Gesellschaften weitergegeben, um so die volle Provision zu kassieren. Dass ihre Geschäftsstelle von MLP finanziert und unterhalten wurde, störte sie dabei nicht. Dieses unschöne Kapitel endete schließlich vor Gericht.

Doch schon drohte neuer Ärger: Jochen Aymanns, der Geschäftsstellenleiter in Bonn, witterte die Chance zum Umbruch.

Aber zunächst einmal galt es Abschied zu nehmen von Eike Marschollek. Die Betroffenheit der MLPler am Grab war auch Ausdruck der tiefen Verbundenheit zu einem ihrer Firmengründer. Getroffen hatte sich die große Schar vor der Beisetzung in der neuen Firmenzentrale. Das Büro in der Kaiserstraße mit seinen 135 Quadratmetern war längst aus allen Nähten geplatzt. Es war ein Glücksfall, dass im Stadtteil Handschuhsheim ein Gebäude der Universität zum Verkauf stand, das wie ein Monolith aus all den Einfamilienhäusern hervorstach, die diese Umgebung prägen. Nach umfangreichen Sanierungs- und Renovierungsarbeiten – verantwortlich dafür war der studierte Architekt »Eck« Marschollek, Eickes Zwillingsbruder und seit einigen Jahren erfolgreicher MLP-Berater – erwachte eine wunderschöne und 440 Quadratmeter große Jugendstilvilla zu neuem Leben. Eine angemessene

MLP-Zentrale »für die Ewigkeit«. Von hier aus ging die Trauergemeinde zum nahe gelegenen Friedhof, um Eike Marschollek die letzte Ehre zu erweisen. Für Lautenschläger ein schwerer Gang, und er schämte sich seiner Rührung nicht, als er am Grab die Abschiedsrede auf seinen Freund hielt. Sechs Tage später wurde das neue Büro offiziell in Betrieb genommen. Ohne Marschollek. Zum Feiern war den wenigsten zumute.

Aber das Leben ging weiter und die Schwierigkeiten auch, dazu noch in geballter Form. Ausgerechnet in dieser kritischen Phase rückte Jochen Aymanns, der Bonner Geschäftsstellenleiter, gerade mal vier Wochen später mit einem Papier heraus, das zum Ziel hatte, ihm und seinen Kollegen mehr Mitspracherecht bei der Unternehmensführung einzuräumen, um letztlich auch die Geschäftsführung zu wählen. Aymanns witterte wohl die Chance, in die Lücke zu stoßen, die Marschollek hinterlassen hatte. Denn nicht nur Lautenschläger und Marschollek hatten schon seit geraumer Zeit gesehen, dass ihr eher introvertierter »dritter Mann« zwar ein hochintelligenter Akademiker mit einem glänzenden juristischen Staatsexamen, aber eher nicht zum Unternehmer geboren war. Doch in dieser Phase wollte sich Lautenschläger nicht mit den Geschäftsstellenleitern über die Personalie Manfred Rieder auseinandersetzen Für ihn kam das Ansinnen Aymanns nicht infrage. Der Gründer eines prosperierenden Unternehmens wollte sich nicht per Mehrheitsentscheidung aus seiner Position drängen lassen. Zielorientierte Gespräche über die Zukunft, über die neue Situation, die sah auch Lautenschläger als unausweichlich an. Aber gegen eine »Entmachtung« durch die Hintertür wehrte er sich entschieden. Das überzeugte auch die Geschäftsstellenleiter. Am Ende stand Aymanns mit seinem vorbereiteten Papier alleine da.

Aber der gewiefte Taktiker aus Bonn ließ nicht locker. Nach einem konspirativen Treffen der Geschäftsstellenleiter ein paar Monate später verlangte Aymanns im Namen seiner Kollegen die Absetzung Rieders als Geschäftsführer. Der Mann sei für sie nicht mehr tragbar, die Unzufriedenheit über einen Manager, den sie so gut wie nie zu Gesicht bekommen würden, von dem so gut wie keine Impulse ausgingen, sei groß. Auch wenn Lautenschläger sich nach außen solidarisch mit seinem Partner zeigte, im Inneren wusste auch er, dass die Geschäftsstellenleiter ein Stück weit recht hatten. Und so suchte er das Gespräch mit Rieder, versuchte ihm klarzumachen, dass er sich seinen Führungsaufgaben stärker stellen musste, denn das war es, was das ständig wachsende Unternehmen mit einer Vielzahl neuer Geschäftsstellen dringend brauchte. An Rieders Qualifikation als ausgezeichneter Berater gab es keinen Zweifel, aber das reichte eben nicht mehr. Das Ergebnis der Unterredung: Statt sich der Herausforderung zu stellen, kapselte sich Rieder noch mehr ab. Schließlich meldete er sich im April 1980 krank: Myocarditis, Herzmuskelentzündung. Das war schlimm.

Noch schlimmer war aber die Tatsache, dass Lautenschläger zu diesem Zeitpunkt mit einer Krankheit im Krankenhaus lag, die mit 99-prozentiger Sicherheit zum Tod führt: Pankreas-Krebs.

V

ABSTURZ INS BODENLOSE

Die Nacht war grauenhaft: Magenkrämpfe, Übelkeit – der ganze Bauch tat weh. Nun gut, am Abend zuvor hatte Manfred Lautenschläger zusammen mit einem erfolgreichen Berater einen fulminanten Abschluss ausgiebig gefeiert. Da war zum köstlichen Abendessen schon ordentlich Wein getrunken worden. Aber solch einen Sturm in seinen Innereien, das hatte er noch nie erlebt. Dazu kam am nächsten Tag eine extreme Appetitlosigkeit, ein Gefühl der Schlappheit. Und das bei ihm, der sich für unverwundbar hielt, der bislang immer topfit war, sportlich in allerbester Form, der voller Glück gerade die Geburt seines dritten Kindes erlebt hatte. Den geschäftlichen Stress der letzten beiden Jahre, den konnte er wegstecken, auch wenn noch nicht alles ausgestanden war. Noch dachte er, dass diese merkwürdigen Schmerzen schon von alleine wieder verschwinden würden. Taten sie aber nicht. Seine Frau drängte ihn, zum Arzt zu gehen. Das Ergebnis der internistischen Untersuchung: eine massive Hepatitis. Am nächsten Tag wurde er auch prompt quittengelb. Als aber die verordnete Ruhe und die entsprechenden Medikamente ihre Wirkung verfehlten und die Bilirubin-Werte (Bilirubin ist ein Abbauprodukt des roten Blutfarbstoffes aus den roten Blutkörperchen, bei sehr hoher Konzentration färbt sich die Haut gelb) in besorgniserregende Höhen anstiegen, blieb nur noch der Weg ins Krankenhaus.

Weder Ultraschalluntersuchung noch Computertomografie – damals bei Weitem nicht auf dem technischen Stand von heute – brachten verwertbare Ergebnisse. Erst nach der Entnahme einer Gewebeprobe zwei Wochen später wurde das zur Gewissheit, was die Ärzte befürchtet hatten, aber bislang nicht auszusprechen wagten: Bauchspeicheldrüsenkrebs. Die absolute Horrordiagnose.

Lautenschläger war zu diesem Zeitpunkt 41 Jahre alt, hatte eine Familie mit drei kleinen Kindern. Seine älteste Tochter war gerade fünf Jahre, sein Jüngster ein paar Wochen alt. »Dafür lohnt es sich doch zu leben«, hatte der Arzt bei der Visite noch gesagt, als seine junge Frau mit den Kleinen das Krankenhauszimmer für einen Moment verließ. Und ob es sich lohnte zu leben, zu überleben – die Frage war nur wie?

Zwar wusste Lautenschläger um die Lebensgefährlichkeit der Krankheit, mehr aber auch nicht. Ihm war nicht bekannt, dass eine vollständige Entfernung des Tumors nur bei 15 bis 20 Prozent der Patienten überhaupt möglich war, und selbst da haben etwa nur ein Viertel aller Patienten die ersten fünf Jahre nach der Operation überlebt. Ihm war nicht bekannt, dass im fortgeschrittenen Stadium die Überlebensrate bei dieser heimtückischen Krankheit bei unter 2 Prozent liegt. Heimtückisch deshalb, weil es so gut wie kein »Frühwarnsystem« gibt. Und klagt der Patient über Oberbauch- und Rückenschmerzen, diagnostiziert der Arzt eine plötzliche Blutzuckererkrankung, eine Gelbsucht oder kommt es zu unerklärlichem Gewichtsverlust, dann ist es in fast allen Fällen zu spät – das Pankreaskarzinom zeigt erst im fortgeschrittenen Stadium seine Symptome.

Als Lautenschläger am 27. Juni 1980 im Mainzer Universitätsklinikum operiert wurde, da wog der 1,86-Meter-Mann gerade noch 62 Kilo. Vor der Operation wurden in fünf Tagen über drei Liter rückgestaute Gallenflüssigkeit aus der Leber abgesaugt, damit überhaupt operiert werden konnte. Als er nach einer vielstündigen Operation aufwachte, war er nur noch ein »halber Mensch«. Bei der Operation waren ihm die Bauchspeicheldrüse, der Zwölffingerdarm, Milz, Gallenblase und zwei Drittel des Magens entfernt worden. Und Lautenschläger würde sein Leben lang Diabetiker bleiben. »Pankreopriver Diabetes mellitus«, nennen die Mediziner diese Form der Zuckerkrankheit, die durch den Ausfall der Bauchspeicheldrüse entsteht. Eine konsequente Insulintherapie mit engmaschigen Blutzuckerkontrollen ist dabei überlebensnotwendig. Statt wie vorgesehen nach acht, verließ Manfred Lautenschläger das Krankenhaus nach zweieinhalb Wochen. Nichts konnte ihn mehr halten. Er wollte nach Hause. Zu seiner Familie. Zu seinen »MLPlern«.

Würde Lautenschläger an einen Gott glauben, der das Schicksal jedes Einzelnen in seiner Hand hält – jetzt wäre der richtige Zeitpunkt gewesen, ihm zu danken. Danke zu sagen, dass er in jener Aprilnacht zu viel getrunken hatte, dass heftigste Bauchschmerzen ihn quälten, dass die Ärzte nicht lockerließen, bis sie einen eindeutigen Befund vorlegen konnten, dass er im Direktor der Chirurgischen Universitätsklinik, Fritz Kümmerle, einen der damals wenigen Experten für Pankreas-Operationen fand und dass es einen wegweisenden US-Mediziner namens Allen Oldfather Whipple gegeben hatte. Der leistete Anfang des 20. Jahrhunderts Pionierarbeit. Noch heute gehört die »Whipple-Operation« zu den anspruchsvollsten in der Chirurgie. Professor Kümmerle wandte diese »radikale Duodenopankreatektomie« an, die im Bauchraum gründlich aufräumt, und gehörte damit zu den ersten in Deutschland, die von dieser Methode überzeugt waren und sie einsetzten.

Als Manfred Lautenschläger Jahrzehnte später seinen 70. Geburtstag in der Heidelberger Stadthalle feierte, holte er seinen »Lebensretter« auf die Bühne. Beide erfreut und überrascht, dass sie so alt werden durften. Kümmerle war damals 92 und in bester Verfassung und sein ehemaliger Patient, sportlich wie ein Junger, strahlend und dankbar. Dankbar gegenüber diesem Chirurgen, seinen Freunden, seinen Mitarbeitern und ganz besonders seiner Frau Angelika. Auch sie war seine »Lebensretterin«, die ihn in Mainz jeden Tag besucht hatte, die stundenlang an seinem Bett saß.

Gefeiert wurde bei diesem fröhlichen Geburtstagsfest das Leben. Mit am Tisch von »Altmeister« Kümmerle saß einer der weltweit führenden Pankreaschirurgen der Gegenwart: Prof. Markus Büchler. Vierzig Jahre jünger als Kümmerle, leitet er als Direktor die Chirurgische Universitätsklinik und das angeschlossene Europäische Pankreaszentrum, das global eine führende Rolle einnimmt. Jährlich werden hier rund 2000 Patienten betreut und mehr als 700 Operationen von einem eingespielten Experten-Team durchgeführt. »Eine Bauchspeicheldrüsen-Operation, das ist der Cadillac unter den chirurgischen Eingriffen«, so Professor Büchler.

Der Star-Chirurg und der Unternehmer kennen sich seit 2001. Damals rief Lautenschläger im Inselspital in Bern bei Markus Büchler an. Er tat dies nicht als Aufsichtsrat des Uni-Klinikums – eine Funktion, die er seit 1999 innehatte –, seine Beweggründe waren anderer Natur: »Ich habe erfahren, dass Sie Ende des Jahres nach Heidelberg kommen, und ich möchte Sie gerne kennenlernen. Ihr Fachgebiet, die Bauchspeicheldrüse, verbindet uns.« Es ist aber weit mehr, was die beiden verbindet. Noch heute schwärmt der »Pankreas-Papst« von der »Warmherzigkeit«, mit der ihm Lautenschläger begegnete, als er seinen Posten in Heidelberg antrat. Eine Freundschaft, die auch einmal offene Worte aushält, prägt bis heute ihr Verhältnis. Und vor zehn Jahren war Lautenschläger Gründungsmitglied der »Stiftung Chirurgie« und ist Vorsitzender des Beirats.

Dass zu Lautenschlägers Freundeskreis viele Mediziner gehören, ergibt sich zum einen aus der Medizin-Hochburg Heidelberg, zum anderen aus seiner Tätigkeit im Aufsichtsrat des Uni-Klinikums. Schon in den 1990er-Jahren hatte er den damaligen Chef des Deutschen Krebsforschungszentrums, Harald zur Hausen, kennengelernt. Drei Jahre älter als Lautenschläger, verstanden sie sich auf Anhieb. Was dem international anerkannten Wissenschaftler, diesem »geistigen Vater« der Impfung gegen Gebärmutterhalskrebs und dem Unternehmer gemein ist: Beide lehnen oberflächliche »Partygespräche« ab. »Wenn wir zusammenkommen«, so zur Hausen, »dann geht es immer um wissenschaftliche oder Uni-Themen, die Projekte interessieren ihn, da will er alles wissen.« Was Lautenschläger aber mehr noch als die Projekte interessiert, das sind die Menschen, die dahinterstehen. So wie der bescheidene Querdenker Harald zur Hausen. Als der 2008 den Nobelpreis bekam, sprang Lautenschläger nicht nur vor »Freude im Karree«, sondern stiftete spontan eine Million Euro für die Einrichtung einer Nachwuchsforschergruppe am Deutschen Krebsforschungszentrum (DKFZ), dessen Vorstandsvorsitzender zur Hausen bis 2003 war und wo er bis heute noch forscht. »Er ist eben ein ungewöhnlicher Mensch und großartiger Mäzen«, kommentierte der Wissenschaftler die großzügige Unterstützung.

In Angelika Riemer, einer jungen Ärztin und Molekularbiologin, die zur Hausen von einem Besuch in Harvard kannte, fand er die ideale Besetzung für die Führung der Forscher-gruppe. Mit ihrem Team am DKFZ entwickelt die außerge-wöhnliche, mittlerweile habilitierte Medizinerin und Mole-kularbiologin einen Impfstoff, der nicht vorbeugend gegen Gebärmutterhalskrebs eingesetzt wird, sondern der dann hilft, wenn die Krankheit ausgebrochen ist. Auch bei anderen Krebsarten sollen diese therapeutischen Krebsimpfungen das Immunsystem so stimulieren, dass es Krebszellen erkennt und abtötet. Ein Riesenschritt im Kampf gegen den Krebs, an des-sen Anfang die Millionenspende Lautenschlägers stand.

Zehn Jahre später schrieb Prof. Angelika Riemer in einem Dankesbrief an Manfred Lautenschläger: »Die Förderung durch die Manfred Lautenschläger-Stiftung hat also nicht nur einer Forscherin den Einstieg in die unabhängige Karri-ere ermöglicht, sondern ist die Basis der Entwicklung eines therapeutischen HPV-Impfstoffs und weiterer spezifischer Krebs-Immuntherapien. Außerdem führte sie dazu, dass die Immunopeptidomics-Technologie am Standort Heidelberg vertreten ist.«

Wie wichtig der Sport gerade auch für Krebspatienten ist, das erfuhr Lautenschläger schon damals nach seiner schweren Operation. Und gerne erzählt er die Geschichte, als er sich we-nige Tage nach der Entlassung aus der Klinik wieder auf sein Rennrad setzte. Ein Geschäftsfreund, der ihn besuchen wollte und sich auf einen im Bett liegenden Todkranken eingestellt hatte, konnte es nicht fassen, als er dem kurz zuvor Operier-ten ein paar Straßen von seinem Wohnhaus entfernt auf dem Rennrad begegnete.

Dieses Bauchgefühl, dass ein Zusammenhang zwischen Gesundheit und Bewegung besteht, das sollte ihm viele Jahre danach einer bestätigen, der es wissen muss: Prof. Dirk Jäger. Der Onkologe und Direktor des Heidelberger Nationalen Centrums für Tumorerkrankungen (NCT) vertritt – statistisch wissenschaftlich untermauert – die These, dass Sport- und Bewegungstherapie bei der Behandlung von Krebspatienten mindestens dieselbe Bedeutung haben wie die Chemotherapie. Und er tut alles, um den Bedarf an qualifizierten Angeboten zu decken. Lautenschläger hilft ihm dabei auf vielfältigste Weise. So fungiert das von Lautenschläger gegründete »Racket-Center« Nussloch nahe Heidelberg als Kooperationszentrum des NCT und bietet u.a. Programme wie »Aktiv leben nach Krebs« an. Aktiv bringt sich Lautenschläger selbst ein, wenn zur Benefizregatta »Rudern gegen Krebs« aufgerufen wird. Dann sitzt er als Schlagmann im Vierer des Uni-Klinikums – zusammen mit drei Professoren, die alle seine Söhne sein könnten. Von Anbeginn ist er zusammen mit Heidelbergs Oberbürgermeister Eckart Würzner Schirmherr der Veranstaltung.

Für Dirk Jäger, einen der mitrudernden Professoren, ist Manfred Lautenschläger »ein Phänomen«. Für ihn »grenzt es an ein Wunder«, dass er den Pankreaskrebs überlebt hat und in einer so »unglaublich guten Verfassung« ist. Was ihn besonders fasziniert, ist die »enorme Konsequenz«, mit der Lautenschläger sein Leben meistert. »Als Diabetiker ist man entweder schwer krank oder gar nicht«, umreißt Lautenschläger die Folgen seiner Pankreas-OP. Er hat sich für »gar nicht« entschieden. Den Begriff »Einschränkung« weist er von sich. »Er ist eisenhart gegen sich selbst«, setzt Jäger dagegen. Denn natürlich ist es eine »Einschränkung«, sich zehn Mal am Tag in den Finger zu stechen, um den Blutzuckerwert zu überprüfen. Das war sein Los, bevor es die modernen Hightech-Geräte gab, die exakte Daten ohne Stechen liefern. Und Lautenschläger weiß: Wem der Aufwand der ständigen Kontrolle und die praktische Umsetzung der entsprechenden Resultate zu mühsam ist, dem drohen u.a. Erblindung, Beinamputationen und Dialyse. »Viele Organsysteme können betroffen sein wie Augen, Nieren, Gehirn, Herz, Blutgefäße sowie Nerven, wenn der Patient seine Zuckerkrankheit nicht ernst nimmt«, warnen die Mediziner. Nicht vergessen hat Lautenschläger dabei die Aussage des Diabetologen, den er nach seiner Entlassung aus der Klinik aufsuchte: »Nach dieser Operation ist der Diabetes nur Ihr drittgrößtes Problem.« Da waren noch die internistischen Probleme nach dem Herausschneiden so wichtiger Organe und letztendlich die geringe Überlebenschance nach Pankreaskrebs. Für Dirk Jäger legt Lautenschläger eine »wahnsinnige Disziplin« an den Tag. Das Ergebnis kann sich sehen lassen. »Beim gemeinsamen Sport hat Lautenschläger gezeigt, wozu er in der Lage ist.« Welcher über Achtzigjährige schafft schon 500 Sit-ups täglich? Und im Ergometer-Rudern hält er den deutschen Rekord in seiner Altersklasse.

Die Medizin hatte Lautenschläger das Überleben gesichert, jetzt begann das zweite Leben, das andere. Wer den Tod so nahe vor Augen hatte, wer weiß, dass sich von heute auf morgen alles ändern kann, der setzt andere Prioritäten. Lautenschlägers »Ding« war von Anfang an noch nie gewesen, lediglich Geld zu verdienen. »Was du gerne machst, das machst du auch gut«, war seine Devise. Und er machte es gut. Weil er immer den Menschen in den Mittelpunkt seines Handelns stellte. Privat wie geschäftlich. Er ist ein Hedonist im positiven Sinn. In einem Zeitungsinterview beschrieb der Philosoph Bernult Kanitschneider den Hedonisten folgendermaßen: »Wenn man über achtzig Jahre alt ist und sein Leben Revue passieren lässt, sollte man zu dem Schluss kommen: Ich habe im Wesentlichen meine Möglichkeiten genutzt und mein

Leben nicht verschwendet, ich habe Sinnvolles getan und das, was mir die Natur an Talenten und Möglichkeiten zugestanden hat, habe ich ausgenützt.«

Lautenschläger hat von der Natur viele Möglichkeiten mitbekommen, darunter die Resilienz, jene psychische Widerstandsfähigkeit, die ihn befähigt, Krisen zu bewältigen. In seinen Worten: »Wenn die eigenen Schwächen zum Hauptbeschäftigungsfeld werden, folgt aus dieser Fixierung auf die Schwachpunkte eben kein Befreiungsschlag. Denn wer den Kopf hängen lässt, der lädt zu weiteren Nackenschlägen ein.« Die sollten dennoch kommen – in seiner Rekonvaleszenz. Aber auch daraus ging er gestärkt hervor.

Es war sechs Wochen nach seinem Klinikaufenthalt, als er mit seiner Familie einen Reha-Urlaub im Schwarzwald auf der noblen »Bühler Höhe« oberhalb von Baden-Baden machte. Lautenschläger war von seiner Operation körperlich noch geschwächt. Seine Gedanken kreisten um Krankheit und Lebenserwartung, um seine Frau und die Kinder, um sein Unternehmen. Wie sollte es mit MLP weitergehen? Würde er je wieder in der Lage sein, seine Firma zu führen, wie es sein Anspruch war? Oder sollte er besser verkaufen?

In dieser Situation bekam er Besuch von seinem Mit-Geschäftsführer Manfred Rieder. Der freute sich, dass Lautenschläger auf dem Weg der Besserung war. Doch nach dem Austausch einiger Freundlichkeiten kam er zum Kern seines Kommens: Rieder wollte MLP verlassen. Der Druck durch die Geschäftsstellenleiter, seine eigene Gesundheit, dazu die Ungewissheit, wie es mit dem Unternehmen weitergehen solle – das alles habe in ihm den Entschluss reifen lassen, als Geschäftsführer auszusteigen. Lautenschläger bat ihn, seine Entscheidung noch einmal zu überdenken. Doch Rieder blieb dabei – die einzige offene Frage war die der Abfindung. Die war eigentlich nicht strittig, denn die drei ehemaligen Geschäftsführer hatten festgelegt: Sollte einer ausscheiden, bekommt er (oder die Witwe) ein Drittel des Firmenwertes. Allerdings nicht auf einen Schlag, sondern in zehn Jahresraten, um so die Liquidität des Unternehmens nicht zu sehr zu belasten. Rieder allerdings wollte eine Einmalzahlung: »Übrigens, Manne, die Abfindung hätte ich gerne in einem Betrag. Dir könnte ja was zustoßen.« Lautenschläger war sprach- und fassungslos.

Und was machte Lautenschläger? Er fuhr kurz danach nach Ulm, hier eröffnete MLP seine zehnte Geschäftsstelle. Obwohl noch gezeichnet von der Operation, wollte er dabei sein, seine MLP-Berater begrüßen und zeigen: Hier bin ich, ihr könnt auf mich bauen. Die vagen Verkaufspläne, es hatte immerhin zwei Gespräche mit der »Alten Leipziger« und ein konkretes Angebot über 10 Millionen Mark gegeben, die hatte er ad acta gelegt. Er hatte beschlossen, die Herausforderung anzunehmen. Außerdem nahm er ein siebenstelliges Darlehen auf, um Rieder auszuzahlen. Schließlich lastete jetzt die Abfindungssumme für beide ehemaligen Partner auf ihm.

Nun galt es, sich mit der Zukunft von MLP zu beschäftigen. Die hieß für ihn: das Unternehmen weiter auszubauen, es unabhängig von seiner Person zu machen. Der Schritt, die GmbH zu einer Aktiengesellschaft umzuwandeln, der schien ihm richtig und wichtig. Außerdem galt es noch, sich nach einer neuen Heidelberger Zentrale umzusehen. Die Villa in Handschuhsheim, für »die Ewigkeit« geplant, wurde den Erfordernissen nicht mehr gerecht.

Was die Wissenschaft Resilienz nennt, dazu sagt der Volksmund »Steh-auf-Männchen«. (Gegen das Diminutiv pflegt sich Lautenschläger stets zu verwahren.) Lautenschläger war jetzt alleiniger Geschäftsführer, aber er war auch Realist genug einzuschätzen, dass dies bei einer rasant wachsenden Firma für einen gesundheitlich schwer Angeschlagenen eine schier unlösbare Mammutaufgabe bedeutet. Er brauchte einen Partner für das operative Geschäft. Er wusste auch schon wen. Jochen Aymanns traute er den Job zu. Dass der unbequeme Leiter der Geschäftsstelle Bonn in einer kritischen Phase gegen ihn und damals noch Eicke Marschollek aufbegehrt hatte, das war nicht vergessen. Allerdings verstand der Mann sein Geschäft. Er war als Berater äußerst erfolgreich, hatte die Geschäftsstellenleiter hinter sich, war durchsetzungsstark, besaß Führungsqualitäten und versprach, als zweiter Geschäftsführer ganz im Sinne des Firmengründers zu agieren. Am 1. Januar 1981 kam Aymanns in die Heidelberger Zentrale. Mit ihm als Vertriebsvorstand an seiner Seite konnte sich Lautenschläger in der Hauptsache auf die strategischen Fragen konzentrieren und vor allem das vorantreiben, was die Zukunft der Firma absichern sollte: mit einer Aktiengesellschaft möglichst bald an die Börse zu gehen.

Es waren die Jahre, als Hunderttausende von Menschen auf die Straße gingen, um gegen die Atomwaffen zu demonstrieren, für Abrüstung und Frieden und gegen die Umweltsünden. Und es waren die Jahre, als der Konjunkturmotor in der Bundesrepublik gewaltig ins Stottern geriet.

Die erste Ölkrise von 1973 war noch nicht verkraftet, als in den Jahren 1979/80 die Energiepreise wieder massiv anstiegen. Die wirtschaftspolitischen Maßnahmen der Bundesregierung unter Kanzler Helmut Schmidt waren vor allem auf Staatsverschuldung, die steuerliche Entlastung von Unternehmen und höheren Einkommen sowie auf die Bekämpfung der Inflation gerichtet. Staatliche Sozialausgaben fielen dem Rotstift zum

Opfer. Im Herbst 1982 erreichten die Arbeitslosenzahlen einen traurigen Rekord. Mehr als zwei Millionen Menschen waren ohne Arbeit, die zunehmende Technisierung forderte ihren Tribut. Diese wirtschaftliche Schieflage manifestierte sich in rund 12.000 Konkursen, vielen Vergleichen und Beinahe-Pleiten. Dazu kam die Konkurrenz für deutsche Firmen aus dem Ausland, die oftmals staatlich subventioniert waren. Das alles trug mit zum Ende der sozialliberalen Koalition bei, die nach 13 Jahren auseinanderbrach. Das konstruktive Misstrauensvotum gegen Helmut Schmidt bescherte Helmut Kohl (CDU) die Kanzlerschaft, gewählt mit den Stimmen von CDU/CSU und FDP. Kohl sah sich nach der vorgezogenen Bundestagswahl am 6. März 1983 nicht nur mit den wirtschaftlichen Herausforderungen konfrontiert, sondern auch mit einer mächtig angewachsenen Friedens- und Umweltbewegung. Ihre Vertreter kamen als »Die Grünen« mit 27 Sitzen erstmals in den Bundestag. Drei Jahre zuvor hatten sie sich als Partei gegründet. Als Delegierter sollte auch Rudi Dutschke, die Galionsfigur der Studentenbewegung, am Gründungskongress teilnehmen. Doch für ihn endete sein Anspruch, nämlich der »Gang durch die Institutionen«, am 24. Dezember 1979 nach einem epileptischen Anfall, Spätfolge des Attentats auf ihn und der anschließenden Gehirnoperation. Er starb im Alter von 39 Jahren.

Die neue Partei hatte nun andere Ikonen. Es war Petra Kelly, die dem »starren sterilen Parlament voller inkompetenter Männer im Pensionsalter« den Kampf ansagte. Die »Alternativen« begnügten sich nicht mehr damit, als »Außerparlamentarische Opposition« zu agieren, sie wollten in den politischen Gremien mitbestimmen und die Regierung zur Kursänderung zwingen.

Eine Kursänderung – das wollte Kohl auch. Allerdings in

eine ganz andere Richtung. In seiner ersten Regierungserklärung nannte er als Zielvorgabe: »Weniger Staat, mehr Markt, weg von kollektiven Lasten, hin zur persönlichen Leistung.« Der »Schwarze Riese aus Oggersheim«, der die deutsche Wiedervereinigung vorantrieb und als »Motor der europäischen Integration« gilt, wollte verkrustete Strukturen zugunsten größerer Beweglichkeit, mehr Eigeninitiative und mehr Wettbewerb überwinden. Diese Forderungen konnte auch Manfred Lautenschläger unterschreiben. Denn hatte er nicht in den letzten zehn Jahren danach gehandelt? Wie sonst wäre es möglich gewesen, mit neuen Konzepten, überzeugenden Ideen gegen die Großen in seiner Branche anzutreten? An Eigeninitiative und dem Drang nach Unabhängigkeit hatte es ihm noch nie gemangelt.

Als Lautenschläger Jochen Aymanns nach Heidelberg holte, da baute er wieder einmal auf Vertrauen, hoffte auf den Gleichklang seiner Anfangsjahre mit Marschollek. An seiner Philosophie der Unabhängigkeit, der Offenheit und der Großzügigkeit hielt er fest, schließlich hatte er MLP damit zu einer »großen Familie« gemacht. Und damit glaubte er, auch Aymanns an sich zu binden. Die »Morgengabe« an den neuen Partner: 25 Prozent der Vorzugsaktien. Doch der nächste Nackenschlag blieb dem MLP-Mehrheitseigner nicht erspart – knapp zwei Wochen vor dem Börsengang von MLP am 15. Juni 1988 kündigte Aymanns. Und bei der Pressekonferenz anlässlich des Börsengangs war Lautenschläger dann doch einigermaßen in Erklärungsnot, warum sein Mitvorstand zwei Wochen vor diesem großen Ereignis ausgeschieden war.

Acht Monate vor Ablauf seines Fünfjahresvertrags wechselte Aymanns als Vertriebschef zur Nordstern Versicherung. Bei allem Verständnis, dass sich ein Manager verändern will:

Hätte er dieses halbe Jahr nicht abwarten und so dazu beitragen können, dass der Börsengang in Ruhe über die Bühne ging? Dreizehn Jahre hatte er in Diensten von MLP gestanden, hatte 1983 den Umzug in die neue Heidelberger Zentrale im Gewerbegebiet »Im Breitspiel« mitgemacht, diese Stein und Glas gewordene Demonstration einer prosperierenden Firma, hatte 1984 die Umwandlung zur Aktiengesellschaft miterlebt, war dabei, als sich 1987 die MLP AG zu ihrer ersten Hauptversammlung traf, wo Lautenschläger verkünden konnte, dass der Umsatz sich auf knapp 33 Millionen DM mehr als verdoppelt und der Jahresüberschuss sich auf 1,2 Millionen DM nahezu verdreifacht hatte – und war, als er ausstieg, ein reicher Mann.

Lautenschläger, so war die Vereinbarung, hatte von Aymanns dessen Aktien zum aktuellen Börsenkurs plus 10 Prozent zurückgekauft. Die *Wirtschaftswoche* berichtete Ende Juni 1988 süffisant: »Aymanns' Taschenrechner ergab mit 13,3 Millionen Mark eine ungewöhnlich fette und darüber hinaus steuerfreie Abfindung.« Die Nummer zwei hinter Lautenschläger hatte sich für eine neue Karriere jenseits von MLP entschieden. Doch als der Börsengang schließlich ohne Aymanns über die Bühne ging, da knallten die Sektkorken dennoch: Der Emissionskurs von 750 DM war ein neuer Rekord in der Geschichte des Geregelten Marktes. Wer damals 10.000 Mark investierte und die Dividenden wieder in Aktienkäufe anlegte, der war gut zehn Jahre später Millionär geworden – eine Steigerung von über 10.000 Prozent. Das Wertpapier war im ausgehenden 20. Jahrhundert im Zehnjahresvergleich zur besten Aktie in Europa geworden und MLP der erste Versicherungsmakler, der an die deutsche Börse ging. Davon sollten auch die MLPler profitieren, in Form von Vorzugsaktien.

Neben der Umwandlung in eine Aktiengesellschaft und

der Verjüngung der Führungsmannschaft zählte die Mitarbeiter- und Beraterbeteiligung zu den bedeutungsvollen und zukunftsweisenden Aufgaben, die Lautenschläger nach seiner Krankheit endlich realisieren wollte.

Der viel beschworene Stolz, einem Unternehmen wie MLP anzugehören, war und ist ein tragendes Moment. Die überdurchschnittlich guten Verdienstmöglichkeiten und sozialen Leistungen trugen zusätzlich zur Motivation bei.

Das Buch der McKinsey-Berater Peters und Waterman »Auf der Suche nach Spitzenleistungen« (»In search of excellence«) war ein Welterfolg. Ihr Fazit: Bei allen erfolgreichen Unternehmen besteht eine Gemeinsamkeit – der Mensch steht im Mittelpunkt allen Geschehens, ob Kunde oder Mitarbeiter. Das war von Beginn an auch für Manfred Lautenschläger die Maxime.

Entsprechend waren 1984, als MLP in eine Aktiengesellschaft umgewandelt wurde, nicht nur Gründe wie größere Transparenz und größere Sicherheit den Kunden und den Geschäftspartnern gegenüber ausschlaggebend. Auch die Mitarbeiter und Berater sollten davon profitieren. Sie sollten nicht nur gut verdienen, sie sollten auch an der von ihnen mitaufgebauten Firma beteiligt sein. Sie sollten das Schiff nicht nur bauen, sie sollten auch bei der Fahrt des Schiffes dabei sein. In diesem Kontext zitiert Lautenschläger gerne Antoine de Saint-Exupéry: »Wenn du ein Schiff bauen willst, dann trommele nicht Männer zusammen, um Holz zu beschaffen, Aufgaben zu vergeben und die Arbeit einzuteilen, sondern lehre die Männer die Sehnsucht nach dem weiten, endlosen Meer.«

Und die Beteiligung langjähriger erfolgreicher Mitarbeiter am Unternehmen lässt sich nun einmal durch die Ausgabe von Aktien am besten realisieren. Bezugsberechtigt sollten MLP-

Mitarbeiter (die Mitarbeiter der Zentrale und in den Sekretariaten der Geschäftsstellen sind Angestellte) und Berater (die Kundenberater agieren als Handelsvertreter für MLP) sein, die mindestens fünf Jahre dabei waren und außergewöhnliche Leistungen erbracht hatten. Wichtig war Lautenschläger dabei, beide Gruppen einzubeziehen. Bei Dienstleistungsunternehmen, die ihren Erfolg in erster Linie der Qualität ihrer Kundenberater verdanken, war dies keineswegs üblich. Doch die Berater »draußen« können nur dann erfolgreich arbeiten, wenn sie von einem hoch qualifizierten und engagierten Innendienst unterstützt werden, so die Philosophie des Gründers, die bis heute im Unternehmen Bestand hat.

Nahezu die Hälfte aller MLPler erfüllte damals schon die Voraussetzung für die Bezugsberechtigung und konnte von der Mitarbeiterbeteiligung profitieren. 25 Prozent der Vorzugsaktien wollte Lautenschläger ausgeben, bot aber 30 Prozent an, da ja nicht unbedingt davon auszugehen war, dass alle zeichnen würden. Zwar rechnete er mit einer hohen Zeichnungsquote, aber dass sie bei 95 Prozent lag, freute ihn dann doch außerordentlich, war dies doch ein Beweis für die hohe Identifikation »seiner MLPler« mit »ihrem MLP«. Fast 30 Prozent der neu aufgelegten Vorzugsaktien befanden sich somit in ihren Händen: eine echte Form der Mitarbeiterbeteiligung! Aber wie wertvoll ihr Anteil am Unternehmen war, das erfuhren die Mitarbeiter erst nach dem Gang an die Börse.

Nach einer Kapitalerhöhung von zwei zu eins hatten die Mitarbeiter beim Börsengang statt einer Aktie von 333 DM zwei Aktien im Wert von 750 DM – der Wert hatte sich also mehr als vervierfacht. Eine Haltefrist gab es im Übrigen nicht.

Beispielsweise hatte jede Sekretärin die Möglichkeit, 25 Aktien zum Preis von 8000 DM zu zeichnen. Bei einem Durchschnittseinkommen von rund 2000 DM im Monat hatten die meisten diesen Betrag aber nicht auf der hohen Kante, mussten also einen Kredit aufnehmen, wenn sie von dem Angebot Gebrauch machen wollten. Lautenschläger beauftragte den Innendienstleiter, eine Versammlung einzuberufen und den Mitarbeiterinnen seine mündliche Zusicherung zu übermitteln, er würde die Aktien nach einem Jahr zum Bezugspreis plus Zinsen zurücknehmen, falls sie zu diesem Zeitpunkt unter Einstiegspreis liegen sollten. Eine schriftliche Bestätigung gab es nicht. Sie müssten sich schon auf sein Wort verlassen. Und das taten sie: Die Bezugsquote lag bei 100 Prozent, ein großer Vertrauensbeweis.

Die Berater hatten – je nach Dauer der Firmenzugehörigkeit und Leistung – zwischen 25, 50, 100 oder – einige Topleute – 300 Stück gezeichnet. Bei Letzteren hatte sich die Investition also von 100.000 Mark auf rund 450.000 Mark in einem Jahr entwickelt. Was damals niemand ahnte: Die Entwicklung würde noch viel steiler weitergehen.

Doch zuvor musste eine weitere Krise gemeistert – genauer gesagt: ein Stimmungstief überwunden werden. Für Lautenschläger war es eine Frage des Stils. Dass sein Mitgeschäftsführer Manfred Rieder das Handtuch geworfen, dass sein Stellvertreter Jochen Aymanns kurz vor Ablauf seines Vertrags das Unternehmen vor dem Börsengang verlassen hatte, damit konnte er umgehen. Es war aber die Art und Weise, wie es passierte. Da hätte er sich mehr Stil, mehr Anstand gewünscht. Und auch einen anderen Ort. Dabei hatte alles so locker angefangen. Wie jedes Jahr waren die erfolgreichsten Berater des Vorjahres zu einer Reise eingeladen worden, dieses Jahr nach Sardinien. Entspannung pur Anfang Juni auf Kosten der Firma. Hätte ja auch fast geklappt, wenn Aymanns nach einem gemeinsamen Abendessen und zu vorgerückter Stunde einfach geschwiegen hätte. Aber er musste das vor allen Teilnehmern loswerden, was er Lautenschläger bis dato verschwiegen hatte: seinen Abschied von MLP. Davon erfuhr Lautenschläger erst am nächsten Tag. Er hatte sich, körperlich noch nicht in Hochform, zeitig zurückgezogen, hatte mit den »Jungs« noch auf den 33. Geburtstag des Hamburger Geschäftsstellenleiters Bernhard Termühlen angestoßen und sich mit diesem – wie er begeisterter Schwimmer – für den nächsten Vormittag zum Schwimmen im Meer verabredet. Zu dem Zeitpunkt hatten im Hotel schon die Geschäftsstellenleiter getagt, um sich auf die neue Situation einzustellen. Am weißen Sandstrand von Sardinien klärte ihn Termühlen auf. Das war's dann mit der Erholung auf der Mittelmeerinsel. Aber es war auch der Start in eine Zukunft, die MLP in ungeahnte Höhen katapultierte, in der MLP den Aktienmarkt berauschte, Mitarbeiter zu Millionären wurden, der Gründer zum vierfachen Milliardär, eine Zukunft, in der MLP fünf Mal zum »Unternehmen des Jahres« (davon vier Mal in Folge) gekürt wurde. Es war der Start zu einer schwindelerregenden Achterbahnfahrt für das Unternehmen, in der es steil bergauf und noch steiler bergab ging, bevor es ganz allmählich wieder Fahrt aufnahm. An deren Ende als Vorstandsvorsitzender dann ein Mann stand, der eigentlich Opernsänger werden wollte und MLP wieder das zurückgab, worauf es gegründet worden war: Verlässlichkeit und Seriosität. Und mittendrin stand immer einer, der Gelassenheit zeigte und seinem »Baby« die Unabhängigkeit bewahrte, der die Identifikationsfigur und damit das Gesicht in all den Jahrzehnten geblieben ist: Manfred Lautenschläger.

Selbst im fernen Sardinien konnte ihn nichts wirklich aus der Ruhe bringen. Das hatte vornehmlich zwei Gründe: Einmal standen die Geschäftsstellenleiter wie eine Eins hinter ihm, zum anderen hatte er bereits ein Auge auf den jüngsten aller Geschäftsstellenleiter geworfen: Bernhard Termühlen.

Lautenschläger gefiel der kühle Westfale, der so ganz anders war als er. Der promovierte Wirtschaftsingenieur hatte seine Karriere bei einem renommierten Baukonzern aufgegeben, um 1985 MLP-Berater und schon zwei Jahre später Geschäftsstellenleiter in Hamburg zu werden. Lautenschläger war überzeugt von dessen »analytischem und strategischem Verstand«. Dieser introvertierte junge Mann dachte in großem Rahmen und hatte seine Aufgabe an der Kieler Uni schon in seinem ersten MLP-Jahr als erfolgreichster Berater glänzend gemeistert. Er war der Beste. Vier Wochen nach dem Sardinien-Desaster holte Lautenschläger ihn nach Heidelberg. Termühlen hatte einen Vorstandsvertrag in der Tasche, als Vertriebschef. Nicht einmal die erfahrenen, älteren Geschäftsstellenleiter konnte diese spontane Entscheidung überraschen. Sie kannten ihren »Chef« Lautenschläger, der vieles aus dem Bauch heraus beschloss und damit meist goldrichtig lag. Sie vertrauten ihm, wie er auch ihnen vertraute, und gerne machte Lautenschlägers geflügeltes Wort die Runde: »Kontrolle ist gut, Vertrauen ist besser«. Warum sollte er also nicht jenen jungen, ehrgeizigen Bernhard Termühlen mit demselben Vertrauensvorschuss ausstatten, den er jedem seiner Mitarbeiter zukommen ließ? Ihm nicht Verantwortung und Kompetenz übertragen? Lautenschläger glaubte an seine eigene Fähigkeit, unter seinen Mitarbeitern die begabtesten auszuwählen und ihnen dann genügend Freiraum zur eigenen Entfaltung zu gewähren. So wie er nie zu einem »Befehlsempfänger« werden wollte, so wollte er auch keine »Ja-Sager« um sich scharen. Er setzte bei seinen Leuten auf Kreativität. Dass dieser Vertrauensvorschuss dabei »auch eine schwere Bürde sein kann« – wie es Jürgen Dernbach, Rechtsanwalt und jahrelanger Geschäftsführer der Manfred-Lautenschläger-Stiftung ausdrückt –, steht auf einem ganz anderen Blatt und ist ihm durchaus bewusst. Doch mit diesem »Mach es so, als ob es dein eigenes wäre« ist Lautenschläger meistens gut gefahren. Und selbst die menschlichen Enttäuschungen in einem langen Berufsleben ließen ihn nie misstrauisch werden. »Wir sind ja seit 1999 befreundet, und immer habe ich Manfred erlebt als einen, der positiv und offen auf die Leute zugeht. Über die ganzen Jahre ist er nie ausgerastet – auch in schwierigen Situationen nicht«, beschreibt der Anwalt Lautenschläger. Dass der MLP-Chef dazu immer noch ein offenes Ohr für Privates hat, rechnet er ihm hoch an.

Nur einmal hat Dernbach ihn am Boden zerstört erlebt. Es war im Jahr 2002, als Lautenschläger ihn wissen ließ: »Es kann sein, dass ich daran kaputtgehe.« Das war, als MLP ins Bodenlose abstürzte. Doch welche glorreichen Jahre hatten davor gelegen? »Der Triumph war programmiert«, hatte das *Manager Magazin* getitelt, als MLP 1990 zum ersten Mal als »Unternehmen des Jahres« ausgezeichnet wurde. Lautenschläger und sein Vertriebschef wurden als »kongeniales Team« gefeiert. Auch in den drei nachfolgenden Jahren erklomm MLP die Spitze der getesteten 500 größten deutschen Börsengesellschaften. Als erstes Unternehmen hatte MLP den »Hattrick« geschafft. Und wäre sogar die beste Aktiengesellschaft Europas gewesen, hätte man auch an diesem Test teilnehmen dürfen, aber dazu war MLP noch zu »klein«. 1998 landete MLP wieder auf dem Siegerpodest – ein Rekord. Im Zehnjahresvergleich hatte MLP damit sogar seinen weltbekannten Nachbarn SAP überrundet.

Der Bewertung zugrunde lag eine Methode, im Auftrag des

Manager Magazins von Finanzprofessor Reinhart Schmidt entwickelt, welche die Kennziffern der Firmen wie Rendite, Sicherheit und Wachstum verglich. Aber auch die Analysten der deutschen und angelsächsischen Finanzinstitute stuften MLP als »Wert mit weit überdurchschnittlichem Potenzial« ein. Und gaben dem Finanzdienstleister, der in einer Altstadt-Kneipe gegründet worden war, das allerbeste Zeugnis für: einmalige Strategie mit hohem Wachstumspotenzial, Qualität des Managements, besonders hochwertige Zielgruppe der Akademiker, Marktführerschaft, Expansionskraft, Qualität der Berater. Und sie erwähnten lobend die »Beteiligung des Managements am unternehmerischen Erfolg«. So viel Anerkennung lässt Flügel wachsen.

Schon Anfang der 1990er-Jahre war die einstmals bescheidene Drei-Mann-GmbH in eine Holding umgewandelt worden. Nach dem Gang an die Börse kamen zahlreiche Tochterfirmen dazu. Neben einer Versicherung AG und einer Lebensversicherung AG (von ihnen trennte man sich 2005 wieder, um nicht den Eindruck zu erwecken, nicht mehr unabhängig die Kunden beraten zu können) entstand die Finanzdienstleistungen AG, die Vermögensverwaltung AG, dazu verschiedene GmbHs und die MLP Bank. Die Zahl der Geschäftsstellen in ganz Deutschland war von 78 auf 103 angewachsen, 1200 Berater – 95 Prozent davon Hochschulabsolventen – arbeiteten für MLP, 700 Fachkräfte in der Heidelberger Zentrale, und die Zahl der Kunden war auf über 250.000 angewachsen.

Und immer noch ging es nach oben. Das auch im Wortsinn. Siebzehn Stockwerke. Im September 1992 war MLP in den »Langen Manfred« umgezogen, das größte Hochhaus Heidelbergs mit weitem Blick bis zu den Pfälzer Bergen. Nur neun

Jahre sollte es allerdings dauern, bis der nächste, der endgültige Umzug in den wesentlich größeren Gebäudekomplex ins Weinstädtchen Wiesloch vollzogen wurde. Hier war der weitläufige Campus entstanden, mit großzügigen Grünflächen, Teichen, ansprechenden Aufenthaltsräumen und Büros zum Wohlfühlen. Heidelberg hatte in puncto Flächenangebot einfach nicht mithalten können. Obwohl der »Lange Manfred« längst verkauft ist, hat sich doch der Name eingebürgert. Der »Tech Tower« – wie er sich jetzt offiziell nennt – ist zur Keimzelle eines deutsch-chinesischen Technologieparks geworden.

Die Alteingesessenen im hügeligen Heidelberger Stadtteil Emmertsgrund erinnern sich noch, wie Manfred Lautenschläger einst bei der Bürgerversammlung des Stadtteils auftrat, wie er die Anwohner nochmals einlud, um sie davon zu überzeugen, dass sie mit der neuen MLP-Zentrale keinen »Schandfleck« befürchten müssten. Die Menschen im waldnahen Stadtteil waren misstrauisch, kannten die Geschichte um den Emmertsgrund, wussten um das Engagement des jahrzehntelang in Heidelberg tätigen Psychoanalytikers Alexander Mitscherlich. Beim Aufbau des neuen Stadtteils sollte er als Mitglied der Gutachterkommission Architekten und Vertreter der »Neuen Heimat« davon überzeugen, die Menschen, die dort einst leben sollten, als Partner bei den Planungen mit ins Boot zu holen. Dem renommierten Hochschullehrer ging es um Menschlichkeit im Miteinanderwohnen. Doch als ihm gewahr wurde, dass er nur als »Feigenblatt« dienen sollte und die Baubranche nicht wirklich gewillt war, sich auf seine Vorstellungen einzulassen, zog sich Mitscherlich zurück. Was dann entstand, ist bis heute ein problematisches Viertel, mit einem »großen Handlungsbedarf zur Stabilisierung der Sozialstruktur«, wie sich die Stadtverwaltung ausdrückt.

Jedenfalls konnte Lautenschläger, der das persönliche Gespräch gerichtlichen Streitereien vorzieht, zusammen mit dem Architekten Peter Burock den Anwohnern zeigen, dass es auch anders geht. Burock war ein Meister der »Leichtigkeit des Bauens«, was ihm schon in der alten Zentrale »Im Breitspiel« Architekturpreise eingebracht hatte. Auf der letzten großen Freifläche im Emmertsgrund – knapp 9000 Quadratmetern – entstand also jener 63 Meter hohe »menschliche« Geschäftsturm, in dem 250 Mitarbeiter sich angenommen fühlten. Wieder mit viel Glas und Licht und einer Architektur, die erneut ausgezeichnet wurde. Und wer einen original Gerhard Richter sehen wollte, dessen Bilder heute Millionen kosten (aber damals noch erschwinglich waren), der musste nur mal einen Blick in das Foyer und auf das monumentale Ölgemälde »Wald (2)« werfen. Bei der Einweihungsparty mit über 700 geladenen Gästen sangen Manfred Lautenschläger und Bernhard Termühlen zu vorgerückter Stunde, weinselig, Arm in Arm gemeinsam mit Mitarbeitern und Gästen: »We are the Champions.«

Wie hoch das Tandem Lautenschläger/Termühlen aufgestiegen war, das sollte sich kurz danach zeigen, als die britische »National Westminster Bank« ins exklusive Ambiente des Schlosses »Brocket Hall« vor den Toren Londons einlud. Einmal im Jahr wurde einem handverlesenen Kreis aus der internationalen Finanzszene diese Ehre zuteil. Dort präsentierten die Vorstände der kleinen, Erfolg versprechenden Börsengesellschaften vor rund fünfzig Investmentbankern ihre Unternehmensstrategien und diskutierten die Chancen ihrer Aktien. »Nur wer die gnadenlos auf Fakten pochenden Angelsachsen mit exzellenten Bilanzen und überdurchschnittlicher Börsenperformance überzeugen kann, kommt schließlich auf die

Kaufliste der anwesenden Anlagegurus. Manfred Lautenschläger hat die Bewährungsprobe dieser ›German Smaller Companies Conference‹ mit Bravour bestanden«, schrieb das *Manager Magazin* 1994. Und begeisterte sich: »... MLP gilt schon seit langer Zeit als ›Highflyer‹ der deutschen Börse. In den vergangenen drei Jahren bescherte der Finanzmakler seinen Aktionären jeweils 26 Prozent Kursrendite pro Halbjahr, während die übrigen Aktien im Schnitt nur um drei Prozent zulegten. Weil das Risiko dabei moderat blieb und die Aktie des Finanzmaklers zudem als Wachstumspapier glänzte, führt MLP die Hitliste der besten Aktien Deutschlands an.«

MLP drehte am ganz großen Rad. Manfred Lautenschläger hatte 1993 offiziell wesentliche Teile des Geschäfts in die Hände von Bernhard Termühlen gelegt, der den Vorstandsvorsitz der Tochtergesellschaften übernahm, während der Unternehmensgründer die an der Börse notierte Holding MLP AG führte. Später zog sich Lautenschläger dann in den Aufsichtsrat zurück. Zielstrebig wollte Termühlen MLP zum führenden europäischen Finanzdienstleistungskonzern ausbauen. Dazu holte er weit aus. Bei der Jahreshauptversammlung 1999 sprach der Shootingstar von einer »grundlegenden Weiterentwicklung« von MLP hin zum »Hightech-Finanzdienstleister«. Er hatte freie Hand – als Nachfolger Manfred Lautenschlägers. Für MLP endete es beinahe im Desaster.

Viele Jahre später war in Lautenschläger die Erkenntnis gereift, die er als Gastredner in der Heidelberger Universität vortrug: »Erfolg macht leichtsinnig und anfällig. Man wiegt sich lange in Sicherheit und verpasst dabei, sich zu schützen. Wer wächst, wird gezwungenermaßen verletzbarer.«

Am 15. Dezember 1998 aber hielt Lautenschläger seine Firma noch für »unverletzbar«. Es war an seinem 60. Geburtstag, als er seinen Rücktritt vom Vorstandsvorsitz bei der nächsten Hauptversammlung im Juni 1999 verkündete. Ein paar Tage zuvor hatte ihn Alt-Bundeskanzler Helmut Schmidt noch im »Langen Manfred« besucht und die exklusive Aussicht genossen. Nachdem er von den wilden Jugendjahren des erfolgreichen Geschäftsmannes erfahren hatte, fragte er: »Und wann wurden Sie vernünftig?«

»Vernünftig« war Lautenschläger eigentlich von Anfang an nicht gewesen. »Vernünftig« war es zwar, Jura zu studieren, unvernünftig hingegen war es, seinen Anwaltsjob an den Nagel zu hängen, Versicherungsberater zu werden, sich selbstständig zu machen, sich ins kalte Wasser zu stürzen. Auch nicht unbedingt von Vernunft getrieben war es, seine Wurzeln nie zu vergessen und seine »Handlungsmaxime an einem hohen humanistischen Ethos« auszurichten, wie es der ehemalige Verfassungsrichter Paul Kirchhof ausdrückte. Der aber auch als Privatunternehmer wusste, was die »Herrschaft des Geldes« bedeutete. Für Kirchhof: »Ein Stück gedruckte Freiheit«.

Dass Lautenschlägers Freund später von Bundeskanzler Gerhard Schröder abwertend »der Professor aus Heidelberg« genannt wurde – als Parteiloser gehörte er bei der Bundestagswahl 2005 zum Kompetenzteam von Angela Merkel und war als künftiger Bundesfinanzminister im Gespräch –, das beeindruckte Lautenschläger weniger. Er konnte sich aber schlecht vorstellen, dass der Wissenschaftler Kirchhof, ein »durch und durch menschlicher, unbestechlicher Charakter«, sich im politischen Sumpf Berlins würde durchsetzen können. Aber es konnte für Kirchhof die einmalige Gelegenheit sein, seine bereits zu Papier gebrachte Steuerreform, die den undurchdringlichen Dschungel deutscher Steuergesetze drastisch vereinfachen wollte, in dieser wichtigen Position als Finanzminister umzusetzen.

Er gratulierte Kirchhof und sagte: »Sie haben keine Chance, Herr Kirchhof. Aber Sie müssen sie nutzen.«

»Vernünftig« war es für Lautenschläger, mit sechzig Jahren loszulassen. Er wollte sich nicht in die Phalanx der Firmengründer einreihen, die zu lange an ihrem Sessel klebten. »Die Risiken, die Unternehmern drohen, wenn ein Wechsel misslingt, sind hoch. Mindestens ebenso groß sind sie, wenn der Wechsel zu spät kommt«, sagte Lautenschläger am 19. Mai 1999 bei der MLP-Hauptversammlung, als sein »Kronprinz« von ihm das mehr als wohlbestellte Haus übernahm.

Fünfzehn Jahre lang war Lautenschläger Vorstandschef gewesen. MLP hatte in dieser Ägide Jahr für Jahr deutlich bei Umsatz und Gewinn zugelegt. Aber jetzt sollte bei MLP »eine neue, noch größere Ära« beginnen. Als Vorsitzender des Aufsichtsrates wollte er seinem »Lebenswerk« verbunden bleiben, ohne sich in das Tagesgeschäft einzumischen. Denn: »Ein Rückzug muss konsequent und vollständig sein, nur dann ist er richtig.« Mit lautstarkem Beifall verabschiedeten die Aktionäre Lautenschläger aus seiner alten Funktion und wählten ihn einstimmig an die Spitze des Kontrollorgans.

Für MLP war die kleine deutsche Welt längst nicht mehr genug. Die Expansionen ab 1995 nach Österreich und in die Schweiz ließen sich noch gut an. Niederlassungen in den Niederlanden, Großbritannien und Spanien wurden eröffnet. Aber sie »scheiterten dann krachend« (Lautenschläger). Was der Stratege Termühlen unterschätzt hatte: die Unterschiede in der Mentalität bei den einzelnen Nationen und die Unterschiedlichkeiten in Finanzfragen. Dabei sollte die europäische Expansion die »Generalprobe« für den Sprung über den Atlantik werden. Bernhard Termühlen wollte »die ganze Welt«, wollte »Fidelity« herausfordern, diesen milliardenschweren US-Riesenkonzern, das größte Unternehmen der Finanzdienstleistungsbranche. Für den Heimatmarkt durfte sich MLP das Siegel des »führenden unabhängigen Finanz- und Vermögensberaters für Akademiker« anheften. Seit 1997 war MLP im MDAX gelistet und hatte vier Jahre später den Olymp erobert: Aufnahme in den DAX, in den Kreis der wichtigsten deutschen Aktiengesellschaften. Der Aufstieg zum weltgrößten Finanzdienstleister schien nur noch eine Frage der Zeit.

Bernhard Termühlen schien gehalten zu haben, was er versprochen hatte, hatte die Geschichte von unendlichem Wachstum und stetig steigendem Gewinn fortgeschrieben, und der Aufsichtsratsvorsitzende Lautenschläger war »unglaublich stolz«, sein dreißig Jahre altes Unternehmen ganz oben zu sehen.

Allerdings: Ein bisschen unheimlich war ihm der Höhenflug schon. Wie überhaupt so manches unter seinem Nachfolger lief, was ihn nicht begeisterte. Aber mit dem »Nicht-Einmischen« hatte es Lautenschläger ernst gemeint. Dass Termühlen eine neue Führungsmannschaft aufbaute, das lag voll und ganz in seiner Kompetenz – und im Interesse Lautenschlägers. Ebenso wie die Neustrukturierung und das Entwickeln neuer Strategien.

Dass er aber gut funktionierende Geschäftsstellen mit zehn bis zwölf Beratern zerschlug, aus einer Geschäftsstelle drei machte und Geschäftsstellenleiter installierte, die für diese Position häufig weder geeignet noch ausgebildet waren, das behagte dem Gründervater nicht. Innerhalb von nur drei Jahren stieg die Zahl der Berater von rund 1500 auf rund 3000, die Zahl der Geschäftsstellen von 150 auf knapp 400, was oft auf Kosten der Qualität geschah. Auch die weitere europaweite Ausdehnung bereitete Lautenschläger Unbehagen. Die anfängliche Begeisterung für Termühlen schwand allmählich.

War da einer ans Ruder gekommen, der sich immer mehr von der MLP-Philosophie entfernte?

Andererseits stieg die Aktie in schwindelerregende Höhen – bis auf mehr als 170 Euro in der Spitze. Der Aktienkurs war vom Börsengang 1988 bis zum Höchststand im Jahr 2000 um 33.000 Prozent angestiegen. Umsatz und Gewinn kletterten Jahr für Jahr um durchschnittlich 30 Prozent. Die bahnbrechende Geschäftsidee von Lautenschläger und Marschollek zahlte sich voll aus. Das Unternehmen war 13 Milliarden schwer. Von solchen Erfolgen können »andere Versicherer und Banken nur träumen«, kommentierte die *Zeit.*

Wer wollte da einen Unternehmenslenker kritisieren, als am 30. Juli 2001 der Gipfel mit der obersten Börsenliga erreicht war? Heute sagt Lautenschläger: »Der DAX ist für uns zu früh gekommen. Die Strukturen passten nicht zur Größe des Unternehmens.« Damals zählte er mit einem Vermögen von 4,5 Milliarden Euro zu den reichsten Deutschen. Forbes führte ihn auf Rang 41.

Wer letztendlich die Schuld am rasanten Abstieg von MLP trug, diese Frage lässt die Beteiligten bis heute nicht los, auch wenn das »schwarze Kapitel« längst aufgearbeitet wurde und Lautenschläger in der Unternehmensgeschichte als »Unternehmensgründer und Unternehmensretter« (Kirchhof) einen festen Platz hat. Dass der Wert der Aktie und damit auch Lautenschlägers Vermögen um 95 Prozent schrumpfte, kommentierte er mit dem Satz: »Ich kann als Millionär genauso gut leben wie als Milliardär.« Das finanzielle Fiasko traf ihn nicht so sehr als Person. Er bangte um sein Unternehmen, um seine Mitarbeiter. »Ich bin ein glücklicher Mensch – wenn auch verarmt«, fügte er ironisch hinzu. Seinen Nachfolger Termühlen beurteilt er mit der Erfahrung des Älteren und jahrzehntelangem Abstand. »Er hat in jungen Jahren viel bewegt, aber das alles nicht verkraftet.«

Termühlen war wohl nicht der begabteste Kommunikator. Transparenz und Offenheit waren einst das große Plus der Gründer gewesen. Davon war nicht mehr viel übrig geblieben. Der junge Vorstandschef, der nach außen als introvertiert galt, setzte lediglich auf die Macht des Faktischen. »Messen Sie mich an meinen Zahlen«, forderte Termühlen noch auf der Hauptversammlung im Mai 2002 die Aktionäre auf und verwies auf einen Vorjahresgewinn vor Steuern von 150 Millionen Euro. Für das laufende Geschäftsjahr prognostizierte er eine Steigerung auf 195 Millionen Euro für den Konzern.

Acht Wochen später musste MLP eingestehen, die ursprüngliche Wachstumsprognose von rund 30 Prozent für das Jahr 2002 nicht erreichen zu können. Zum ersten Mal in der 31-jährigen MLP-Geschichte ging es abwärts. Zwar war der Börsenkurs schon seit der Aufnahme in den Dax 2001 auf knapp 90 Euro gesunken, dennoch, so lobte das Anlegermagazin *Börse Online*, überzeuge die Aktie »weiter fundamental«. Nur ein Jahr später holte ausgerechnet dieses Anlegermagazin zum vernichtenden Schlag aus: angebliche Bilanzfälschung.

Das Vertrauen der Anleger schwand. Der Aktienkurs brach ein. An einem einzigen Freitag im August um 50 Prozent, »der dramatischste Einbruch eines Dax-Wertes, seit es den Dax gibt«, schrieb die *Zeit*. Und es ging weiter nach unten. Der Kurssturz traf aber nicht nur die MLP-Bosse, sondern auch die Mitarbeiter und Berater, die zum Teil MLP-Aktien auf Kredit gekauft hatten und jetzt hoch verschuldet waren. Schließlich flog das Unternehmen nach nur zwei Jahren Zugehörigkeit zum Eliteclub aus dem Index. Wenig später trat der Überflieger Bernhard Termühlen als Vorstandsvorsitzender zurück.

Das Elend hatte am 16. Mai 2002 begonnen, als *Börse Online* mit dem Bericht »Die wahre MLP-Story« an die Öffentlichkeit ging. Das Blatt warf MLP vor, Darlehen von Rückversicherern als Unternehmensgewinne ausgewiesen und zugleich Schulden nicht ausgewiesen zu haben. Deshalb sprach das Anlegermagazin von »Bilanzmanipulation«. Fast gleichzeitig veröffentlichte die »Schutzgemeinschaft der Kleinaktionäre« (SdK) eine kritische Stellungnahme zu MLP. All das rief die Staatsanwaltschaft Mannheim auf den Plan. In einer groß angelegten Aktion wurden die Büros von MLP auf den Kopf gestellt. Im Kreuzfeuer standen Bernhard Termühlen und zwei weitere Manager des Unternehmens, gegen die später Anklage erhoben wurde. »Geprüft wird, ob die Verhältnisse der Heidelberger Kapitalgesellschaft in Jahresabschlüssen falsch dargestellt wurden«, bestätigte damals der Leiter der Abteilung Wirtschaftskriminalität bei der Staatsanwaltschaft gegenüber den Medien.

Pikant war auch die Geschichte hinter der Geschichte, die die *Börsen-Zeitung* später als »Pingpong aus Eigennutz« bezeichnete. Hintergrund war, dass der Artikel, der den Finanzdienstleister ins Wanken brachte, von einem Autorenkollektiv unter einem Pseudonym verfasst wurde. Kurze Zeit später musste ein gewisser Markus Straub zugeben, dass er unter dem Pseudonym Werner Schmitt für *Börse Online* schrieb – obwohl er gleichzeitig stellvertretender Vorstandsvorsitzender der SdK war. Und damit ein einflussreicher Mann. Acht Jahre später sollte Straub selbst ins Fadenkreuz der Staatsanwaltschaft geraten. Wegen Marktmanipulation wurde er schließlich in München 2010 zu über zwei Jahren Haft und einer Geldstrafe verurteilt. Der Mann, dessen Job es war, Aktionäre zu schützen, setzte persönlich auf fallende Aktienkurse. Von ihrem Vize-

Chef hatte sich die SdK 2008 getrennt. Mit ihm wurde auch der ehemalige Sprecher der SdK, Tobias Bosler, verurteilt. Das heißt mit anderen Worten, dass sich Aktionärsvertreter Kursmanipulationen schuldig und mit fallenden Kursen Millionengewinne gemacht hatten. Die Presse schrieb später von der »Schmutzgemeinschaft«.

Über die Person Bosler kommt es noch zu einer weiteren pikanten Note: Er war führender Mitarbeiter eines virtuellen Emissionshauses, das von dem schillernden Hedgefonds-Manager Florian Homm kontrolliert wurde, der ebenfalls auf einen Sinkflug der MLP-Aktie gewettet haben soll. Homm wurde dann deutschlandweit bekannt, nachdem er seine Aktivitäten in die USA verlagert und dort Anleger um einen dreistelligen Millionenbetrag betrogen hatte. Er tauchte unter, wurde jahrelang von Interpol gejagt und letztendlich bei einem Museumsbesuch in Italien gefasst.

Es war an MLP, sich um Aufklärung zu bemühen, Licht ins Dunkel der Bilanzierung zu bringen. Der Staatsanwaltschaft ließ die Firma von ihr in Auftrag gegebene unabhängige Gutachten vorlegen, die den Konzerntöchtern zwar eine »streitbare« oder auch »kreative« Buchführung attestierten, aber alles im Rahmen der Gesetze.

Dabei ging es für Außenstehende um eine hochkomplexe Angelegenheit, die aber in der Branche durchaus üblich war: die Rückversicherung und die Vorfinanzierung künftiger Erlöse. Hintergrund: MLP vermittelte Lebensversicherungen der eigenen Tochtergesellschaft. Diese zahlte die Provisionen aber nicht auf einmal aus, sondern über mehrere Jahre. Um die Erlöse aber direkt in voller Höhe zu vereinnahmen, verkaufte MLP diese Forderungen – Fachleute sprechen von »Factoring«.

Einer der renommiertesten Bilanzfachleute Deutschlands, Prof. Küting, bescheinigte in einem umfangreichen Gutachten MLP, korrekt bilanziert zu haben. MLP hoffte auf ein Einsehen der Staatsanwaltschaft. Doch zu schnell gehofft. Als in der Wieslocher Zentrale zum zweiten Mal ein Riesenaufgebot von Polizeifahrzeugen unter größtem Publikumsinteresse auftauchte, platzte Lautenschläger der Kragen. Man hatte die Anwälte einbestellt. Lautenschläger, bleich vor Wut: »Ich werde Dienstaufsichtsbeschwerde gegen den Oberstaatsanwalt erheben. Mir reicht's!«

Da sagte sein Anwalt: »Herr Lautenschläger, wissen Sie eigentlich, auf welch dünnem Eis Sie sich bewegen? Wenn Sie das tun, wird der Staatsanwalt als ›Revanche‹ einen Haftbefehl bei Gericht gegen Sie beantragen, den er bei der Schwere der Vorwürfe mit hoher Wahrscheinlichkeit auch durchbekommen wird. Und dann sitzen Sie erst einmal einige Wochen in Untersuchungshaft.«

Da wurde Lautenschläger noch bleicher und dachte über den Rechtsstaat nach. Und hörte auf den Rat seines klugen Anwalts Hanns Feigen, der später noch als Verteidiger des ehemaligen Postchefs Zumwinkel und noch mehr von Uli Hoeneß bundesweite Bekanntheit erlangte.

Erst 2007 wurde das Verfahren gegen Termühlen und Co. gegen Geldauflagen eingestellt. Aber ein Gutes hatte das ganze Chaos: Zum 1. Januar 2003 berief MLP Uwe Schroeder-Wildberg in den Vorstand, zuständig für Finanzen. Das Ressort, das Termühlen bislang selbst verwaltet hatte. Die Turbulenzen waren damit noch keineswegs ausgestanden, aber es gab wieder einen Lichtschein am Horizont.

VI

RETTE SICH, WER KANN

Manfred Lautenschläger saß auf dem Sofa und lachte lauthals. Im Fernsehen lief gerade eine Comedy-Show. »Du bist ein Phänomen«, meinte seine Frau. Phänomenal, dass er bei diesen existenziellen Sorgen dermaßen abschalten konnte. Denn die Situation im August 2002 war alles andere als lustig.

Lautenschlägers Unternehmen, auf dessen Erfolg er so stolz war, dessen innerbetriebliche Kultur Vorbildcharakter hatte, das von den Experten gehypt und von Journalisten in die höchsten Höhen geschrieben wurde, dieses Wunderkind der Börse sollte nicht mehr mitspielen dürfen, sondern verbannt werden in die »Schmuddelecke« der Versager, ja schlimmer noch: der Betrüger. Bei allem finanziellen Absturz (der Aktienkurs von MLP war von 170 Euro auf 6,10 Euro eingebrochen), bei allen Anschuldigungen und Unwägbarkeiten trug Lautenschläger eine Gewissheit in sich: »Ich habe nichts falsch gemacht, ich kann guten Gewissens kämpfen.«

Gekämpft hatte er sein Leben lang mit dem Selbstbewusstsein eines Mannes, der weiß, was er will, oder besser, was er nicht will. Hatte sich durchgesetzt gegen einen strengen Vater, gegen illoyale Berater, lauernde Konkurrenten. Nichts war ihm vererbt, nichts geschenkt worden. Und er hatte diese lebensgefährliche Krankheit besiegt. Was ihm dabei immer klar war:

Geld ist nicht alles. Am eigenen Körper hatte er erfahren, dass von heute auf morgen alles anders sein kann. Lautenschläger hatte den Tod und den Niedergang ehemaliger Weggefährten erlebt – und er nahm teil an einer Welt, die drohte, aus den Angeln gehoben zu werden. Als MLP im Sommer 2001 in den Dax-Himmel aufstieg, da war die Welt noch in Ordnung. Gut vier Wochen später war nichts mehr, wie es vorher war, und ein nicht enden wollender Kampf zwischen einer archaisch geprägten muslimischen und der hoch industrialisierten westlichen Welt begann. Mittendrin in diesem Konflikt war auch die Bundeswehr, die Manfred Lautenschläger vier Jahrzehnte zuvor mit Freuden verlassen hatte.

Kriegerische Auseinandersetzungen, die im letzten Drittel des 20. Jahrhunderts auf fast allen Erdteilen geführt wurden, fanden in den täglichen Zeitungsspalten oder Fernsehbeiträgen kaum Erwähnung. Sie waren weit weg, deutsche Soldaten nicht an den Kampfhandlungen beteiligt. Denn alles, was über den Ausbildungs- und Übungsbetrieb im Ausland hinausging, bewegte sich im Rahmen weltweiter humanitärer Hilfe. Erst mit dem Krieg auf dem Balkan sollte sich das ändern.

Am 24. März 1999 hatte der Kosovo-Krieg begonnen – mit Beteiligung der Bundeswehr. »Wir können uns unserer Verantwortung nicht entziehen. Das ist der Grund, warum deutsche Soldaten zum ersten Mal seit dem Zweiten Weltkrieg in einem Kampfeinsatz stehen«, erklärte Bundeskanzler Gerhard Schröder (SPD) im Bundestag, unterstützt von seinem Außenminister Joschka Fischer. Der einstige Bürgerschreck und Straßenkämpfer der 68er hatte sich von seinem »instinktiven Pazifismus« gelöst. Und stimmte für einen Krieg gegen einen souveränen Staat, ohne UN-Mandat.

Zuvor war das Milošević-Regime vom UN-Sicherheitsrat

aufgefordert worden, die brutale Unterdrückung, Vertreibung und Ermordung der albanischen Bevölkerung im Kosovo zu beenden, ohne Erfolg. Am Ende monatelanger, ergebnisloser Verhandlungen hatte sich die Nato zum Krieg entschlossen. Die *Zeit* schrieb in der Nachbetrachtung von einem »Linken Krieg«: »Es war eine rot-grüne Regierung, die am Vorabend der Berliner Republik mit der pazifistischen Tradition der Bonner Republik brach. Ausgerechnet die Parteien, die einer militärischen ›Normalisierung‹ der deutschen Politik über Jahre hinweg skeptisch gegenübergestanden hatten, setzten nun die entscheidende außenpolitische Zäsur.«

Die gesellschaftliche Diskussion, ob und inwieweit sich die Bundesrepublik mit ihrem geschichtlichen Hintergrund überhaupt an Kriegseinsätzen beteiligen sollte, diese Debatte ist bis heute nicht beendet. Befeuert wurde sie im Jahr 2001, als der damalige SPD-Verteidigungsminister Peter Struck für den Einsatz deutscher Truppen in Afghanistan an der Seite der USA warb: »Die Sicherheit der Bundesrepublik Deutschland wird auch am Hindukusch verteidigt.« Und der parteilose Bundespräsident Horst Köhler nahm 2010 seinen Hut, weil er das aussprach, was einem Tabubruch gleichkam: »...ein Land unserer Größe mit dieser Außenhandelsorientierung und damit auch Außenhandelsabhängigkeit muss auch wissen, dass im Zweifel, im Notfall auch militärischer Einsatz notwendig ist, um unsere Interessen zu wahren, zum Beispiel freie Handelswege, zum Beispiel ganze regionale Instabilitäten zu verhindern, die mit Sicherheit dann auch auf unsere Chancen negativ zurückschlagen bei Handel, Arbeitsplätzen und Einkommen...« Dafür wurde Köhler von den Medien abgewatscht. Der Bundespräsident stand mit seinen Äußerungen alleine da. Rückendeckung vonseiten der damaligen schwarz-gelben Bundesregierung gab es nicht. Zu diesem Zeitpunkt gehörte der Konflikt in Zentralasien schon zum »Alltag«.

Auslöser waren die Terroranschläge vom 11. September 2001. Sie erschütterten die USA in dem festen Glauben an ihre Unverwundbarkeit. Mit dem Krieg im Irak reagierte die US-Regierung auf »Nine-Eleven«. Der Sicherheitsrat der Vereinten Nationen bezeichnet die Anschläge als »Bedrohung des Weltfriedens und der internationalen Sicherheit«. Erstmals in der Geschichte der Nato war der Bündnisfall eingetreten und Deutschland bereit zum Kriegseinsatz.

Es war um 14:57 Uhr (mitteleuropäische Zeit), als die erste Eilmeldung kam: »Flugzeug auf World Trade Center gestürzt«, berichtete der deutsche Dienst der Nachrichtenagentur Associated Press – elf Minuten nach dem Einschlag. Dass es sich nicht um einen Unfall einer amerikanischen Maschine gehandelt hatte, das wurde spätestens klar, als die zweite voll besetzte Passagiermaschine in die »Twin Towers« raste. New Yorks weltbekannte Zwillingstürme gingen in Flammen auf und stürzten in sich zusammen.

Manfred Lautenschläger saß in seinem Büro, als seine Sekretärin mit den Worten: »In New York ist was ganz Schreckliches passiert«, die Tür aufriss. Von da an starrte er – wie Millionen andere Menschen auch – gebannt auf den Fernseher, sah das Inferno inmitten der Weltstadt, sah verzweifelte Menschen, sah sie als brennende Fackeln herumirren, in die tödliche Tiefe springen. Fast 3000 Menschen starben. Das islamistische Netzwerk »al-Qaida« mit seinem Anführer Osama bin Laden bekannte sich Tage später zu diesem »terroristischen Massenmord«. Er wie auch 15 der 19 Attentäter kamen aus Saudi-Arabien. Bin Laden, Identifikations- und Symbolfigur verschiedener islamistischer Terrorgruppen, rechtfertigte die

Gewalttaten gegen die westliche Welt als »Dschihad zur Selbstverteidigung des Islam«.

Die Täter wollten aber nicht nur die Metropole New York treffen. Ein viertes Flugzeug sollte mutmaßlich auf das Regierungsgebäude in Washington DC gelenkt werden. Dazu kam es aber nicht, weil die Passagiere der Maschine sich gegen die Entführer auflehnten. Deren Pilot ließ das Flugzeug bei Pennsylvania auf die Erde stürzen. Alles live – via Handyaufnahmen – am Fernsehen mitzuerleben. Wie zehn Jahre später auch der Tod bin Ladens. Am 2. Mai 2011 stürmten US-Soldaten dessen Haus in Pakistan und erschossen ihn. Präsident Barack Obama war zugeschaltet und verfolgte am Bildschirm die »Operation Neptune Spear«. Aus allen Erdteilen erreichten Obama damals Glückwünsche, dass der »brutalste Terrorist der Welt« nicht mehr existierte. Auch Bundeskanzlerin Angela Merkel gratulierte: »Ich freue mich, dass es gelungen ist, bin Laden zu töten.« Ein Satz, der ihr später leidtat und geäußert zu einer Zeit, da das US-Magazin *Forbes* die deutsche Kanzlerin noch nicht zur »mächtigsten Frau der Welt« gekürt hatte. Das geschah ein paar Wochen später. Seit über einem Jahrzehnt führt die Kanzlerin unangefochten die Rangliste des Wirtschaftsmagazins an.

In ihrem Heimatland hatte Merkel allerdings schon im Jahr 2000 für eine »Kulturrevolution« gesorgt, als sie als erste Frau, dazu Ostdeutsche und unter fünfzig Jahre alt, den CDU-Parteivorsitz übernahm. Nach der verlorenen Bundestagswahl 1998 musste der »Enkel Adenauers«, wie sich Kohl gerne bezeichnete, Platz machen für Gerhard Schröder, den Parteivorsitz hatte er nach 16 Jahren Wolfgang Schäuble »vererbt«. Der geriet zusammen mit Kohl in den Strudel der CDU-Spendenaffäre und ihrer Schwarzgeld-Konten, einst vom übermächtigen

Vorsitzenden angelegt. Auf massiven Druck hin verabschiedete sich Schäuble von der Parteispitze, und Angela Merkel, »Kohls Mädchen«, folgte ihm nach. Sie hatte in einem *FAZ*-Artikel die Mauscheleien der Verantwortlichen kritisiert, insbesondere ihren »Ziehvater« Kohl heftig angegriffen. Als »Unbescholtene« sollte sie für eine Übergangszeit die Gemüter beruhigen. Von wegen Übergangszeit: Fünf Jahre später führte sie die Christdemokraten zurück an die Regierung. Die SPD und ihr Kanzler Gerhard Schröder hatten die Wahl 2005 verloren, abgestraft vom Wahlvolk für die wirtschaftsfreundlichen Sozialreformen (Agenda 2010). Von denen profitierte dann ausgerechnet die Nachfolgeregierung.

Zu diesem Zeitpunkt hatte sich auch MLP unter seinem Vorstandsvorsitzenden Uwe Schroeder-Wildberg wieder in ruhigeren Fahrwassern stabilisiert, hatte das Vertrauen der Kunden zurückgewonnen, konnte auf innovative Konzepte und bestens geschulte Berater setzen. Der Abschied von der D-Mark und die Einführung des Euro am 1. Januar 2002 wurden als Fußnote verbucht.

Schroeder-Wildbergs Vorgänger Termühlen hatte im Oktober 2003 seinen überfälligen Rückzug angekündigt. Damals wurde mit »privaten Gründen« argumentiert. Termühlen wollte sich wieder mehr um sich und seine Familie kümmern. In der offiziellen Pressemitteilung lobte Manfred Lautenschläger als Vorsitzender des Aufsichtsrats seinen einstigen »Shootingstar«. Mit keiner Silbe erwähnte er, dass er ihm im Vieraugengespräch Vertrauensentzug mitgeteilt und ihn aufgefordert hatte, seinen Posten niederzulegen. Die offizielle Verlautbarung dann von Termühlen: »Ich halte es für den richtigen Zeitpunkt, Ende des Jahres MLP zu verlassen.«

Kein Wort mehr darüber, dass der Finanzdienstleister wegen des drastisch eingebrochenen Aktienkurses nach rund zwei Jahren (im Spätsommer 2003) den Platz im deutschen Leitindex verloren und damit die kürzeste Zugehörigkeit im Eliteclub hatte. Kein Wort mehr darüber, dass Termühlens Rücktrittsankündigung an der Börse überaus positiv aufgenommen wurde und die Aktie einen Kurssprung machte. Mit dem anstehenden Wechsel in der Chefetage hofften die Anleger auf Solidität für das Unternehmen. Sie begrüßten die Veränderung.

Viele von ihnen hätten sich auch den Einstieg einer Bank oder Versicherung vorstellen können. Und Aufsichtsratschef Manfred Lautenschläger – war der »offen für alle Optionen«? Im Prinzip ja. Es gab Anfragen von mehreren Interessenten. Auch wenn der Großaktionär schon mit einigen von ihnen gesprochen hatte, in seinem Inneren wusste er: Verkaufen kommt nicht infrage. »Das wollen und werden wir alleine durchstehen«, davon war er überzeugt.

Dass es zwischen dem Gründer und seinem »Kronprinzen« schon vor dem großen Crash nicht gerade rundlief, das hatten Insider längst mitbekommen. Lautenschläger war schnell klar geworden, dass in der gewaltigen Expansionslust seines Nachfolgers auch ein großes Gefahrenpotenzial steckte. »Dreißig Prozent Wachstum, das kannst du nicht ewig durchhalten«, versuchte er Termühlen auf den Boden der Realität zu bringen. Den Stab von Beratern von 1500 auf 3000 innerhalb von drei Jahren »aufzublähen«, nannte Lautenschläger einen »Fehler«, das traf auch auf die Zahl der Geschäftsstellenleiter zu, die sich seit 1998 vervierfacht hatte. »Wir waren besoffen vom Erfolg«, gibt der Gründer unumwunden zu. Wer wollte da auch nüchtern bleiben, wenn die Gesamterlöse sich von 53 Millionen D-Mark im Jahr des Börsengangs auf 1,1 Milliarden Euro im Jahr 2002 nach oben geschraubt hatten?

Aber der Vorstandschef hatte nur »stur die Aktie im Blick« (Lautenschläger), die zu ihren Spitzenzeiten mit 172 Euro notierte. »Die war vom Markt gewaltig aufgeblasen«, sagt Lautenschläger heute. Das Kurs-Gewinn-Verhältnis betrug unglaubliche 180 (der Durchschnitt der Dax-Werte lag bei 25 Prozent). »Wir waren mit unseren inneren Strukturen noch lange nicht reif für den Dax.«

Aber zu dieser Erkenntnis wäre ein Firmenlenker mit Selbstkritik notwendig gewesen. Denn den Vorwurf der »Arroganz, der Überheblichkeit, der mangelnden Transparenz«, mit dem Termühlen vor allem von Journalisten konfrontiert wurde, den nahm er nicht wahr. Selbst die *Börsen-Zeitung,* bekannt für ihren moderaten Kurs, berichtete von einer »mitunter selbstherrlichen Attitüde« bei MLP und bemängelte »Kommunikationsdefizite«.

Als Termühlen 2003 öffentlich eingestehen musste, dass MLP erstmals in der Firmengeschichte rote Zahlen geschrieben hatte – im Jahr 2001 betrug der Gewinn vor Steuern noch rund 150 Millionen Euro, und das bei einer allgemeinen Talfahrt an den Aktienmärkten, als vor allem die Kleinaktionäre verlustreiche Erfahrungen machten – und der Verlust sich auf 114,5 Millionen Euro summiert hatte, da erntete er »ätzende Kritik« *(Die Zeit).* Den Ruf der Pressevertreter: »Wann treten Sie eigentlich zurück?«, nahm er unbewegt zur Kenntnis.

»An diesem denkwürdigen Tag wäre jeder andere Vorstand eines Dax-Konzerns abgetreten. Aber der stets nach Macht und Anerkennung strebende MLP-Chef bleibt an seinem Sessel kleben«, schrieb das *Handelsblatt.* Was Termühlen nach den Anschuldigungen von *Börse Online* am 16. Mai 2002 nicht geschafft hatte: den Medien bei einer eilig einberufenen Pressekonferenz schlüssig zu vermitteln, dass seine Art der Bilanzierung zwar »kreativ«, aber durchaus rechtmäßig war. So hatte auch die Düsseldorfer Wirtschaftsprüfungs-Gesellschaft RölfsPartner den Wieslochern testiert, dass »die Prüfung zu keinen Einwendungen geführt« habe.

Der Vorstandschef hatte seinen Beleg, dass das praktizierte Rückversicherungsgeschäft für junge Lebensversicherer branchenüblich war. Das war die eine Sache, die andere war, dass Analysten schon damals die Aktie für überbewertet hielten.

Für Lautenschläger war es ein ehernes Gesetz, sich aus dem operativen Geschäft seines Nachfolgers rauszuhalten. Das ging so weit, dass es Lautenschläger hingenommen hatte, beim jährlichen Vertriebskongress nicht mehr das Wort zu ergreifen, bei den »Reisen der Besten« nicht mehr mit den erfolgreichsten Beratern, Geschäftsstellenleitern, Trainern und deren Ehepartnern ein paar schöne Tage zu erleben. Schon Ende der 1970er-Jahre gehörten die »identitätsstiftenden« Ausflüge, von Lautenschläger eingeführt, zum Highlight des Geschäftsjahrs. Italien, Spanien, die Kanarischen Inseln u.a. standen auf dem Programm.

Auch akzeptierte Lautenschläger, dass es keinen Bedarf an seinen Ratschlägen bei Neueinstellungen oder Strukturveränderungen gab. Und ohne zu intervenieren, ließ er zu, dass seinem langjährigen Berater für Werbung, Frank Merkel, der zwanzig Jahre zuvor das MLP-Logo kreiert hatte und ihm längst zum Freund geworden war, die Zusammenarbeit aufgekündigt wurde.

Was er aber nicht hinnehmen konnte: dass sein Unternehmen in den Abgrund rutschte und mit ihm die MLPler, die im Vertrauen auf ihn und den Erfolg von MLP Aktien auf Kredit erworben hatten. Aktien, die jetzt in den Keller stürzten. Sie wollte er vor der Privatinsolvenz bewahren. Mit seinem

Privatvermögen. Auch wenn seine Firma keine 5 Prozent des Höchstwerts mehr wert war.

»Mental war ich nie Milliardär«, beschreibt er heute die damalige Situation, als er den Kreis der reichsten Deutschen verließ. So richtig hatte er da ja noch nie reingepasst, so ohne Jacht im Mittelmeer, ohne Luxusanwesen in Florida, ohne steuervermeidenden Wohnsitz in der Schweiz, ohne Elite-Internate für seine fünf Kinder. Hätte er sich ja alles leisten können. Deshalb verkraftete er den Absturz auch besser als viele andere »Leidensgenossen«: »Irgendwie habe ich mich nach dem Crash auch befreit gefühlt, wieder mit mehr Bodenhaftung.«

Es ist aber nicht nur diese »Bodenhaftung«, die der Werbefachmann Frank Merkel an Lautenschläger schätzt. Dass sich sein »Vorbild« damals bei Termühlen nicht für ihn eingesetzt hat, das war für ihn vollkommen in Ordnung. Es hätte Lautenschlägers Prinzipien der Nichteinmischung widersprochen. Froh ist er darüber, dass die Freundschaft über die Jahrzehnte »zu einem der großartigsten Unternehmer, die ich kenne«, geblieben ist. Als Chef einer eigenen Werbeagentur kennt er viele.

Zwölf Jahre jünger als Lautenschläger, kann er sich noch genau erinnern, als sie beide Geschäftspartner wurden. Es war 1973, Merkel studierte noch Betriebswirtschaft, als er die Agentur »wob« gründete. Über die Industrie- und Handelskammer schaltete er Anzeigen mit Antwortkarten. Jungunternehmer Lautenschläger, der sich zwei Jahre zuvor selbstständig gemacht hatte, war auf der Suche nach einer Werbeagentur. Die ausgefüllte Antwortkarte schickte er an den Adressaten zurück – und hörte nichts. Da Geduld noch nie die herausstechende Eigenschaft Lautenschlägers war, griff der zum Telefon: »Ich wollte nur mal nachfragen, ob ihr wegen Reichtum schon geschlossen habt!« Großes Gelächter und der Beginn einer Zusammenarbeit, die mit dem »strengen Kunden« Lautenschläger wahrlich nicht immer einfach war. Aber Merkel wusste: »Reibung erzeugt Wärme«. Und er wusste auch: »So erfolgreich wird man nicht, wenn man mit Wattebäuschchen um sich wirft.« Vor allem, wenn es nicht schnell genug ging, da konnte Lautenschläger »aus der Haut fahren«, erinnert er sich.

Das kennt auch Lautenschlägers Sekretärin Stefanie Bernhard zur Genüge, und trotzdem kann sie sich keinen besseren Chef vorstellen. Als sie sich vor über zwanzig Jahren bei ihm bewarb, sagte er zwei Tage später zu. Es hatte gepasst. Bis heute »passt es«. Nach all den Jahren der engen Zusammenarbeit siezen sie sich noch immer, er nennt sie Steffi und sie ihn Herr Lautenschläger. Es »passt«, dass der »Chef« immer noch »tausend Ideen im Kopf« hat. Er liest etwas in der Zeitung und stellt sofort ein Projekt auf die Beine. Es »passt«, dass sie in allen Winkeln suchen musste, um einen Aschenbecher beim MLP-Besuch von Kettenraucher Helmut Schmidt zu finden. Es »passt«, dass sie bei ihm auch mal Persönliches vorbringen kann, dass er einen Lapsus entschuldigt mit: »Wo viel gearbeitet wird, da werden auch mal Fehler gemacht.« Für Stefanie Bernhard, die Assistentin, wie es korrekt heißt, hat sich in all den Jahren vor allem eines nicht verändert: »Wenn er einen Raum betritt, dann ist er präsent.«

Sind es diese Präsenz, dieses Zugehen auf andere Menschen, diese Offenheit und auch die Emotionalität, die Lautenschläger zu einem besonderen Unternehmer machen? Für Burkhard Schlingermann, der heute als Arbeitnehmervertreter im MLP-Aufsichtsrat sitzt, ist es schier unglaublich, dass Lautenschläger die 300 ersten Berater mit Namen und Lebenslauf kannte. »Dieser Mann hat ein phänomenales Gedächtnis. Man fragt sich, wo er all die Zahlen, Daten und Fakten herhat.«

Dass Lautenschläger im Kopf schneller ist als andere mit ihren Taschenrechnern, das weiß ganz MLP. Auch, dass man sich auf sein Wort verlassen kann, dass ein Handschlag ebenso viel zählt wie eine Vertragsunterschrift. Dass er das, was er verspricht, auch hält, dass es ihm ein Bedürfnis ist zu diskutieren, die »andere Perspektive des Gesprächspartners« kennenzulernen. »Wenn es eng wurde, dann ist Manfred Lautenschläger nicht als Chef aufgetreten, sondern als einfacher Mitarbeiter. Hierarchien spielten für ihn nie eine Rolle. Er hinterfragte die Dinge, und wenn sie nicht in sein Wertegerüst passten, dann hat er die Reißleine gezogen«, sagt Schlingermann. So wie 2003.

Für Peter Lütke-Bornefeld, der damals das ganze MLP-Fiasko ab der Hauptversammlung 2002 als Aufsichtsrat miterlebte – 2008 übernahm er im Kontrollgremium den Vorsitz –, und seinen Stellvertreter Claus-Michael Dill, der ein paar Jahre später kam, gibt es eine ganz einfache Erklärung: Lautenschläger ist »genetisch Unternehmer«. In Abgrenzung zu den Top-Managern. »Die sind von ihrer Genese her ganz anders.« Sie sind die »Funktionselite«. Und dennoch: »Solche Unternehmer wie Lautenschläger, die findet man nicht so oft, die bereit sind, für das Unternehmen auch große Opfer zu bringen.«

Beide räumen allerdings mit der Vorstellung auf, dass es während der Epoche Lautenschläger nur irgendwie »basisdemokratisch« zugegangen sei. »Er ist ein Mann seiner Generation, der Gründervater, der stabile Ankeraktionär.« Dass seine »ungeheure Integrität« bei ihm eine »Frage der Moral« ist, sehen sie als einen dieser »einfachen Grundsätze«, die sein Handeln bestimmen, die er auf seine Mitarbeiter übertragen hat: »Er hat sich selbst multipliziert.«

Und er übernahm Verantwortung für die verschuldeten Mitarbeiter und Berater. Mit der Fähigkeit ausgestattet, die Vergangenheit hinter sich zu lassen und nach vorne zu schauen, startete er eine unvergleichliche Rettungsaktion. Das hatte nichts mit »strategischen Entscheidungen« zu tun, die ihn so erfolgreich gemacht hatten, hier war er von »Emotionen getrieben« (Lütke-Bornefeld). Lautenschläger drückt es anders aus: »Ich habe einen menschlichen Kompass in mir. Vielleicht weil ich allmählich in die Rolle des Unternehmers hineingewachsen bin. Das hat auch viel mit Glaubwürdigkeit zu tun.«

Geglaubt hatten die Angestellten und die Berater an das Unternehmen. Das einst so lukrative Mitarbeiter-Beteiligungsprogramm hatte viele von ihnen zu Millionären gemacht. Mit den großen Kursgewinnen war auch ihr Vermögen gewachsen. Viele hatten allerdings auf Pump gekauft, auch noch, als die Aktie schon über 100 Euro gehandelt wurde. Das ging so lange gut, bis der Konzern in den Dax aufstieg und die Aktie ins Fadenkreuz aggressiver Hedgefonds geriet, die mit gezielt gestreuten Gerüchten und massiven Leerverkäufen den Wert des Papiers nach unten trieben.

500 Berater standen vor der Pleite, mit insgesamt 100 Millionen Euro Schulden bei den Banken. Die Banken wollten nach dem Niedergang nicht mehr stillhalten und verlangten Zurückzahlung. Das Gerücht von Notverkäufen machte bereits die Runde. Da entschloss sich Lautenschläger zu diesem ungewöhnlichen Schritt: »Die Berater haben die Aktien gekauft im Vertrauen auf meine Firma. Deshalb sah ich mich als Unternehmer in der Verantwortung, sie vor dem Ruin zu retten.« Und ein Unternehmenssprecher stellte fest: »Das Dramatische daran ist, dass es vielfach die Besten sind, die jetzt in der Kreide stehen.«

Lautenschläger vereinbarte mit den Gläubigerbanken einen

Plan und beteiligte sich im Durchschnitt mit 50 Prozent an den Tilgungsraten. Um diese Rettungsaktion zu finanzieren, verkaufte er fünf Millionen seiner Aktien und reduzierte seinen Anteil am Unternehmen von 33,5 Prozent auf 28,9 Prozent. Mehr als 75 Millionen Euro brachte der Verkauf. Mit den Millionen wollte der Großaktionär aber nicht nur seinen Beratern unter die Arme greifen, auch wenn der Löwenanteil auf sie entfiel. Ein Herzenswunsch von ihm war auch der Neubau der Kinderklinik, für dessen Finanzierung er knapp 14 Millionen Euro zugesagt hatte. Und an diese Zusage »aus besseren Zeiten« fühlte er sich auch jetzt noch gebunden.

Auch fast zwanzig Jahre später kursieren immer noch die Geschichten um das »Lautenschläger-Hilfsprogramm«, von dankbaren, aber auch von undankbaren Beratern. Von solchen, die ihn vordergründig als Retter in größter Not hochleben ließen und dabei schon auf dem Absprung zur Konkurrenz waren. Die schon woanders unterschrieben hatten und von Lautenschläger gerne die Bürgschaft in Anspruch nahmen. Es waren vor allem drei Berater, die mit über 1,5 Millionen in der Kreide standen, an die sich Lautenschläger erinnert. Dankbar nahmen sie seine Hilfe an und verschwiegen ihm, dass sie schon, schriftlich fixiert, einen neuen Chef hatten: Bernhard Termühlen. Von diesen Beratern fühlte sich Lautenschläger »hintergangen« und hatte »nur noch kalte Verachtung« übrig.

2006 hatte keiner mehr Schulden durch den Verfall der Aktien; Privatinsolvenzen wurden vermieden. Jürgen Dernbach, Anwalt von Lautenschläger und Ex-Geschäftsführer der Stiftung: »Manfred Lautenschläger hat das Unternehmen nicht nur finanziell, sondern auch menschlich gerettet.« Denn mit dem Weggang von Bernhard Termühlen zog nach den aufgeregten, überhitzten Jahren auch wieder die traditionelle MLP-

Denkweise ein. Das »stabilisierte« Unternehmen stand wieder für Offenheit, Transparenz und Unabhängigkeit. Der Nachfolger Termühlens, Uwe Schroeder-Wildberg, hat nicht mehr lediglich die Börse im Blick, sondern setzt auf eine vernünftige, innovative Firmenpolitik. Es ist nicht die Welt, die er erobern will, es ist die sich wandelnde Gegenwart, die es zu gestalten gilt, damit das Unternehmen auch noch fünfzig Jahre nach seiner Gründung fit für die Zukunft ist. Auf Lautenschläger will er dabei nicht verzichten. Wöchentlich treffen sie sich auf einen Kaffee oder ein Mittagessen zum »Jour fixe«. Für ihn ist er die »Identifikationsfigur«. Auf Schlagzeilen wie »Hunderte Millionen in Minuten vernichtet«, »Dem Kurssturz folgte die Flucht der Kunden«, »Schuld sind nur die anderen« oder »Der alte Glamour ist dahin«, auf diese Headlines kann MLP verzichten. Die sind Vergangenheit.

Dennoch: Eine Schlagzeile in allen Medien dürfte auf Erleichterung gestoßen sein: »Ex-MLP-Chef Termühlen bleibt straffrei«. Das war am 30. Mai 2007, fünf Jahre nach Beginn der Ermittlungen. Das Mannheimer Landgericht hatte das Verfahren gegen den Vorstandsvorsitzenden und zwei weitere Manager eingestellt – gegen Geldauflagen. Aber ähnlich wie der *Mannheimer Morgen* sahen es viele Kommentatoren: Es sei »kein Kavaliersdelikt« gewesen und es bleibe der »bittere Nachgeschmack«, dass »unter Termühlen offenbar die Möglichkeiten der Bilanzierung bis an die Grenzen des rechtlich Machbaren ausgereizt wurden«.

Über drei Jahre lang hatte die Mannheimer Staatsanwaltschaft ermittelt, bis sie 2004 Anklage wegen Verdachts der Bilanzfälschung erhob. Nüchtern kommentierte MLP: »Die Einstellung bestätigt unsere Rechtsauffassung, die wir seit langem vertreten.«

Aber die Ermittlungen hatten auch die internen Schwächen offenbart. Hatten dem termühlensche Wachstumsmodell Grenzen aufgezeigt. So war es u.a. ein Fehler gewesen, die Zahl der Berater und der Geschäftsstellen in kürzester Zeit unkontrolliert zu vervielfachen. Und Experten monierten, dass schon die Bilanz des Jahres 2000 nicht mehr »ohne die extrem progressive Buchführung« ausgekommen sei, dass die »Gewinne nicht mehr aus dem Kerngeschäft, sondern aus dem Rückversicherungsgeschäft und Verkauf von Provisionsansprüchen« resultierten. »Alles legal«, befanden die Wirtschaftsjournalisten, »machte die Bücher aber selbst für die Fachleute kaum noch verständlich.« Der größte Vorwurf an die Adresse von Bernhard Termühlen: »Dilettantisches Krisenmanagement, das mehr verschleierte als offen zu kommunizieren.«

Und sein Nachfolger musste erst einmal das Bilanzchaos beseitigen. Seit bald zwei Jahrzehnten führt Uwe Schroeder-Wildberg ein solides Unternehmen, bei dem Offenheit, Kundenorientierung und Kommunikation großgeschrieben werden. Ganz aus den Schlagzeilen ist MLP nicht verschwunden. Aber die spielen sich auf einer anderen Ebene ab.

VII

IN RUHIGEN FAHRWASSERN

Wenn ein Mann zu einem anderen sagt: »Bitte fassen Sie das jetzt nicht falsch auf: Aber es war bei mir Liebe auf den ersten Blick«, dann lässt das verschiedene Deutungsmöglichkeiten zu. Bei Manfred Lautenschläger gab es nichts zu deuten. Er wusste, als er Uwe Schroeder-Wildberg zum ersten Mal begegnete: MLP und dieser Finanzmensch – »das passt«. Er irrte sich nicht. Da war er wieder, dieser unfehlbare Instinkt, auf den er sich doch all die Jahre so oft hatte verlassen können.

Und er sollte auch dieses Mal recht behalten, als im Dezember 2003 der Aufsichtsrat mit ihm an der Spitze den damals 38-jährigen Schroeder-Wildberg auf den Chefposten von MLP hievte. Dass ein paar Wochen vorher, als in der Presse über die Termühlen-Nachfolge spekuliert wurde, das *Handelsblatt* geschrieben hatte: »Branchenkenner räumen Schroeder-Wildberg wegen fehlender Erfahrung im Versicherungsgeschäft allerdings nicht die besten Chancen ein«, das focht ihn nicht an. Denn für den Firmengründer zählte etwas ganz anderes: »Uwe Schroeder-Wildberg hat in den vergangenen zwölf Monaten sein exzellentes Know-how als Finanzvorstand eindrucksvoll unter Beweis gestellt«, sagte Lautenschläger damals. Unnötig hinzuzufügen, dass ohne den »Mann der Zahlen« – erstmals in der über dreißigjährigen Geschichte von

MLP gab es überhaupt einen Finanzvorstand – das Unternehmen noch weiter abgerutscht wäre.

Aber dann kam Schroeder-Wildberg an die Spitze, und alles wurde anders. Zuerst räumte er mit der »kreativen Buchführung« seines Vorgängers auf, die ein Jahr zuvor die Staatsanwaltschaft auf den Plan gerufen hatte, und baute dann Schritt für Schritt den Konzern um. Er war es, gestützt durch den Aufsichtsrat, der den Wandel von MLP vom »Supervertrieb« unter seinem Vorgänger wieder zum soliden Finanzdienstleister vollzog. Nicht zu jedermanns Freude.

Da gab es zum Beispiel einen Heidelberger Rechtsanwalt und Aktionärsvertreter, der auf der MLP-Hauptversammlung im Jahr 2016 gleich die gesamte Strategie der letzten Jahre infrage stellte und Schroeder-Wildbergs Rücktritt forderte. Jener Anwalt sprach angeblich für die Aktionäre, die den Geist Termühlens vermissten, dessen Kurs ja auf Turbo-Wachstum angelegt war. Der Jurist gab dem Nachfolger die Schuld am »schleichenden und kontinuierlichen Niedergang«. Aktienkurs und Konzerngewinne hätten sich seit dem Amtsantritt Schroeder-Wildbergs nach unten entwickelt. MLP sei an der Börse in die Bedeutungslosigkeit abgestiegen. Das sei nicht den dürftigen Marktgegebenheiten geschuldet, vielmehr seien die Probleme hausgemacht, also Management-Fehler. Der Advokat sprach vom schwächelnden Vertrieb, den »größten strategischen Fehler« sah er im Verkauf der MLP Lebensversicherung (MLP hatte die Tochterfirmen abgestoßen, um den Vorwürfen zu begegnen, nicht mehr als unabhängiger Makler zu agieren). Der Rechtsanwalt rief Lautenschläger dazu auf, »der Zerstörung seines Lebenswerks« nicht länger zuzuschauen. Dass dieser Anwalt mit dem in Schleswig-Holstein lebenden Termühlen in Heidelberg beim Abendessen gesehen wurde, mag reiner Zufall sein.

Von Zerstörung seines Lebenswerks sah Lautenschläger nun wirklich keine Spur. Im Gegenteil. »MLP ist heute ein stabiles Unternehmen, weniger glamourös und lautstark als zur Zeit Termühlens, aber nachhaltig und glaubwürdig. Um die Zukunft mache ich mir deshalb keine Sorgen«, schrieb er all jenen ins Stammbuch, die die Uhr zurückdrehen wollten und die »alte Schule« heraufbeschworen. Jene »alte Schule«, die um die Jahrtausendwende das einst so erfolgsverwöhnte Unternehmen fast in den Abgrund gestürzt hätte. »Niemand hat uns gestoppt, im Gegenteil: Presse, Analysten, die gesamte Börsenwelt hatten uns in den Himmel katapultiert, wie sollten wir auf die Bremse treten?«, sagt Lautenschläger in der Rückschau. »Der Absturz nach der manischen Phase war heftig, aber heilsam.«

»Mit Uwe Schroeder-Wildberg kam ein Finanzmann an die Spitze des Unternehmens, der beim Fintech-Pionier Consors schon einmal die Übertreibungen der Finanzmärkte erlebt hatte«, schrieb damals das *Handelsblatt*. Und Schroeder-Wildberg wusste sich einig mit Lautenschläger: »Qualität geht vor Quantität. Kundenorientierung steht im Mittelpunkt der Strategie.« Eine eindeutige Ansage an Kunden, Aktionäre, MLP-Berater und -Mitarbeiter. Da trat einer auf, der gewohnt war, auch in kritischen Situationen Herr der Lage zu bleiben: analytisch, rational, effizient, konsequent – aber auch mit Empathie. Eben der Mann mit Bodenhaftung, wie Lautenschläger ihn sich gewünscht hatte.

Bereut hat Schroeder-Wildberg seinen Schritt bis heute nicht, auch wenn er um die Jahrtausendwende in Frankreich hätte Karriere machen können. Die Weichen waren schon gestellt. Damals war der promovierte Betriebswirt gerade zum Finanzvorstand der Gruppe Cortalconsors ernannt worden.

Nicht schlecht für einen 37-Jährigen. Und dann kam das Angebot von MLP. Warum er sich dafür entschied? Weil er seit 1996 MLP-Kunde und damit äußerst zufrieden war, weil für ihn MLP positiv belegt war, weil er Heidelberg und seine Umgebung sowieso mochte – und weil er Vertrauen zu Manfred Lautenschläger fasste.

Dabei war die Lage damals alles andere als rosig. Wer will schon in ein Unternehmen einsteigen, das erstmals in drei Jahrzehnten einen gigantischen Verlust verzeichnete, das im Ruf der Falschbilanzierung stand, wo die Staatsanwaltschaft ein und aus ging, wo die Aktie zeitweise über 90 Prozent ihres Wertes verloren hatte, wo spekuliert wurde, wer wohl den Finanzdienstleister über kurz oder lang übernehmen würde? Genau dieses Unternehmen wollte Schroeder-Wildberg neu positionieren. 2003 heuerte er als Finanzvorstand bei MLP an. Ein Jahr später stand er ganz oben. Und er glaubte an den Erfolg.

Die schwierige Situation des krisengeschüttelten Unternehmens schreckte ihn nicht, sie stachelte seinen Ehrgeiz an. Und wieder einmal setzte Lautenschläger auf Vertrauen. Schon als »Herr der Zahlen« hatte Schroeder-Wildberg eine transparentere Bilanzierungspraxis und Informationspolitik durchgesetzt. Was ihn antrieb, das lässt sich mit einem Wort umschreiben: Professionalisierung. Für ihn ein Ding der Unmöglichkeit: dass MLP als Dax-Unternehmen bislang keinen eigenen Mann für die Finanzen hatte. »Das ist unabdingbar, wenn die Perspektive nicht begrenzt sein soll.«

Mit Schroeder-Wildberg sprach sich Lautenschläger klar für einen Gegenpol zu Termühlen aus. Journalisten erinnern sich an die erste gemeinsame Pressekonferenz mit Termühlen und seinem neuen Finanzvorstand: »Während Termühlen schnell

Abstand gewinnen will von der Pressemeute, geht Schroeder-Wildberg auf die Journalisten zu und gibt ihnen seine Handynummer«, schrieb das *Handelsblatt*.

Der Mann, der für »Aufbruch« stand, hatte eine klassische Gesangsausbildung und stand nach einer Banklehre und Studium vor der Entscheidung: Profisänger oder Wirtschaft. Heute singt Schroeder-Wildberg, Vater von drei Kindern, nur noch privat.

Zum 70. Geburtstag Lautenschlägers brachte der eine Karlsruher dem anderen ein wunderschönes Ständchen. Den 300 geladenen Gästen wurde schlagartig klar: Was sich da oben auf der Bühne abspielte, das ist keine Show. Zwischen den beiden herrschte ein menschliches Grundverständnis, eines von jener Art, das wächst, wenn man einen langen, manchmal auch schwierigen Weg gemeinsam geht. Lautenschläger hat den Grundstein gelegt, und Schroeder-Wildberg baute im Sinne des Gründers darauf auf. Offenheit ist dabei sein Credo. Offenheit den Kunden, den MLPlern aber auch Lautenschläger gegenüber.

Dass dieser noch sein großes, ästhetisch-übersichtliches Büro im MLP-Gebäudekomplex hat, könnte man noch als selbstverständlich hinnehmen. Auch dass es auf dem MLP-Campus einen Lautenschläger-Hörsaal gibt, darf unter einer großzügigen Freundlichkeit verbucht werden. Aber ist es üblich, dass der Firmengründer bei Jubiläen der Mitarbeiter eine Video-Botschaft sendet? Ist es üblich, dass er gebeten wird, bei den jährlich stattfindenden Treffen, bei denen sämtliche MLP-ler zusammenkommen, zu sprechen, mit Standing Ovations gefeiert wird und der Vorstandsvorsitzende anerkennend sagt: »Er spricht zu 2000 MLPlern und spricht doch jeden Einzelnen an.«

Uwe Schroeder-Wildberg weiß dies aber auch aus einem anderen Grund zu schätzen. »Manfred Lautenschläger hat die emotionale Kraft eines Gründers«, sagt er. »Und das ist auch gut für das Unternehmen, das gibt Grundvertrauen und Zusammenhalt.« Es dürfte nur wenige Firmen geben, die sich noch in diesen Strukturen bewegen. Das ist es, was bis heute MLP ausmacht: das Anderssein.

Als Schroeder-Wildberg in der damaligen Firmenzentrale »Langer Manfred« Lautenschläger kennenlernte, war ihm nach kurzer Zeit klar: »Hier sitzt einer, der sich keinen Konventionen beugt, der offen ist und keine Spielchen spielt.« Der für die Sache steht, dem es nicht um persönliche Eitelkeit geht.

Die Einschätzung war richtig, wie sich im Lauf der Zeit herausstellen sollte. Da hatte er auch längst erkannt, dass Lautenschläger nicht zwischen »Freizeit und MLP« trennt, dass er zu jeder Uhrzeit ansprechbar ist, dass er sich kümmert und interessiert ist, ohne sich in das operative Geschäft einzumischen: »Es ist ein Segen, dass wir nach vorne denken können, das heißt auch gänzlich neu zu denken.« Die positive Unternehmenskultur schließt das mit ein, die nicht nur – aber auch – geprägt ist von der außergewöhnlichen Freundlichkeit der Mitarbeiter, bei den gemeinsamen Festen in der Zentrale in Wiesloch oder bei Ausflügen ins In- und Ausland, bei denen auch immer noch regelmäßig der Ehren-Aufsichtsrat Manfred Lautenschläger dabei ist.

Als Lautenschläger noch dem Aufsichtsrat angehörte, trafen sich der Fast-Sänger und der Immer-noch-Sportler einmal in der Woche zum Gedankenaustausch. Das wöchentliche Mittagessen gibt es auch heute noch. »Wir sind einen langen Weg gemeinsam gegangen«, sagt Schroeder-Wildberg, »das schafft Nähe.« Dass der mitunter auch »kritische Austausch immer mit offenem Visier in guter Atmosphäre« ausgetragen wurde, ermöglicht diese »Grundloyalität«, von der beide bis heute profitieren. Diese »menschlich saubere« Seite schätzte Lautenschläger an seinem Wunschkandidaten von Anfang an. »Ich kann ihm den Rücken zukehren«, zweifelt der Unternehmergründer keine Sekunde an der Loyalität seines Top-Managers. Dass dieser geschäftlich »immer bedenkt, was unterm Strich rauskommt, immer sehr überlegt handelt«, das ist dabei die andere Seite, die ihn überzeugt.

So wie damals in jenem gefährlichen Jahr 2008, als MLP drohte, seine Unabhängigkeit zu verlieren. Dieses Mal kam der Schlag aus dem Norden. In Hannover hatte sich ein gewisser Carsten Maschmeyer aufgemacht, um sich den badischen Finanzdienstleister einzuverleiben.

Während Lautenschläger von Beginn an großen Wert darauf gelegt hatte, dass MLP kein Strukturvertrieb ist, ging Maschmeyer als Chef und Gründer des AWD (Allgemeiner Wirtschaftsdienst) den anderen Weg – der eine Vermittler profitierte also von den Umsätzen der anderen in einem pyramidenförmigen System. Außerdem: Beide Unternehmen richteten sich an eine ganz unterschiedliche Klientel. Während die Nordlichter auch untere Einkommensschichten im Visier hatten, war MLP nach wie vor auf Akademiker und deren Bedürfnisse spezialisiert.

Trotzdem hatte Maschmeyer Lautenschläger seit Jahren umworben. Dies zu prüfen, war MLP seinen Aktionären schuldig – mit einem eindeutigen Ergebnis: Vorstand und Aufsichtsrat kamen zu dem Schluss, dass eine Kooperation oder womöglich eine Fusion mit dem AWD keinen Mehrwert liefern würde. Ein Strukturvertrieb und MLP – das war wie Feuer und Wasser; beides unter ein Dach zu bringen, war undenkbar.

Aber so schnell gab Maschmeyer nicht auf. Mittlerweile hatte er seine AWD-Anteile an den Schweizer Versicherungskonzern Swiss Life verkauft. Jetzt ging er aufs Ganze. Mit Unterstützung von Banken erwarb er MLP-Aktien und konnte am Ende ein Paket von 26,75 Prozent schnüren. Er lag damit deutlich über der Sperrminorität von 25 Prozent – ein wichtiger Schritt auf dem Weg zur Übernahme. Dieses Paket veräußerte er an Swiss Life und trat mit ihr als Verbündeter gegenüber MLP auf. »Swiss Life und AWD greifen nach MLP«, titelte die *Börsen-Zeitung*, »Schweizer machen sich an MLP ran«, fasste das *Handelsblatt* zusammen. Mit dieser Transaktion wollten die Eidgenossen stärker Fuß fassen auf dem deutschen Markt. Dabei kamen sie aber heftig ins Stolpern.

MLP handelte schnell, effizient und durchdacht: So wurden drei Versicherungskonzerne an einer Kapitalerhöhung beteiligt. Partner, zu denen eine jahrzehntelange Beziehung bestand und die das Geschäftsmodell – die unabhängige Auswahl aus einem breiten Marktangebot – zu 100 Prozent respektieren. Damit sank die Sperrminorität der Schweizer unter 25 Prozent und zusammen mit Lautenschlägers 30 Prozent stand ein noch stärkeres Bollwerk gegen unerwünschte Einflussnahme. Außerdem wurden die Geschäftsbeziehungen mit Swiss Life auf null heruntergefahren, das hieß, MLP-Berater strichen Swiss-Life-Angebote, die sie bis dahin potenziellen Kunden offeriert hatten, gänzlich aus ihrer Palette, und Lautenschläger machte zum wiederholten Male deutlich: »Weder ich noch meine Familie denken daran, Aktien jetzt oder längerfristig zu verkaufen – MLP ist mein Lebenswerk und kein Finanzinvestment.«

Schon zwei Tage später titelte das *Handelsblatt*: »Übernahme scheitert an MLP-Gründer.« Und die *Börsen-Zeitung* schrieb am gleichen Tag unter der Überschrift »Das Urgestein von MLP«: »Lautenschläger ist das unumstrittene Oberhaupt von MLP. Er verkörpert mit seinem Anteil die Unabhängigkeit der Gesellschaft. Mit MLP ist er zu stark verwurzelt, als dass er aus materiellen Beweggründen das Kernstück des Geschäftsmodells, die Unabhängigkeit, aufgeben würde. Denn nach der Übernahme des Rivalen AWD durch die Swiss Life sieht er nun die einmalige Chance, MLP als einzigen unabhängigen Finanzvertrieb zu positionieren. Bei MLP gehöre die Unabhängigkeit untrennbar zur Unternehmenskultur, sagte er im Februar im Gespräch mit der *Börsen-Zeitung*.«

Mittlerweile war auch Swiss Life das gesamte Unterfangen nicht mehr geheuer. Die *Welt* zitierte im Sommer 2008 Analysten, die vor einem »Abenteuer« des Traditionskonzerns warnten: »Sie wollten mit AWD Vollgas geben, stattdessen lassen sie sich nun dort auf eine Schlammschlacht ein.« Eine »Schlammschlacht«, die nicht ohne Folgen blieb. Denn der Aktienkurs der Schweizer brach regelrecht ein. »Jede Ankündigung zur Akquisition oder Beteiligung an den in Deutschland domizilierten unabhängigen Finanzberatern AWD und MLP hat den Aktienkurs von Swiss Life ins Rutschen gebracht«, schrieb damals die Schweizer *Handelszeitung*.

In das Wagnis einer feindlichen Übernahme wollten sich die Schweizer nicht mehr stürzen. Der Forderung von MLP, ihren Anteil unter 10 Prozent zu reduzieren, kamen sie ohne Widerstand nach. Im Gegenzug vertrieb MLP wieder ihre Produkte. 2013 zogen sich die Eidgenossen ganz bei den Wieslochern zurück.

Für Maschmeyer war der Traum vom »größten unabhängigen Finanzdienstleister der Welt« geplatzt. Dass dabei die MLPler als Steigbügelhalter ausschieden, dürfte schon an ihm genagt haben. Und auch, dass er Dividende in Millionenhöhe an MLP zurückzahlen musste. Das hatte nur indirekt mit den Übernahmeplänen zu tun. Maschmeyer hatte für kurze Zeit die Schwelle von 3 Prozent der MLP-Aktien überschritten, aber pflichtwidrig weder das Über- noch das Unterschreiten der Schwelle gemeldet.

»Wer verstehen will, warum es bei Carsten Maschmeyer gern größer und spektakulärer zugeht als im normalen Geschäftsleben, der muss zurückgehen zu seinen Wurzeln. Zur wilden Welt der Finanzvertriebe, wo Firmenjubiläen nicht in der Kantine, sondern in einem Luxusresort in der Karibik gefeiert werden«, schrieb einst das *Manager Magazin*. In dieses »Paralleluniversum« lud er als AWD-Chef Fernsehstars wie Günther Jauch oder Thomas Gottschalk ein, ließ Stars wie Pink auftreten oder bezahlte an Ex-Präsident Bill Clinton mehrere Hunderttausend Euro für einen Gastvortrag. Und mit der Schauspielerin Veronica Ferres als Ehefrau an seiner Seite ist er auch Teil der glitzernden Society-Welt. Für die *Financial Times Deutschland* war er seit der Gründung von AWD im Jahr 1988 »jahrelang der Aussätzige der unbeliebten Drückerkolonne«.

Tausende von Kleinanlegern fühlten sich von Maschmeyer und seinem AWD geschädigt, über deren Schicksal der NDR berichtete. Sie machten den AWD dafür verantwortlich, dass sie durch deren Finanzprodukte viel Geld verloren hätten. Allein das Landgericht Hannover sah sich mit mehr als 800 Klagen konfrontiert.

Für Manfred Lautenschläger hat sich das Kapitel Carsten Maschmeyer längst erledigt. Für ihn zählte immer nur, sein »Lebenswerk« MLP auf- und auszubauen, ihm die Unabhängigkeit zu bewahren und Stabilität zu geben. Das war seine

Antriebsfeder, sein Leben lang. Lautenschläger war unglaublich erfolgreich geworden, musste Enttäuschungen hinnehmen, mit Niederlagen umgehen. In den Jahrzehnten nach der Gründung des Unternehmens war er zur Identifikationsfigur, zum Retter geworden.

Wer so eng mit einem Unternehmen und seinen Mitarbeitern verknüpft ist, der trennt sich normalerweise nur schwer von seinen Posten, der glaubt, dass ohne ihn nichts mehr funktioniert. Nicht so Lautenschläger. Er konnte loslassen. Konsequent in Zehnjahresschritten. Mit sechzig trennte er sich von seinem Vorstandsvorsitz, mit siebzig gab er den Chefposten im Aufsichtsrat ab, und mit achtzig Jahren übergab er 2018 sein Mandat im Kontrollgremium an seinen Sohn Matthias. Auch wenn sich der ausgebildete Diplom-Betriebswirt dem Unternehmen eng verbunden fühlt, eine Karriere hat er hier nicht geplant. Er führt als Geschäftsführer und Gesellschafter seit 2012 den Basketball-Zweitligisten »MLP Academics Heidelberg«. Mit diesem Team will er in die erste Liga aufsteigen. Das ist seine Leidenschaft, dabei will er auch bleiben. Dass ihm MLP trotzdem eine »Herzensangelegenheit« ist, das weiß auch der Vater.

Das trifft auch auf seinen Sohn Maximilian zu, der als Blockchain-Experte ein eigenes Start-up gründete. Er ist Mitglied des Aufsichtsrats der Tochtergesellschaft MLP Finanzberatung SE. »Das ist ein klares Zeichen der Familie zum Unternehmen«, sagt Lautenschläger. Er ist stolz auf seine Kinder – und er setzt auf sie. Im Bewusstsein, dass auch der Nachwuchs nie an Verkauf seiner Aktien – mittlerweile sind alle fünf Kinder beteiligt – denken würde, auch wenn der Ehrenvorsitzende des Aufsichtsrates den weiteren Weg von MLP nicht mehr mitgeht.

Die Kinder sind auf die MLP-Familie im Sinne ihres Vaters

eingeschworen, haben die höchsten Höhen und die dunkelsten Tiefen miterlebt und sind dankbar, dass sie bei ihrer Berufswahl völlig frei entscheiden konnten, nie dem Druck ausgesetzt waren, das »Familienunternehmen« übernehmen zu müssen. Dafür haben sie gelernt, Vertrauen zu haben. Vertrauen in einen Mann wie Schroeder-Wildberg. Die Gründungsidee, eine unabhängige Finanzberatung von Akademikern für Akademiker, ist auch heute noch die Basis für den Erfolg. Aber mit dem neuen Chef wurde die MLP-Gruppe zu einem Partner in allen Finanzfragen.

Die 2000 Berater waren und sind bis heute das Herzstück der Firma. Die Notwendigkeit, sie optimal als »Problemlöser« in allen Finanzfragen auszubilden, hatte Lautenschläger schon früh erkannt. »Nur wer lebenslang lernt, kann auch erfolgreich sein«, ist seine Devise. Zwei Jahre lang dauert die Qualifikation zum »Senior Financial Consultant«, währenddessen die neuen Berater ihr Wissen im Alltag einsetzen können.

Die Gründung der »MLP Corporate University« im Jahre 1999 war der konsequente Schritt in eine Weiterbildung auf Hochschulniveau. Es ist aber nicht nur die qualifizierte Weiterbildung, die MLP eine herausragende Stellung verschafft, sondern auch das umsichtige Agieren von Schroeder-Wildberg. »Mit Wunden lecken will sich der neue Vorstand nicht lange aufhalten«, registrierte die *Börsen-Zeitung*, als Schroeder-Wildberg den Umbau des Unternehmens forcierte.

Kurz nachdem der Neue den Vorstandsvorsitz übernommen hatte, gründete MLP den Geschäftsbereich Betriebliche Altersversorgung und erschloss sich damit einen wichtigen Zukunftsmarkt. Als das Hamburger Unternehmen TPC Teil der MLP Gruppe wird, bedeutet das in dieser Sparte einen zusätzlichen Ausbau. Um die Unabhängigkeit zu stärken, hatte

01 Beim Gesangswettbewerb des „Internationalen Liedzentrums" in Heidelberg übergibt Manfred Lautenschläger (re) im Februar 2020 den 1. Preis an die Sopranistin Nikola Hillebrand. Daneben der Juryvorsitzende Thomas Quasthoff und der Intendant des „Heidelberger Frühlings" Thorsten Schmidt.

---

02 Glückwunsch für den Heidelberger Krebsforscher Harald zur Hausen zum Nobelpreis im Jahr 2008. Manfred Lautenschläger übergab ihm eine Million Euro für die Forschung. Einige Jahre später konnte die mit diesem Geld finanzierte Nachwuchsgruppe am Deutschen Krebsforschungs-Zentrum Erfolg melden. Ein neu entwickelter therapeutischer Impfstoff hilft nicht nur vorbeugend gegen die Gebärmutterhals-Krebs auslösenden Papillomviren, sondern auch, wenn die Krankheit schon ausgebrochen ist.

03 Applaus von den MLP-Jubilaren 2017 beim Hauptseminar in Berlin für Manfred Lautenschläger und Freude auch bei MLP-Chef Uwe Schroeder-Wildberg über 46 Jahre Zuverlässigkeit durch den Gründer.

04 Zum 65. Jahrestag der Auflösung des sogenannten „Zigeunerlagers" in Auschwitz-Birkenau erinnerte Manfred Lautenschläger auf Einladung des Vorsitzenden des „Zentralrates Deutscher Sinti und Roma", Romani Rose, in seiner Rede an die Verbrechen der Nazis. In der Nacht vom 2. auf den 3. August wurden die letzten Insassen, etwa 4300 Frauen, Kinder und Männer, in die Gaskammern getrieben und ermordet.

05 Fit auch noch mit fast achtzig Jahren. Im Frühjahr 2017 erklomm Manfred Lautenschläger mit seinem Rennrad das Hochplateau am Vulkan Teide. Auf 2362 Metern genoss er die spektakuläre Rundumsicht.

06 Keine Abfahrt ist Manfred Lautenschläger auch im fortgeschrittenen Alter zu waghalsig. Wie hier 2013 in Gaschurn im Süden des Montafon.

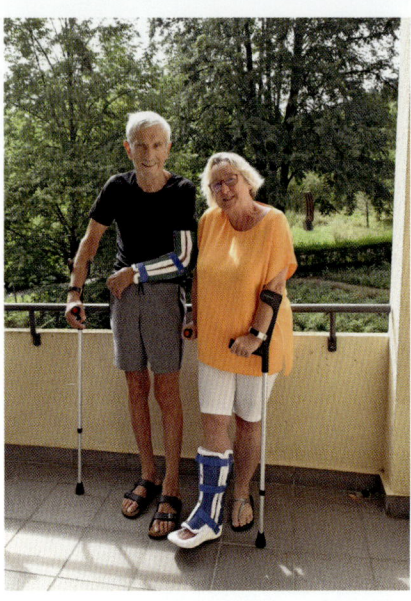

07   Vereint im Leid: Baden-Württembergs Wissenschaftsministerin Theresia Bauer und der MLP-Gründer lagen Zimmer an Zimmer in der Universitäts-Orthopädie in Heidelberg. Lautenschläger musste nach seinem schweren Fahrradunfall 2019 vier Wochen bleiben, die Politikerin durfte mit ihrem beim Wandern gebrochenen Fuß nach einer Woche wieder nach Hause.

---

08   Am 16. Juni 1988 wurde die MLP-Aktie erstmals an der Börse in Stuttgart notiert.

09 Im Hörsaal 13 der Universität Heidelberg hörte der Student Manfred Lautenschläger einst Rudi Dutschke. Jahrzehnte später (2010) sorgte der Ehrensenator mit 1,2 Millionen Euro dafür, dass der Hörsaal umfassend saniert werden konnte. Neben dem Mäzen: Uni-Rektor Bernhard Eitel.

10 Manfred Lautenschläger (re) ist einer der ganz wenigen Menschen in Deutschland, die sich für Sinti und Roma engagieren. Neben vielen anderen Projekten rief er 2008 zusammen mit dem Vorsitzenden des „Zentralrates Deutscher Sinti und Roma", Romani Rose, den „Europäischen Bürgerrechtspreis" ins Leben, der alle zwei Jahre vergeben wird. Am 28. April 2021 ging der Preis an Bundeskanzlerin Angela Merkel für ihren dauerhaften Einsatz gegen Antiziganismus. Coronabedingt ging die Veranstaltung in Mannheim digital über die Bühne. Die Kanzlerin bedankte sich auch beim Preis-Stifter Lautenschläger für sein Engagement.

11   Spenden sind im Benediktiner-Kloster Maria Laach immer willkommen. Zu Bruder Lukas Ruegenberg pflegt Manfred Lautenschläger seit 2006 eine herzliche Freundschaft.

12   Ein Tag, den Manfred Lautenschläger nie vergessen wird: Am 4. Dezember 1944 fielen die Bomben auf seinen Heimatort Mühlburg. Zuflucht hatten er, seine Schwester und seine Mutter im Luftschutzkeller des Gasthauses „Drei Linden" gesucht. Das Haus wurde schwer getroffen, 97 Menschen kamen dabei ums Leben. Die Familie Lautenschläger überlebte und wurde nach 14 Stunden aus dem Keller befreit.

13 Zur Konfirmation 1953 bekam Manfred sein erstes Fahrrad – die Leidenschaft fürs Rennrad sollte ihn sein Leben lang nicht verlassen.

14 Familienfoto ohne Vater, der war 1941 an der Front. Klein-Manfred mit Mutter Lina und Schwester Ilse.

15 Der Geruch von Freiheit: Manfred Lautenschläger beim Segeltörn 1972 auf der Adria.

16 Jung und verliebt auf der Skihütte 1974 mit Freundin Angelika, die kurz danach seine Frau werden sollte.

17 Die Radrennfahrerlegende Eddy Mercks besucht Mitte der 90er-Jahre mit seiner alten Tour-de-France-Mannschaft das Racket-Center in Nussloch, und Lautenschläger zeigt den Profis, was er draufhat.

18 Die Familie Lautenschläger ist 1988 komplett. Im Uhrzeigersinn: Matthias, Angelika, Max, Manfred, Christine, Catharina und Markus.

19 Marc Giradelli gehört zu den erfolgreichsten Ski-Rennläufern aller Zeiten. Als er Manfred Lautenschläger besucht, stieg er ihm zuliebe aufs Rennrad.

20 Ganz entspannt im Hier und Jetzt: Der Vielleser Manfred Lautenschläger in seinem Arbeitszimmer. Die Familie nennt sein Büro auch gerne „Hörsaal". Hier, mit Blick in den großen Garten, fühlt sich der Hausherr sichtlich wohl.

21 Im Originaltrikot des 1. FC Porto stürmt Manfred Lautenschläger als 60-Jähriger in San Sebastian bei einem internen Spiel über den Platz.

22 Als der Dalai Lama 2018 Heidelberg besucht, ist Manfred Lautenschläger sein Tischnachbar beim Mittagessen im kleinen Kreis. Und sie verstehen sich prächtig.

23 Heidelbergs Stadttheater ist renovierungsbedürftig. Wie marode das Gebäude ist, das erklärt dem Mäzen der damalige Intendant Peter Spuhler. Zuvor hatte Lautenschläger schon eine Million in Aussicht gestellt. Der Start einer beispiellosen Spendenkampagne.

24 Am 31. März 2008 konnte dank des Finanzierungszuschusses von 14 Millionen Euro die neue Universitätskinderklinik eingeweiht werden. Die Klinik trägt auf Wunsch der Universität - den Namen von Manfreds Ehefrau Angelika.

25 Der ehemalige Bundeskanzler Helmut Schmidt besuchte im Dezember 1998 auch MLP. Er interessierte sich für den aufstrebenden Konzern, beim MLP-Chef fragte er interessiert nach.

26 Entwicklungshilfe der effizienten Art leistet Manfred Lautenschläger in Äthiopien, einem der ärmsten Länder der Welt. Hier ließ seine Stiftung nicht nur Brunnen und Schulen bauen, hier unterstützt er auch ein einmaliges Sportprojekt. In der Hauptstadt Addis Abeba bekommen begabte Kinder aus den Slums Tennisunterricht, gekoppelt mit Schulbildung und einem warmen Mittagessen. Vor Ort kümmert sich Tariku Tesfaye um das einmalige Projekt, das Kindern eine Chance für die Zukunft gibt.

27   Da knallten die Champagner-Korken vor dem „Langen Manfred", der damaligen Firmenzentrale von MLP. Fünf Mal erkor das *Manager Magazin* den Finanzdienstleister zum „Unternehmen des Jahres". Neben dem Vorstandsvorsitzenden Manfred Lautenschläger strahlt 1993 auch Bernhard Termühlen, der sechs Jahre später MLP-Chef wurde.

28 Zwei, die sich blind verstanden: Am 1. Januar 1971 riefen sie die Marschollek Lautenschläger und Partner GbR (MLP) in Heidelberg ins Leben. Manfred Lautenschlägers Partner Eicke Marschollek verunglückte 1978 tödlich bei einer Schlittenfahrt.

29 Austausch mit dem ehemaligen israelischen Staatspräsidenten und Friedensnobelpreisträger Shimon Peres. 2011 reiste Lautenschläger nach Ramat Rahel. Auf dem südlichsten Hügel Jerusalems informierte er sich über die von seiner Stiftung unterstützten archäologischen Ausgrabungen. Peres lud ihn in seinen Amtssitz ein.

30 Generationswechsel: Manfred Lautenschläger gibt 2018 sein Mandat als Aufsichtsrat des von ihm mitgegründeten Unternehmens MLP ab. Sein Sohn Matthias folgt ihm.

man sich ja von den eigenen Versicherungstöchtern getrennt und sich 2007 im Rahmen des neuen Vermittlerrechts als unabhängiger Makler registrieren lassen.

Als kluger, profitabler Schachzug sollte sich auch die Übernahme von FERI, Deutschlands größtem bankenunabhängigen Berater für private und institutionelle Vermögen, erweisen. Beste Erfahrungen macht das Unternehmen auch mit dem Erwerb der DOMCURA Gruppe und baut damit ein weiteres Geschäftsfeld auf. Als Assekuradeur werden hier umfassende Deckungskonzepte in der gewerblichen und privaten Sachversicherung konzipiert und entwickelt. Schroeder-Wildberg steht auch für den Einstieg ins Immobiliengeschäft. Die Berater sind nicht nur bei der Finanzierung behilflich, sondern vermitteln auch Immobilien. Untermauert wurde dieser Schritt mit der Übernahme des Unternehmens DEUTSCHLAND.Immobilien im Jahr 2019.

Schroeder-Wildberg hat immer an das Unternehmen geglaubt, hat auf Seriosität, Offenheit und ein qualitatives Wachstum gesetzt. Die mehr als 550.000 Familienkunden und 22.000 Firmen- und institutionellen Kunden bestätigen ihn. Aktuell betreut und verwaltet der Konzern ein Vermögen von knapp 50 Milliarden Euro. Und bei Gewinnen von über 50 Millionen Euro jährlich werden zwar nicht die Champagner-Korken knallen, dafür bewahren die MLPler einen klaren Kopf und sind nicht vom »Erfolg besoffen«.

»Zukunftsfest« statt Höhenflügen an der Börse, das ist die neue, die andere Erfolgsformel. »MLP bietet ein so vielfältiges Angebot wie kein anderer Anbieter in Deutschland. Diese Aufstellung bedeutet eine hervorragende Basis für die kommenden Jahre«, ist sich der MLP-Chef sicher. Eine Sichtweise, die auch der Gründer Lautenschläger teilt: »Das Unternehmen hat sich in den letzten Jahren deutlich weiterentwickelt und verfügt über eine nie da gewesene Stabilität.« Wie sehr er das unaufgeregte, effektive Wirken seines Vorstandschefs schätzt, das machte er 2020 deutlich. Er tat etwas, woran er sonst nicht einmal im Traum denkt: Er verkaufte eigene Aktien. Die Familie Lautenschläger schnürte ein Paket von 1,95 Millionen Wertpapieren (1,86 Prozent) für Schroeder-Wildberg. »Wir wollen Uwe Schroeder-Wildberg, der das Unternehmen in den zurückliegenden, teilweise nicht einfachen Jahren entscheidend geprägt hat, auch unternehmerisch noch umfangreicher an MLP beteiligen«, so Lautenschläger. Ein Vertrauensbeweis für den Mann, dessen aktueller Vertrag Ende 2022 ausläuft. Dann wird er 57 Jahre alt sein und seinen Kritikern bewiesen haben, dass auch ein einstiger Surfer-Typ mit Gitarre unterm Arm, der eigentlich Opernsänger werden wollte, ein in die Schieflage gekommenes Unternehmen wieder auf Kurs bringen kann, in ruhiges Fahrwasser – man muss ihn nur machen lassen. Und diese Freiheit gab ihm Manfred Lautenschläger.

VIII

WER REICH STIRBT, STIRBT IN SCHANDE[1]

Die Gespräche plätschern angenehm, lebhaft dahin. Die kleine, illustre Runde kennt sich, sitzt an einer langen, wunderschön gedeckten Tafel in Heidelbergs erstem Haus am Platz. Der »Europäische Hof«, der schon so viel in seiner fast 160-jährigen Geschichte erlebt hat, der die Großen der internationalen Politik ebenso beherbergte wie prominente Künstler, in diesem luxuriösen Hotel sollte es zu einem denkwürdigen Abend kommen an diesem Septembertag im Jahr 2007. Es ist nach dem Abendessen, als Manfred Lautenschläger seiner Tischnachbarin ins Ohr flüstert: »Meinen Sie, mein Gegenüber ist gekränkt, wenn ich jetzt statt meiner 750.000 Euro auf eine Million erhöhe?« Keiner ist gekränkt. Und einer überglücklich: Peter Spuhler, Heidelbergs Theaterintendant, der sich auf die Fahnen geschrieben hat, die marode städtische Bühne vor dem Aus zu bewahren. Lautenschläger war der Erste, der zugesagt hatte, eine Dreiviertelmillion zu geben. Beim Fundraising-Dinner kam der Nachschlag.

Ortswechsel: Wieder gibt es ein Festmahl. Lauwarmer Krimsekt, gefüllte Blätterteig-Taschen, Paprika, Borschtsch, jede

---

[1] Andrew Carnegie: »Das Evangelium des Reichtums«

Menge Süßspeisen. Alles auf einmal serviert im »Heidelberg-Haus« in Simferopol, Heidelbergs Partnerstadt auf der Krim. Manfred Lautenschläger lobt die ausgezeichneten Tomaten, die wirklich mal nach Tomaten schmecken, und fühlt sich wohl. Zusammen mit fünf renommierten Chefärzten des Heidelberger Universitätsklinikums sitzt er im Oktober 2009 am langen Tisch. Dabei sind auch einige alte Frauen, junge Männer, einer davon schwerbehindert im Rollstuhl, und adrette Damen, zurecht gemacht für diese Begegnung, die für sie ein »Ereignis« ist. Maria, die ehemalige Zwangsarbeiterin, von den Deutschen während des Krieges aus der Ukraine verschleppt, ist noch nicht dabei. Die 87-Jährige wird später extra zum Empfang der Medizinischen Universität kommen, wird Lautenschläger mit Tränen in den Augen um den Hals fallen, um ihm, ihrem »Schutzengel«, zu danken. Zu diesem Zeitpunkt war er schon mit der Ehrenprofessur ausgezeichnet worden, hatte zusammen mit dem Gesundheitsminister der Krim vor laufenden Fernsehkameras Interviews gegeben.

Ortswechsel: Die Luft brennt in Addis Abeba. Siebzig Kinder, Jungs und Mädchen wuseln herum, jedes will zeigen, wie gut es mit dem Tennisschläger umgehen kann. Zwischendurch Hürdenlauf auf dem staubigen Boden. Ihre schweißnassen Gesichter strahlen. Als es um das Gruppenfoto geht, wollen alle neben dem »großen, weißen Mann« sitzen, dessen Bild in der bescheidenen Bibliothek des Clubhauses an der Wand hängt. Manfred Lautenschläger ist in diesen heißen Oktobertagen 2012 zum ersten Mal in Äthiopien, einem der ärmsten Länder der Welt. Er will selbst in Augenschein nehmen, was es mit dem Tennisprojekt auf sich hat, das die Kinder aus den Slums holt, wo sie im Clubhaus eine warme Mahlzeit bekommen und Hausaufgaben machen. Und viel trainieren – vor und nach dem Schulunterricht. Der Start in eine bessere Zukunft. Schon seit vielen Jahren engagiert sich Lautenschläger in diesem Land. Gemeinsam mit der Kindernothilfe ließ er achtzig neue Schulen und Brunnen bauen. Innerhalb von fünf Jahren wurden 30.000 Schüler von 200 Lehrern unterrichtet.

Ortswechsel: Der Weg zum Rednerpult ist staubig und steinig. Hunderte von Menschen aus ganz Europa sind an diesem 2. August 2009 in den ehemaligen Lagerabschnitt B II e nach Auschwitz-Birkenau gekommen. Als Manfred Lautenschläger ans Rednerpult tritt, brennt die Sonne unbarmherzig auf die Gäste, darunter einige Überlebende des Holocaust. Lautenschläger spricht zum 65. Jahrestag der Liquidierung des »Zigeunerlagers«. So nannten es die Nazis. 23.000 Sinti und Roma kamen hier ums Leben. Am 2. August 1944 wurden die letzten 3500 ermordet, meist Frauen und Kinder. Lautenschläger steht vor dem Denkmal, zusammengesetzt aus den Backsteinen der einstigen Kamine, aus denen die Leichen der Verbrannten als Rauch aufstiegen. Errichten ließ die Gedenkstätte Vinzenz Rose auf dem Platz, wo die Baracke seiner Eltern stand, in der sie mit tausend anderen zusammengepfercht dahinvegetierten. Vinzenz Rose überlebte Auschwitz, sein Vater ging ins Gas, ebenso wie seine zweijährige Tochter. Die Mutter starb auf dem Transport ins KZ Ravensbrück.

Zur Gedenkfeier nach Polen war Lautenschläger von Romani Rose, Neffe von Vinzenz und Vorsitzender des Zentralrates Deutscher Sinti und Roma, eingeladen worden. 13 Angehörige der Familie Rose hatten die Nazis umgebracht. »In Deutschland ist die Geschichte der Sinti und Roma bis heute viel zu wenig bekannt. Ich bekenne, dass ich als Deutscher meine Verantwortung für die deutsche Geschichte zu übernehmen bereit bin«, sagt Lautenschläger. Verantwortung in der Gegenwart ist für ihn die Unterstützung der Minderheit auf vielfältigen Gebieten. So ist er der Stifter des »Europäischen Bürgerrechtspreises«, der alle zwei Jahre vergeben wird. Ein Signal an die Mehrheitsgesellschaft gegen jede Form der Ausgrenzung.

Ortswechsel: Manfred Lautenschläger liest in der Zeitung, dass in Deutschland 2004 477 Menschen ertrunken sind. Als er seine Sekretärin Stefanie bittet, den Direktor des Uni-Instituts für Sportwissenschaften, Klaus Roth, anzurufen, da ahnt sie schon, was kommen wird, denn es ist ja nicht das erste Mal, dass ihr Chef nach der Zeitungslektüre mächtig in Fahrt kommt und aus ein paar gedruckten Zeilen spontan ein Riesenprojekt wird.

So wie »Schwimmfix«. In dem Lehrbeauftragten am Institut, Klaus Reischle, trifft Lautenschläger auf einen Mann, der die Problematik schon seit Jahren kennt, längst an entsprechenden Plänen arbeitet, um Grundschulkindern das Schwimmen beizubringen. Was ihm bislang fehlte, das war einer wie Lautenschläger, um diese Pläne umzusetzen. Der, wenn er einmal ein Ziel vor Augen hatte, unweigerlich daran festhält und alles tut, um dieses in die Tat umzusetzen, inklusive Mobilisierung der Öffentlichkeit und der Politik.

Fünf Jahre später: ein Höllenlärm in der Schwimmhalle des Olympiastützpunktes in Heidelberg. Hunderte von Kindern johlen und klatschen. Gerade ist Manfred Lautenschläger in das Becken gesprungen und zeigt den Grundschülern, was er als »alter Mann« noch so draufhat. So gut wie er sind sie zwar noch nicht, aber eines zeigen sie beim »Schwimmfix-Festival«: Dass sie sich problemlos über Wasser halten können. Dank eines einzigartigen Konzepts und einer beispielhaften Kooperation zwischen der Heidelberger Universität, der Pädagogischen Hochschule und der Lautenschläger-Stiftung wurden aus kleinen Nichtschwimmern ausgesprochene Wasserratten. Trauten sich im Jahr 2005 bis zu 60 Prozent der Heidelberger Grundschüler nicht ins Wasser, so sind es jetzt nur noch 9 Prozent. Das Projekt überzeugte im ganzen Land. Für den baden-württembergischen Kultusminister ein klarer Fall: »Schwimmfix« sollte überall »implementiert« werden. An der Ausführung hapert es noch immer, und Lautenschläger versteht die Politik nicht.

Es gibt diese Zitate von Lautenschläger, die mit wenigen Worten sein vielfältiges Engagement begründen. Sätze wie: »Man sollte die Verantwortung, die einem auferlegt ist, wahrnehmen und alle Möglichkeiten, die man hat, finanziell nutzen.« Oder: »Früher, da habe ich meine Fantasie eingesetzt, um Geld zu verdienen. Und heute macht es mir Spaß, es sinnvoll auszugeben.« Oder: »Langfristig erfolgreiches unternehmerisches Handeln ist ohne ethische Verwurzelung nicht möglich.« Oder: »Von dem, was mir die Gesellschaft ermöglicht hat, möchte ich ihr einen Gutteil zurückgeben.« Oder: »Beim Stiften geht es um die feste innere Überzeugung des Stifters, immer auch zum Wohle des Ganzen wirken zu wollen.« Oder auch, ganz schlicht und auf Artikel 14, Absatz 2 des Grundgesetzes bezogen: »Eigentum verpflichtet.« Für Lautenschläger folgt aus dieser gesetzlich verankerten Sozialverpflichtung »aktives bürgerschaftliches Engagement«. Und doch geben all die Zitate nur einen Bruchteil dessen wieder, was den Stifter Lautenschläger wirklich bewegt, was ihn so besonders macht im Kreis der Philanthropen.

Als sich der Unternehmer 1999 entschloss, eine gemeinnützige Stiftung zu gründen (in der jetzigen Form existiert die Manfred-Lautenschläger-Stiftung seit 2002), da war seine Firma gerade auf dem Höhenflug. Das Stiftungswesen in Deutschland, das auf eine tausendjährige Geschichte zurückblicken kann, hatte in den davorliegenden Jahren eine Renaissance erfahren. Die Politik schickte sich an, die Rahmenbedingungen für Stiftungen zu verbessern, der Bundespräsident vergab einen »Förderpreis aktive Bürgerschaft«. Das Engagement von Verbänden und Organisationen wuchs.

In den USA sorgten Microsoft-Mitbegründer Bill Gates und seine Frau Melinda für Schlagzeilen, als Gates ein Drittel seines Vermögens, damals knapp 28 Milliarden US-Dollar, in seine Stiftung gab. Der Großinvestor Warren Buffett spendete 31 Milliarden an die Foundation. Zusammen mit Gates hatte er die Initiative »The Giving Pledge« gegründet, die die Milliardäre dieser Welt auffordert, spätestens mit ihrem Tod 50 Prozent ihres Vermögens zu spenden. Buffett will, wie Facebook-Gründer Mark Zuckerberg, 99 Prozent seines Vermögens an die Allgemeinheit abgeben. Gates ist mit 95 Prozent dabei – alles Geld für »wohltätige Zwecke«.

Das Jahr 1999 war nicht nur für Lautenschläger ein besonderes. Eine ganze Reihe von Ereignissen sorgte für Schlagzeilen. So endete im Sommer jenes Jahres die Amtszeit als Bundespräsident für Roman Herzog, der das Volk zwei Jahre zuvor mit seiner »Ruck«-Rede (»Durch Deutschland muss ein Ruck gehen«) hatte aufrütteln wollen. Angesichts von damals knapp vier Millionen Arbeitslosen, Sparpaket und Steuerreform unter Bundeskanzler Gerhard Schröder und seinem rot-grünen Kabinett ein berechtigter Wunsch.

Vielleicht hatte Herzog auch seine eigene Partei im Sinn, die in den Strudel einer riesigen Spendenaffäre geraten war. Was Stück für Stück an die Öffentlichkeit kam: Helmut Kohls Mitarbeiter im Konrad-Adenauer-Haus betrieben seit den 1970er-Jahren ein System geheimer Kassen, aus denen sich der spätere Kanzler nach Gutdünken bediente. Nicht persönlich für sich, aber zu seinem politischen Vorteil. Millionen Euro, vermutlich Gelder aus der Industrie, wurden aus den schwarzen Kassen in der Schweiz weißgewaschen. Jahre später kam die Bestätigung von Wolfgang Schäuble, damals Partei-und Fraktionschef der CDU.

Zuvor hatte der Bundestag einen Untersuchungsausschuss eingesetzt, der jedoch nur wenig Licht ins Dunkel der Affäre brachte. Kohl wollte vor dem drei Jahre lang tagenden Gremium nicht sagen, woher die Millionen kamen, berief sich auf sein »Ehrenwort«, das er den Spendern gegeben habe, wusste auch nichts von der Million des Waffenhändlers Karl-Heinz Schreiber, sah weder einen Verstoß gegen die Verfassung noch gegen das Parteispendengesetz. Der CDU-Skandal zog zunehmend weitere Kreise, auch innerhalb der Partei, die feststellen musste, dass eine ganze Reihe ihrer Landes- und Bundespolitiker darin verwickelt waren.

Als immer offensichtlicher wurde, dass der Ex-Bundeskanzler doch mehr wusste, als er bereit war zuzugeben, gab er auf Druck der Partei seinen CDU-Ehrenvorsitz ab, Schäuble legte seine politischen Ämter nieder, blieb aber im CDU-Präsidium und wurde in Angela Merkels erstem Kabinett Innenminister. Und während die Partei um Schadensbegrenzung bemüht war, schwieg derjenige, der alles hätte aufklären können. Das Geheimnis um die Schwarzgeld-Millionen nahm Helmut Kohl mit ins Grab.

In jenem Jahr 1999 leitete Lautenschläger mit der Gründung seiner Stiftung eine neue Ära in seinem Leben ein. Es war das Jahr, in dem er seinen Vorstandsvorsitz abgab und zum Aufsichtsratsvorsitzenden von MLP gewählt wurde. Jetzt konnte er sich verstärkt seiner Stiftung widmen, die 5 Millionen MLP-Aktien hält und als eine der großen Privatstiftungen Deutschlands gilt. Die unglaubliche Spannbreite, das Hineinwirken in alle Gesellschaftsschichten, das persönliche Interesse an den vielfältigsten Projekten, all das macht die Lautenschläger-Stiftung zu einer ganz besonderen.

Obwohl der geografische Fokus auf der Metropolregion Rhein-Neckar und dort speziell auf der Universitätsstadt Heidelberg liegt, hat Lautenschlägers Engagement doch im Laufe der Jahre auch internationale Strahlkraft erlangt, nicht zuletzt im Hinblick auf die Förderung der Wissenschaft.

»Die Währung des Stiftungsunternehmers ist Vertrauen, nicht Geld. Die finanzielle Förderung ist dem Stifter ein Weg, Menschen und Gedanken zusammenzubringen. Sie ist ihm Vehikel und Werkzeug zum Bau sozialer Netze und Zusammenhänge«, sagt der mit Lautenschläger befreundete Heidelberger Soziologe Volker Then. Und trifft damit den Kern des lautenschlägerschen Mäzenatentums. Einen Ansatz der 68er hat Lautenschläger verinnerlicht: die Vorstellung von einer gerechteren Welt. Sein Credo als Stifter: »Ein besseres Leben gelingt Menschen in unserer Gesellschaft, wenn sie sich einander zuwenden, sich offen und aufrichtig begegnen, ihre Freiheit mit der Verantwortung für andere verbinden und die Solidarität für die anderen nicht aus den Augen verlieren. Im Zusammenleben der Menschen spielen Fragen einer gerechten, ehrlichen und solidarischen Gesellschaftsordnung ebenso eine Rolle wie die Verständigung zwischen den Kulturen. Gerecht ist eine Ordnung, in der Leistung und Vertrauen, Freiheit und Verantwortung, Ehrlichkeit und Solidarität gefördert werden.« Und Lautenschläger fördert aus voller Überzeugung.

Kinder sind die Hoffnung

»Eine große Aufmerksamkeit meiner Stiftung gilt den Kindern und ihrer Entwicklung zu gesunden und gebildeten Menschen«, sagt Manfred Lautenschläger. Wie ernst es ihm damit ist, zeigt das Riesenprojekt an einer Kinderklinik, die den Namen seiner Ehefrau Angelika trägt. Auf Wunsch der Universität. Deren damaliger Rektor Peter Hommelhoff: »Damit wollen wir unsere tiefe Dankbarkeit verlautbaren.«

»Das Jahr 2008 war für das Heidelberger Zentrum für Kinder-und Jugendmedizin ein ganz wunderbares Jahr«, gerät der Direktor des Zentrums, Georg Hoffmann, ins Schwärmen. Denn in diesem Jahr konnte der 50-Millionen-Bau bezogen werden. 13,8 Millionen kamen von der Lautenschläger-Stiftung. »Es war damals die größte Einzelspende, die Klinikum und Universität je erhalten haben, und sie ermunterte auch andere, an die Realisierung großer Ziele zu glauben.«

Mit den bescheidenen Landesmitteln, die lediglich für eine notdürftige Sanierung des alten Gebäudes gereicht und sich über Jahre bei laufendem Betrieb gezogen hätten, »wäre die Heidelberger Kinder-und Jugendmedizin heute nicht im Kreis der führenden europäischen Institutionen«, ist sich Hoffmann sicher.

Geld zu geben, weil man von der Notwendigkeit eines Projekts felsenfest überzeugt ist, das ist das eine. Das andere ist der Wille zur aktiven Gestaltung. Denn Lautenschläger ist durchaus einer, der die Expertise der Fachleute zwar anerkennt, der aber auch überzeugt sein und sich einbringen will. Mit »Feuer und Flamme waren er und seine ganze Familie beim Neubau der Kinderklinik dabei«, sagt Georg Hoffmann. Besonders berührt hat den erfahrenen Kinderarzt, wie »sein Freund Manfred« und auch dessen Frau auf die Familien dieser schwer kranken Kinder zugehen. »Hier bringt er sich in wirklich schwierige Situationen voll und ganz ein.« Und zwar in einer Art und Weise, »die mich Staunen macht. Ich hätte ihn sofort als Arzt oder Psychologe eingestellt.« Jetzt sucht der erfahrene Mediziner seinen Rat.

Auch wenn der Neubau längst steht und mittlerweile erweitert werden musste: Vergessen hat Lautenschläger die kleinen Patienten nicht. Zu seinem 80. Geburtstag bat er seine Gäste, statt Geschenke, an die Stiftung »Courage für chronisch kranke Kinder« zu spenden. Die Gratulanten zeigten sich spendabel: Knapp 50.000 Euro kamen zusammen. Der Mäzen legte noch mal 50.000 drauf. Als der begeisterte Radrennfahrer Lautenschläger sich dann im Juli 2019 bei einer Fahrrad-Benefiztour schwer verletzte und nach einer komplizierten sechsstündigen Operation vier Wochen in der Orthopädie lag, da machten ihm die Klinikkinder das schönste Geschenk: Aus bunten Pappkartons bastelten sie eine »Genesungsgirlande«. Sie kamen ganz von alleine auf diese Idee.

»Genau das ist es.« Manfred Lautenschläger war wie elektrisiert, als er einen Artikel in der *Rhein-Neckar-Zeitung* las, den andere wohl geflissentlich überblättert hätten. Keine Minute später war er schon mit Klaus Roth, dem Direktor des Instituts für Sport und Sportwissenschaften der Universität Heidelberg, verbunden. »Ich habe von Ihrer Ballschule gehört, ich möchte Sie unterstützen«, erinnert sich der Sportprofessor noch genau an das Telefonat im Januar 2002. Eine Unterstützung, von der mittlerweile mehr als eine halbe Million Kinder im Alter von drei bis elf Jahren allein in Deutschland profitieren.

Das Projekt »Ballschule« war schon vier Jahre zuvor aus der Taufe gehoben worden, das »Kindersportprogramm für alle«

dümpelte allerdings nur vor sich hin, bis dieser Anruf von Lautenschläger kam. Der, so erinnert sich Experte Roth, gab ihm den guten Rat: »Sie müssen das Projekt erst einmal regional stark machen. Die Anfragen und die interessierten Partner kommen dann ganz von alleine.« Eine »wegweisende« Erkenntnis.

Was die »Ballschule« will und was Lautenschläger mit »Herz und Verstand« (Roth) unterstützte: Kindern mehr Bewegung verschaffen, ihre soziale und geistige Kompetenz fördern, ihnen ein höheres Maß an Chancengleichheit und damit Bildung bieten. Was die Wissenschaft aufgrund zahlreicher Studien zutage fördert, die Verbindung von Sport und kognitiven Fähigkeiten, um diesen Zusammenhang wusste Sportfanatiker Lautenschläger aus dem »Bauchgefühl« heraus. Den medizinischen Klagen, dass die Kinder immer dicker, immer bewegungsärmer, immer träger und kranker werden, wollte er ein »Es geht so einfach anders« entgegensetzen. Er bedauert den Nachwuchs, der keine Chance mehr hat, auf der Straße zu spielen, sich zu messen, zu kicken. Vergessen hat er nie, wie sie sich als Jungs auf der langen Philippstraße in Mühlburg um den Ball aus Lumpen kloppten, wie sie auf die Kellerfenster, die als Tore herhalten mussten, kickten. »Diese frühere Straßenspielkultur ist heute aus dem Tagesablauf unserer Kinder so gut wie verschwunden. Dafür verbringen sie heute an die vierzig Stunden vor dem Bildschirm«, sagt der Experte Roth. Dass der Nachwuchs dazu noch ungesundes Essen in sich hineinstopft, ist eine Tatsache. Dass der Mäzen in diesem Sinne auch Programme auf den Weg gebracht hat, die sich auf die Vermittlung von gesunder Ernährung konzentrieren, ist quasi ein »Nebenprodukt«.

Die »Straße« zurückzuholen, in die Kindergärten, die Vereine, die Schulen – das ist die Intention der »Ballschule«. Was da gefördert wird: die kindliche Entwicklung, die Vielseitigkeit, das Lernen und die Freude. Und wer einmal die Sechs- bis Elfjährigen erlebt hat, wie sie begeistert dem Ball hinterherrennen, wie sie damit spielerisch kreativ umgehen, wie sie taktisch ihre Mitspieler »austricksen«, wie sie alles um sich herum vergessen, der kann verstehen, dass dieses Modell Schule machen musste. Und dass Lautenschläger von der ganzen Sache begeistert war. »Er war der Einzige, der anrief, ob er helfen kann«, erinnert sich Roth.

Den »inhaltlichen Input« Lautenschlägers kann Roth dabei gar nicht hoch genug einschätzen. »Der Mann hätte auch Sportprofessor« werden können, ist sich der Wissenschaftler sicher und verweist auf die »einzigartige Erfolgsgeschichte« seiner Ballschule, die mit dem Anruf Lautenschlägers begann. Und von Anfang an hatte Lautenschläger die Förderung von körperlich und sozial Benachteiligten fest im Blick. Für den Wissenschaftler ist Lautenschläger ein »toller Partner«. Weil er »authentisch ist« und sich »besser als manche Fachkollegen in die Problematik hineindenken kann«. Dass es mittlerweile sogar eine »Baby-Ballschule« gibt, geht auch auf die Anregung Lautenschlägers zurück.

Mit einer theoretischen Idee und den Resultaten trainingswissenschaftlicher Studien ist eines der größten sportwissenschaftlichen Transferprojekte entstanden. Nicht nur in Lautenschlägers Region »Rhein-Neckar«, sondern national und international hat sich die »Ballschule« von Heidelberg aus fest etabliert. Einrichtungen gibt es mittlerweile u.a. in Japan, China, den USA, Brasilien, Äthiopien, Österreich, der Schweiz und den Niederlanden. Aber auch in Simferopol, der Partnerstadt Heidelbergs auf der Krim, auf die Lautenschläger ein ganz besonderes Augenmerk gerichtet hat.

In Deutschland wird das Programm der »Ballschule« – übrigens das einzig evaluierte dieser Art – mithilfe von elf Zentren in mehr als 300 Sportvereinen und in unzähligen Kooperationen mit Bildungseinrichtungen angeboten. Mit Lautenschlägers Hilfe konnten 5000 Erzieher/innen, Sportlehrer/innen oder Vereinsübungsleiter/innen fortgebildet werden. Das Konzept fand Aufnahme in fast alle Schullehrpläne.

Es gibt keinen Sportstudenten, der das Projekt nicht kennt. Dazu trägt auch der von Lautenschläger initiierte und geförderte Masterstudiengang »Sport und Bewegung im Kindes- und Jugendalter« bei. Erstmals 2011 mit großem Erfolg an der Heidelberger Universität und am Karlsruher »Institut für Technologie« angeboten. Es war der erste Studiengang, den die Heidelberger und die Karlsruher Universität gemeinsam anboten. Wer die Hochschule verlässt, hat das Fachwissen, wie die motorischen, sozialen und kognitiven Kompetenzen von Kindern positiv beeinflusst werden können.

»Ich erwarte nicht, dass man vor Dankbarkeit vor mir auf die Knie geht«, sagt Lautenschläger. »Was ich aber erwarte, ist, dass das von mir geförderte Projekt anständig betrieben wird.« In Klaus Roth fand der »Anwalt für die Kinder« diesen engagierten Mitstreiter, der aus der »Ballschule« einen Exportschlager machte. Gemeinsam haben sie so vieles erreicht. Nur eines ist nicht gelungen: dass sich das Konzept selbst trägt. Für Lautenschläger ein »gesellschaftliches Armutszeugnis«.

Wo in Äthiopien Tennistalente schlummern

Aber deshalb aufgeben? Niemals. Warum sich aber ausgerechnet in Äthiopien für eine bessere Welt einsetzen? Weil es eines der ärmsten Länder der Welt ist. Weil es so etwas gibt wie Glaube, Liebe, Hoffnung. Glaube in die Kraft der Menschen, Liebe zu den Kindern und Hoffnung auf eine bessere Zukunft. Deshalb Äthiopien. Deshalb engagiert sich dort eine Handvoll Deutscher aus Heidelberg, die aus den unterschiedlichsten Fachrichtungen kommen und deren Aktivitäten doch wunderbar ineinandergreifen – zum Wohle dieses gebeutelten Volkes. Was sie alle verbindet, ist ihr soziales Engagement.

Dass Lautenschläger 2012 bei seinem Besuch in Addis Abeba gleich eine größere Delegation miteingeladen hatte, das hatte seinen Grund. Denn nach wenigen Tagen stand fest: Das Tennis-Projekt samt Schulbildung für die Ärmsten der Armen kann fortgeführt, ein junger äthiopischer Arzt in Heidelberg ein Jahr lang ausgebildet und die »Ballschule« in Position gebracht werden. Und so ganz nebenbei wurde im »German House« der Deutschen Botschaft anlässlich eines Festakts noch der »Circle of Friends for Ethiopia« gegründet. Die Schirmherren: Manfred Lautenschläger und Haile Gebrselassie. Den ehemaligen Weltklasseläufer, vielfachen Weltmeister, Olympiasieger und Weltrekordler, der in seinem Heimatland als Nationalheld verehrt wird, von der Sinnhaftigkeit des ausländischen Engagements jenseits von Regierungseinflüssen zu überzeugen, dazu brauchte es keine Überredungskunst. Und auch nicht, mit einem Freundeskreis die Tennis-Initiative auf ein solides Fundament zu stellen, das vor allem von Äthiopiern getragen werden soll.

Was Lautenschläger mit dieser kurzen Reise erreicht hatte:

Brücken zu schlagen, Menschen zusammenzubringen, die sich sonst nicht begegnet wären. Das zu erleben, dazu hätte es zwar nicht dieses Flugs nach Afrika bedurft. Aber hier manifestierte sich – wieder einmal – der Sinn seiner Stiftung, die sich nicht als bloße Unterstützerin sieht, sondern das Ziel hat, etwas Innovatives, Nachhaltiges zu schaffen. Wie eben dieses Tennis-Bildungsprojekt für die Kinder aus den Elendshütten, die in der Armutsspirale festhängen, deren Weg unweigerlich vorgezeichnet ist und der oft in die Kleinkriminalität oder bei Mädchen in die Prostitution führt.

»Manfred Lautenschläger hat die Begabung, Netzwerke zu knüpfen, Synergien zu heben und beides sinnvoll zu nutzen«, lobt Matthias Zimmermann den Stifter. Von dem promovierten Betriebswirt, der seit über zwanzig Jahren das von Lautenschläger gegründete »Racket-Center« in Nussloch, nahe Heidelberg, als Geschäftsführer leitet, hörte er zum ersten Mal von Tariku und Desta Tesfaye. Diese zwei erfolgreichen äthiopischen Tennisspieler, Davis-Cup-Spieler und Afrika-Meister haben es sich zu ihrer Lebensaufgabe gemacht, Kinder von den Straßen und aus den Blechhütten Addis Abebas zu holen. Durch die Verbindung zwischen der Deutschen Botschaftsschule in der äthiopischen Hauptstadt und dem Gymnasium Sandhausen, unweit von Nussloch gelegen, kam es dazu, dass zu Pfingsten 2008 Tariku Tesfaye mit sechs seiner damals zwanzig Tennis-Kinder ins »Racket-Center« kam.

Lautenschläger, von den Kindern und dem Projekt begeistert, griff wieder einmal zum Telefonhörer. Zur Kindernothilfe und dessen Geschäftsführer hatte er ja seit der gemeinsamen Aktion des Schul- und Brunnenbaus im fernen Land beste Kontakte. Mit einiger Überredungskunst konnte er die Organisation dazu bringen, diese doch sehr außergewöhnliche

Unternehmung mit zu finanzieren. Das war die Geburtsstunde des Tennis- und Lernzentrums »Ethiopian Kid's Tennis Programme« für siebzig Kinder.

»Ich bin überwältigt«, sagte Lautenschläger, als er vier Jahre später auf dem einfachen Tennisplatz stand. »Es ist ein Riesenunterschied, ob man so etwas unterstützt, weil man davon gehört hat, dass da etwas für Kinder getan wird. Oder ob man sich selbst einen Eindruck verschafft.«

Beeindruckt war er von den Acht- bis Zwölfjährigen, die sich morgens in aller Herrgottsfrühe auf den kilometerlangen Weg zur Tennisanlage machen, vor dem Schulunterricht trainieren, sich auf ihr warmes Mittagessen freuen, um danach wieder die gelben Filzbälle über den Platz zu schlagen und anschließend noch Englisch und Mathematik im Förderunterricht zu pauken. Das setzt eisernen Willen und eine gewaltige Disziplin voraus. Der junge Yonas Gebre hatte diesen Ehrgeiz, wusste sein Schulstipendium zu nutzen, legte ein ausgezeichnetes Abitur ab, auf das er sich in der Elendshütte seiner Familie »bei Kerzenlicht auf einer Matratze zwischen Hühnern sitzend mit unbändigem Fleiß vorbereitet hatte«, wie Zimmermann erzählt. Im gleichen Jahr kam die Einladung aus den USA. Ein Kind aus den Slums machte dort als erster äthiopischer Tennisstipendiat Karriere. Gewann Turniere, machte seinen »Bachelor of Arts« in »Business Administration«, setzte noch einen Masterabschluss drauf und darf stolz auf seinen »Arthur Ashe Award« sein. Verliehen für Führungsstärke und Sportlichkeit und die größte Anerkennung, die ein US-College-Tennisspieler erreichen kann. Im Jahr 2020 erhielt er die Auszeichnung »Most valuable player of the decade« des US-amerikanischen College-Tennis-Verbandes.

»Nur über den Tennissport war diese Chance möglich«, erzählte der junge Äthiopier später, als er wieder einmal im »Racket-Center« zu Besuch war. Und über die Bildung, auf die Lautenschläger so viel Wert legt. Mittlerweile hat auch das afrikanische Land das Tennis-Bildungsprojekt anerkannt, das nach Jahren der Förderung auch ohne die große Unterstützung der Lautenschläger-Stiftung gut läuft. Ein kleiner Kreis äthiopischer Sponsoren hilft, so gut es geht.

Zum Nusslocher »Racket-Center« ist der Kontakt nie abgebrochen. Jedes Jahr kommt Tariku mit einer Handvoll seiner Tenniskinder. Die Mädchen und Jungs messen sich dann in Turnieren, gehen aber auch in die Schulen, berichten von zu Hause und davon, dass für sie Lernen keine notwendige Pflicht ist, sondern ein »Geschenk des Himmels«. Und von Lautenschläger. Denn bis 2025 finanziert seine Stiftung ein Schulstipendium für dreißig Kinder der »zweiten Generation«. Sie alle eifern Yonas nach, das Abitur fest im Blick. Einige werden es wieder schaffen. So wie Dinkenesh Tameru, die nach ihrem Schulabschluss eine Zeit lang in Deutschland lebte, sich gegen den patriarchischen Willen ihres Vaters, einen Mann seiner Wahl zu heiraten, durchgesetzt hat, deren Traum es ist, Tennislehrerin zu werden, und die das »Racket-Center« als ihre Heimat bezeichnet.

Aber sie wird eines Tages wieder zurückgehen nach Äthiopien, wird Tariku und Desta Tesfaye unterstützen, um ihren jungen Landsleuten eine Chance für die Zukunft zu geben. Mit Sport und Bildung. Sie wird davon erzählen, wie dieses einmalige Projekt Blüten treibt, wie sich Schüler in Heidelberg und Umgebung mit Äthiopien beschäftigen, wird von den dortigen Spenden berichten und davon, wie Freundschaften über Tausende von Kilometern haltbar sind.

Die Entwicklungshilfe der effizienten, der ganz anderen Art

setzt auf Sieg für die benachteiligten Kinder des Landes, das rasant wächst und in dem weit über hundert Millionen Menschen leben. »Ohne Manfred Lautenschläger wäre die Welt ärmer«, ist Zimmermann überzeugt. Kein Wunder, dass im Clubhaus von Addis Abeba sein Bild hängt.

Und das »Racket-Center«? Dorthin wird Dinkenesh Tameru immer wieder zurückkommen, sofern es ihr möglich ist. Am liebsten, wenn der MLP-Cup ausgetragen wird, wo es um Weltranglistenpunkte geht.

Einer ist bereits zurückgekommen. Nach seinem Masterabschluss in den USA kam Yonas im Mai 2021, kurz vor Drucklegung dieses Buches, zunächst als Tennistrainer, zurück ins Racket Center Nußloch. Er will deutsch lernen und anschließend in Deutschland ein weiteres Studium beginnen.

»… und mach was draus«

Dass dieses »Racket-Center« schon seit vielen Jahren kein reines Tenniscenter mehr ist, wie ursprünglich geplant, das hängt viel mit seinem Besitzer zusammen, mit dessen Gespür für Vernetzung und für Menschen, denen er vertraut. So wie Matthias Zimmermann.

Der war als Sportökonom gerade dabei, sich als Wissenschaftler in Bayreuth zu etablieren, als Lautenschläger ihn anrief. Das »Racket-Center« kannte er von seinem Praktikum her, und der angebotene Job klang durchaus reizvoll. Hier konnte er praktisch das umsetzen, was er jahrelang studiert hatte. Was dann kam, schmeckte nicht immer süß. Denn Lautenschläger, den er als »Vaterfigur mit hohen Ansprüchen« bezeichnet, vermittelte ihm erst einmal eine »harte, aber herzliche Management-Schule«. Was ihm gefiel: Da saß ihm einer gegenüber, dessen Interesse sich nicht nur auf den reinen Sport konzentrierte, sondern der sich in Geschichte, Literatur, Kunst und Philosophie bestens auskannte. Alles Themengebiete, die ihn selbst interessierten. Dass er dabei »Dinge weitergab, die man in der modernen Management-Literatur« liest, das faszinierte den jungen Mann. Und als Lautenschläger ihm noch mit den Worten motivierte: »Gib Geld aus, und mach was draus«, war sein Berufsglück perfekt.

Seit über zwanzig Jahren gibt Zimmermann Geld aus. Und kann sich dabei auch »zu hundert Prozent« auf seinen Chef verlassen. Die engen Absprachen empfindet er dabei nicht als Gängelung, sondern als notwendigen Austausch. Was er dabei erreicht hat: Eine der schönsten Sport- und Freizeitanlagen für die ganze Familie, in der im Fitnesscenter sportliche Athleten neben körperlich Behinderten trainieren, wo im Wellnesscenter Entspannung pur angesagt ist, wo ausgebildete Fachkräfte in Therapie-und Präventionseinrichtungen für die Menschen da sind, wo aber auch in Experten-Vorträgen Wissenswertes über Kultur und Gesundheit, Philosophie und Wissenschaft vermittelt wird. »Wir wollen, dass unsere Kunden die eigenen Möglichkeiten zur Gestaltung eines erfüllenden Lebens entdecken und für sich nutzen«, sagt Zimmermann und weiß sich mit Lautenschläger einig. Lohn und Anerkennung für dieses anspruchsvolle Programm: Verleihung der Auszeichnung »Bestes Fitnesscenter Deutschlands 2018«.

»Wenn Lautenschläger ins ›Racket-Center‹ kommt, dann brennt die Luft«, macht er dem Unternehmer eines der Komplimente, die nicht aus Anbiederung gespeist sind, dazu ist der Geschäftsführer zu selbstbewusst, sondern aus Überzeugung. Weil er dann erlebt, wie Lautenschläger auf die Menschen zugeht, ihnen Tipps gibt, und weil er den Aktiven dort zeigt, was an den Geräten auch mit über achtzig Jahren möglich ist. Ganz wichtig ist beiden dabei, immer wieder neue Weg zu beschreiten und Zeichen zu setzen. So wie mit dem durchschlagenden Konzept von »OnkoAktiv«, das zusammen mit Wissenschaftlern des Heidelberger »Nationalen Centrum für Tumorerkrankungen« (NCT) auf den Weg gebracht wurde. Das Ziel: Speziell ausgebildetes Personal unterstützt während oder nach der Therapie mit einem individuell passenden Bewegungsangebot die Krebskranken, um ihnen den Wiedereinstieg in ein aktives Leben zu ermöglichen. Das wohnungsnahe Sportzentrum eignet sich dafür ideal. Nicht nur für die körperliche Betätigung, sondern fördert auch den Austausch zwischen den Betroffenen. Das »Racket-Center« bot sich als erstes Partnerzentrum für »OnkoAktiv« an. Mittlerweile hat sich das Programm fest etabliert und wird an über sechzig Standorten in ganz Deutschland angeboten. Nicht nur die Patienten profitieren davon, sondern auch die Wissenschaft in ihren Untersuchungen von Bewegung als Krebstherapie.

Und hier schließt sich der Kreis des Netzwerkers Lautenschläger, der Menschen zusammenbringt, die sich vorher nicht kannten, geschweige denn je zusammengearbeitet haben. Zum Wohle der Wissenschaft, die auf den Menschen ausgerichtet ist.

»Wissen – der einzige Rohstoff, den wir haben«

Wieder einmal eine dieser Diskussionen im Universitätsklinikum, die auf dem Terminkalender stand. Sicher, die Gespräche waren spannend, aber auch anstrengend. Und irgendwann am Abend, als einige der Experten schon müde auf die Uhr schauten, um auch ja noch ihren Zug zu erreichen, saß Lautenschläger immer noch »höchst agil, höchst wach dazwischen und forderte mit seinen Fragen das Maximum von allen Beteiligten«. Peter Nawroth, damals stellvertretender Ärztlicher Direktor des Heidelberger Uni-Klinikums, erinnerte sich daran an Lautenschlägers 70. Geburtstag voller Hochachtung. Nein, zuhören, abschweifen, abnicken – das ist nichts für den Mann, der seit 1999 ununterbrochen im Aufsichtsrat der Uni-Klinik sitzt. Als »externes Mitglied aus der Wirtschaft« meldet er sich nicht nur in unternehmerischen Fragen zu Wort, sondern redet auch inhaltlich mit. Dass sich das eine oft genug mit dem anderen ergänzt, ist durchaus von den Medizinern gewünscht.

Aus persönlicher Erfahrung – seit seiner Pankreas-Operation ist er ja selbst Diabetiker – weiß er um die schweren Langzeitschäden der Zuckerkrankheit wie Nierenversagen, Herzinfarkt, Amputationen und Erblindung. Für die acht Millionen Diabetiker in Deutschland fehlte es aber im Jahr 2002 noch an grundlegenden wissenschaftlichen Erkenntnissen, um die Krankheit abzumildern oder wirksam verhindern zu können. Als es darum ging, ein interdisziplinäres Forschungszentrum aufzubauen, bei dem Chirurgen mit Internisten eng zusammenarbeiten, da fand die Klinik in Lautenschläger ihren Stifter für die groß angelegte Studie. Er gab 1,2 Millionen Euro. »Weder die pharmazeutische Industrie noch die staatlichen Förderer standen dafür zur Verfügung«, stellte der Endokrinologe Nawroth damals ernüchtert fest.

Hätten die Ärzte darauf gebaut, dann wäre es auch nie zu diesem »Brückenschlag« zwischen Medizin und Sportwissenschaft gekommen. Wieder einmal kam der Auslöser durch einen Anruf Lautenschlägers. Der machte den Gefäßspezialisten auf die »Ballschule« seines Professoren-Kollegen Klaus

Roth aufmerksam und dessen Bemühungen, durch spielerische Aktivitäten gegen das Übergewicht anzukämpfen. Nicht unwichtig, gerade auch im Hinblick auf die Zuckerkrankheit. Obwohl Klinik und Sportinstitut nicht weit auseinanderliegen, kannte Nawroth weder Roth, noch hatte er von der »Ballschule« gehört. Kurze Zeit danach kamen sein eigenes Team, die Teams des Sportwissenschaftlers, eines Sportmediziners, des Kinderklinikchefs Georg Hoffmann und Ernährungsberater zusammen. Ein Jahr lang untersuchten die Wissenschaftler, inwieweit Bewegung, Ernährung und Sport hilft, nicht nur Gewicht zu verlieren, sondern auch veränderte Gefäßfunktionen zu normalisieren.

Ein Thema, das auch den Internisten Helmut K. Seitz interessierte. Auch er war in Äthiopien damals auf Einladung Lautenschlägers dabei. Für den Heidelberger Chefarzt, der immer seinen Arztkoffer auf seinen zahlreichen Fernreisen dabeihat und in den entlegensten Gebieten seine provisorischen Sprechstunden für die Einheimischen anbietet, war die Reise nach Addis Abeba eine gute Gelegenheit, mit wissensdurstigen Kollegen in Kontakt zu kommen. Kollegen, die zwar viel Enthusiasmus für ihren Beruf entwickeln, denen aber ihre Ausbildung Grenzen setzt. Hier »Hilfe zur Selbsthilfe« anzubieten, bot sich für Lautenschläger wie auch für Helmut Seitz an. Nachdem einige bürokratische Hürden genommen waren, konnte einige Monate später ein junger afrikanischer Mediziner am Heidelberger Krankenhaus Salem, dessen Ärztlicher Direktor Seitz war, in die »Lehre« gehen, beim Chef persönlich, dessen Spezialgebiet die Gastroenterologie ist und der zu den führenden Experten gehört. Ein Jahr lang konnte sich der Äthiopier ein umfangreiches Wissen aneignen, um es dann in seinem Heimatland an seine dortigen Kollegen weiterzugeben. Den Aufenthalt am Neckar hatte Lautenschläger bezahlt.

Bei Helmut Seitz ist Lautenschläger selbst bis heute Patient, und er unterstützt ihn bis heute bei seiner Forschungstätigkeit auf einem ganz anderen Gebiet: der Alkoholforschung. Denn Seitz ist nicht nur ein anerkannter Mediziner, sondern weltweit einer der renommiertesten Alkoholforscher. Dem »Zentrum für Alkoholforschung« am Uni-Klinikum, das er aufbaute und dessen erhebliche gesellschaftliche Relevanz unbestreitbar ist, mangelte es an Geld. Geld, um die Gefahren des übertriebenen Konsums publik zu machen, Geld, um herausragende Forscher zu unterstützen, Geld, um die Wissenschaft voranzutreiben, um Zusammenhänge zu erkennen und neue Ansätze zu entwickeln.

Was Lautenschläger immer gestört hat: Cannabis und andere Drogen werden – zu Recht – verteufelt, die alltägliche Droge Alkohol aber wird ignoriert. »Das kann doch nicht sein, dass in die Alkoholwerbung viel Geld, in die Forschung aber so gut wie nichts investiert wird«, konnte ihn die Argumentation von Seitz überzeugen.

Heute vergibt eine unabhängige internationale Jury von Experten alle zwei Jahre den »Manfred-Lautenschläger-Preis für Europäische Alkoholforschung«, weltweit ist er der höchst dotierte Preis auf diesem Gebiet. Dass Helmut Seitz sich mittlerweile auch in den Kreis der Preisträger einreihen darf, das ist seiner Expertise und nicht der Freundschaft mit dem Stifter geschuldet. Künftig wird die herausragende Anerkennung den Namen des Wissenschaftlers tragen.

Als Arzt ist Seitz mit seinem »ungewöhnlich disziplinierten Patienten« zufrieden. Wie der seine »Blutzuckerwerte im Griff und damit seine Gefäße gerettet hat«, das sei vorbildlich.

Klar sei er manches Mal anstrengend, weil er »seinen eigenen Kopf« habe. Das hindert den Arzt und Freund aber nicht daran, für Lautenschläger »Tag und Nacht« da zu sein und mit ihm auch durch schwierige Situationen zu gehen. Wie vor einigen Jahren, als Lautenschläger an einer schweren Sepsis erkrankte, die für 40 Prozent der Betroffenen tödlich verläuft.

Beim Sport, so empfiehlt der Mediziner, könne Lautenschläger allmählich schon ein bisschen kürzertreten. Für den ist das jedoch keine Option: »Ich bin noch nie über meine Grenzen hinausgegangen.« Probleme mit dem Altern weist der immer noch jugendlich wirkende Ü-Achtziger von sich: »Ich weiß, ich bin auf der Zielgeraden, leiden will ich nicht. Aber wenn ich mir eine Todesart aussuchen könnte, dann möchte ich mit 97 mit einem Herzinfarkt auf dem Golfplatz tot umfallen.«

Bis dahin gönnt der gestrenge Alkoholforscher seinem Unterstützer auch sein tägliches Gläschen Wein. Und Seitz wird den Teufel tun, ihm das zu verbieten. Er käme auch nicht weit. Hat doch sein Patient ein unschlagbares Gegenargument: »Meine Leberwerte sind glänzend.« Da kann auch der Medicus nicht widersprechen. Schließlich kontrolliert er ja höchstpersönlich regelmäßig seine Blutwerte.

Was ist es, das den Ehrensenator der ältesten Universität auf deutschem Boden über all die Jahre antreibt, in die Forschung zu investieren? Will er den Menschen helfen, will er die Gesellschaft ein wenig humaner gestalten und ein Teil dessen zurückgeben, was ihm dieses Land ermöglicht hat? Alles ganz persönliche Gründe. Aber da ist auch die Erkenntnis: »Wissen ist doch der einzige Rohstoff, den wir in Deutschland haben. Deshalb müssen wir in die Köpfe investieren, um das Land voranzubringen.«

Das Land voranbringen, das heißt für ihn auch, den Standort Heidelberg mit seiner Universität attraktiv machen. Freiräume für innovative Projekte schaffen, internationale Plattformen bieten – das sind die Beweggründe. »Ich will ein Motivator sein, der die Exzellenz meiner Alma Mater als hervorragende Bildungseinrichtung und international erfolgreiche Forschungsuniversität heraushebt.«

Gerne vergleicht er dabei die Wissenschaftler mit Unternehmern: »Da hat jemand eine gute Idee und den Mut, sich selbstständig zu machen. Gibt man ihm Geld in die Hand, kann er damit etwas Sinnvolles anfangen.« Und es gibt wohl keinen Wissenschaftler, der bei einem Preisgeld von 250.000 Euro keine Luftsprünge macht. Der Lautenschläger-Forschungspreis ist der höchstdotierte eines privaten Stifters in Deutschland. Seit 2001 wird er alle zwei Jahre vergeben, wird internationale Spitzenforschung damit ausgezeichnet. »Der Preis ist für Wissenschaftler aller Disziplinen offen und ist daher auf das Profil der Ruperto Carola als exzellente Volluniversität zugeschnitten«, sagt Uni-Rektor Bernhard Eitel. Ein interdisziplinär zusammengesetztes Kuratorium aus weltweit vernetzten Wissenschaftlern gewährleistet dabei die hohe Qualität der ausgewählten Forschungsleistungen. Dass Lautenschläger die Auszeichnung persönlich überbringt, darf als Zeichen seines Engagements zur akademischen Gemeinschaft gewertet werden.

Einer der ganz Großen seines Fachs ist Ralf Bartenschlager. Als der Leitende Direktor der Abteilung für Molekulare Virologie am Heidelberger Universitätsklinikum 2016 von der US-amerikanischen Lasker-Stiftung ausgezeichnet wurde, auch gerne als »Vorzimmer« zum Medizin-Nobelpreis bezeichnet, und ein Jahr davor mit dem renommierten Robert-Koch-Preis, da hatte er seine bahnbrechenden Studien schon auf den Lautenschläger-Forschungspreis, der ihm 2013 verliehen wurde, stützen können.

Bartenschlager hatte herausgefunden, dass sich das Hepatitis-C-Virus erfolgreich im Labor vermehren lässt. Bei der Preisverleihung kam große Anerkennung vom Nobelpreisträger Harald zur Hausen: Bartenschlager habe es ermöglicht, die grundlegenden Strategien der Hepatitis-C-Virus-Infektion zu verstehen. Diese Entdeckung gab dem Forschungsfeld eine neue Richtung und legte den Grundstein für neue Impfstoffe und Medikamente. Davon sollte auch der Mäzen ganz persönlich profitieren, als er nur drei Jahre später an Hepatitis-C erkrankte.

Gegen diese lebensbedrohliche Krankheit – laut Weltgesundheitsorganisation sind in Europa etwa 15 Millionen Menschen chronisch infiziert,100.000 sterben jährlich an den Folgen von Leberzirrhose und Leberkrebs – gibt es, dank jüngster Forschung, ein wirksames Mittel: Sofosbuvir, unter dem Handelsnamen Sovaldi bekannt. In nur zwölf Wochen kann der Patient vollständig, ohne Nebenwirkungen geheilt werden. Die bis dahin praktizierte Behandlung mit Interferon dagegen dauerte ein Jahr, war äußerst schmerzhaft und ähnlich wie manche Chemotherapie nicht frei von Nebenwirkungen, weshalb sie von vielen Patienten vorzeitig abgebrochen wurde.

»Es ist bekannt, dass der Staat zu wenig Gelder für die Forschung bereitstellt«, sagt Manfred Lautenschläger. »Doch selbst wenn der Staat mehr Geld für die Wissenschaft ausgäbe, würden Preisgelder immer wieder helfen, Forschungsprojekte voranzubringen.« Wie praxisnah Forschung ist, das hat er am eigenen Leib erfahren.

Brüder im Geiste

Dass aber auch Vertreter der sogenannten »Orchideenfächer«
zu den Auserwählten gehören können, zeigt die Preisvergabe
an den Indologen Axel Michaels und den Archäologen Tonio
Hölscher, beide gehören zur Weltspitze auf ihren Gebieten.

Axel Michaels, seinerzeit Direktor des Exzellenzclusters
»Asien und Europa im globalen Kontext« und Forscher am
Heidelberger Südasien-Institut, überzeugte die Jury mit seinen Arbeiten zur Kultur- und Religionsgeschichte Südasiens,
weil er »auf hervorragende Weise Textstudien und ethnogra-
phische Forschung vereint« und damit eine gänzlich neue For-
schungsrichtung einschlug, nämlich die der Ethno-Indologie.

»Mit dem Lautenschläger-Forschungspreis haben die Universität Heidelberg und der Stifter Manfred Lautenschläger
eines der ehrgeizigsten und höchstdotierten Förderprogramme
einer deutschen Hochschule aufgelegt«, so Manfred Osten,
ehemaliger Generalsekretär der Alexander von Humboldt-Stif-
tung. Denn dieser Preis verbessere nicht nur die Forschungs-
möglichkeiten von Spitzenwissenschaftlern. Er sei auch darauf
ausgelegt, wesentliche Impulse zur Internationalisierung der
deutschen Wissenschaft zu geben.

Diese internationale Strahlkraft kann auch Tonio Hölscher
für sich beanspruchen. Wer sich nur ansatzweise für die An-
tike interessiert, wer je in Rom vor der Säule des römischen
Kaisers Trajan stand, deren Reliefs von verschiedenen Kriegs-
ereignissen berichten, wer nahe Rom in die Grabkammer des
»Tauchers von Paestum« hinabstieg und dort die figürliche
griechische Malerei aus dem 5. Jahrhundert v. Chr. bewun-
derte, wer die antiken Ausgrabungsstätten auf dem Peloponnes nicht kennt, der hat viel verpasst, wenn er nicht eine der

zahlreichen Veröffentlichungen Hölschers gelesen hat. International bekannt sind seine Forschungen zur politischen und gesellschaftlichen Funktion antiker Bildwerke. Dafür bekam der gefragte Klassische Archäologe, der Mitglied in unzähligen Akademien ist, auch den Lautenschläger-Forschungspreis, den ihm der polnische Wissenschaftsminister, Michal Kleiber, in Heidelberg überreichte. Hölscher begründet sein Interesse für die Altertumswissenschaften mit Blick auf die Gegenwart: »Heute nimmt die visuelle Welt und nehmen die visuellen Zeichen in unserer gegenwärtigen Kultur einen immer größeren Raum ein, und es scheint mir dringend notwendig zu sein, dass wir Möglichkeiten entwickeln, uns bewusst in eigenen Räumen zu bewegen. Um das zu erreichen, reicht das Studium unserer eigenen Kultur und Gesellschaft nicht aus, weil wir uns damit im Kreis bewegen. Wenn wir über den kulturellen Kreis hinausschauen, der uns ohnehin bekannt ist, wenn wir Alternativen zu unseren eigenen Konzepten und Zwängen des kulturellen Lebens kennenlernen wollen, dann müssen wir uns an fremde Kulturen wenden – die der Gegenwart wie die der Vergangenheit –, um das große Potenzial an kultureller, sozialer und anthropologischer Erfahrung zu sichern, das die Geschichte für uns bereithält.« Seine internationalen Einladungen zu verschiedenen Vorlesungsreihen krönte Hölscher 2007 mit den Sather Classicals Lectures in Berkeley (USA).

»Es gibt wenige Initiativen, die die Kraft besitzen, eine Institution zu verändern – nicht nur ihre Wahrnehmung nach außen, sondern auch den Spirit im Inneren. Diese Wirkmacht entfaltet der Lautenschläger-Forschungspreis«, sagt Uni-Sprecherin Marietta Fuhrmann-Koch. Wie hoch im Kurs dieser Forschungspreis und damit sein Stifter steht, das verdeutlicht auch ein Blick in die Liste der Laudatoren und Redner bei der

Festveranstaltung. So zählten der Nobelpreisträger Harald zur Hausen, der ehemalige spanische Kultusminister und Friedenspreisträger des Deutschen Buchhandels, Jorge Semprùn, der frühere Bundesminister für Forschung und Technologie, Heinz Riesenhuber, oder eben der polnische Wissenschaftsminister Michal Kleiber dazu. Nicht nur, dass die Gäste aus Wissenschaft, Wirtschaft und Gesellschaft beim Empfang in der »Bel Etage« der Hochschule ins Gespräch kommen, auch stößt ein »Science Talk« und die Auskunft des vorherigen Preisträgers, wie er sein Geld für die Forschung eingesetzt hat, auf breites Publikumsinteresse.

Dass Lautenschläger neben dem »großen Preis« auch den wissenschaftlichen Nachwuchs bedenkt, wurde vonseiten der Universität mit Beifall quittiert. Seit 2018 unterstützt er gezielt junge Talente, die besondere innovative Forschungsansätze vorweisen können. Der Preis ist mit 25.000 Euro dotiert.

Für den Rektor der Uni ist Lautenschläger »im besten Sinne des Wortes ein akademischer Mäzen, der zu einem Teil dieser Universität geworden ist«. Dass sich der Stifter für alles interessiert, was in diesem Mikrokosmos passiert, und dabei fern ist jeder akademischen Einflussnahme, bewertet Eitel als großen Pluspunkt. Mit seinem Grußwort anlässlich der Verleihung des Forschungspreises an die renommierte Hirnforscherin Hannah Monyer brachte es der Rektor auf den Punkt: »Mit seinem Forschungspreis hat er einen Ermöglichungspreis geschaffen, d. h. er bindet die Mittel nicht an seine Ideen und Vorstellungen, sondern ermöglicht es den Forschenden, das Geld für deren Ideen einzusetzen, für Dinge, die ansonsten eher schwer eine Förderung erhalten. Damit belegt er ein außergewöhnliches Vertrauen in die Wissenschaft, in die Wissenschaftlerinnen und Wissenschaftler, das weit ausstrahlt in die Gesellschaft. Vertrauen nicht Kontrolle, Zutrauen und Verständnis, Ermöglichungskultur statt Misstrauenskultur, Förderung nicht verbunden mit bürokratischer Einengung, akademisch-meritokratisch gestaltete Leistungskultur statt populistischer Gleichmacherei – das sind Werte und Tugenden, die unsere Wissenschaft, die die Universitäten und die die Gesellschaft brauchen und die Vorbild sein können und müssen. Mit den Preisen verändert Manfred Lautenschläger daher im positiven Sinne die Möglichkeiten, Forschung frei zu gestalten. Forschungsfreiheit gewinnt hier eine neue, im Kern ihre immanente Bedeutung, Freiheit – ein zentraler Punkt für Forschende und für Unternehmenspersönlichkeiten: Hier liegt wohl auch der Kern für das Verständnis, für die Begeisterung Manfred Lautenschlägers, die er für Neues, die er für die erkenntnisorientierte Wissenschaft entwickelt.«

Hierzu Lautenschläger: »Ohne Forschung, umgesetzt in wissenschaftliche Praxis, blieben am Ende Verharrung, Stagnation, Bewegungslosigkeit. Wissenschaft braucht Freiheit zum Risiko, Freiheit, auch zu scheitern. Nur mit dieser Freiheit kann Großes entstehen. Darin gleicht der Wissenschaftler dem Unternehmer, große Unternehmer und große Wissenschaftler sind in diesem Punkt Brüder im Geiste.«

Wie sehr sich die Wissenschaftler mit ihrem »Bruder im Geiste« verbunden fühlen, machten sie sichtbar, als sie Lautenschläger die Ehrendoktorwürde verliehen – nach »erfolgter akademischer Sozialisation sowie nach Prüfung und Würdigung der akademischen Leistung«. Dass der sich 2008, obwohl schon in jungen Jahren aus der Kirche ausgetreten, ausgerechnet für den »Doctor honoris causa« der theologischen Fakultät der Ruprecht-Karls-Universität und nicht für den der medizinischen entschied, hängt mit zwei ungewöhnlichen Theologen und ihren Forschungen zusammen. Gemäß dem traditionellen Motto der Uni, »*Semper Apertus*« – immer offen, sehen sich die beiden Theologen dem zeitgemäßen Diversity-Gedanken verpflichtet: offen für Ideen und Menschen, gleich welchen Geschlechts oder Alters, welcher Herkunft oder Glaubensrichtung.

Dass die Theologen dabei auf eine ruhmreiche Geschichte stolz sein können, gibt auch dieser Universität ein Stück ihrer Würde und Glaubwürdigkeit zurück, die sie als besonders »braune Hochschule« unter den Nationalsozialisten als nur allzu willfährige Helferin eingebüßt hatte. Wie liberal, fortschrittlich und weltoffen die Heidelberger davor waren, belegt vor allem die Geschichte des ehemaligen Sklaven James W.C. Pennington, der im Jahr 1849 als erster Afroamerikaner die Ehrendoktorwürde der Universität bekam, wahrscheinlich die erste Ehrendoktorwürde für einen Schwarzen in ganz Europa, vielleicht sogar weltweit.

Auf dessen unglaubliche Geschichte war man im Zuge der Vorbereitungen auf den 625. Geburtstag der Uni gestoßen. Der Fund in den Archiven belegte, dass der 1809 in Unfreiheit geborene Pennington mit 18 Jahren aus der Gefangenschaft floh, dass er Lesen und Schreiben lernte, von 1834 an als erster schwarzer Amerikaner Kurse an der Yale University belegte und schließlich Pfarrer der Presbyterianischen Kirche wurde. Auf dem Weltfriedenskongress in Paris lernte Pennington den Heidelberger Gelehrten Friedrich Carovè kennen. Und der war so begeistert von dem christlichen Freiheitskämpfer, dass er seine Universität davon überzeugen konnte, Pennington die Ehrendoktorwürde in Theologie zu verleihen. Einem Mann, der um Bürgerrechte und Chancengleichheit für die Schwarzen kämpfte, der die Beschneidung von Bildungsmöglichkeiten für einen der schlimmsten Aspekte der Rassendiskriminierung hielt.

»Der Gedanke, dass meine Alma Mater sich unmittelbar nach der tragischen Niederschlagung der 1848er-Revolution und damit dem vorläufigen Ende des Ringens um bürgerliche Freiheiten und Rechte in Deutschland dazu entschlossen hatte, einen Afroamerikaner für seinen Kampf um die Befreiung der Sklaven und die Gleichstellung der Schwarzen auszuzeichnen, berührte mich tief«, sagt Lautenschläger. Und er bot an, einen Preis für auf diesem Gebiet hervorragende Wissenschaftler zu dotieren.

Ein größeres Geschenk hätte er dem Historiker Detlef Junker, dem Gründungsdirektor des universitären »Heidelberg Center for American Studies« (HCA), und dem renommierten Theologen Michael Welker nicht machen können. Seit 2012 werden mit dem »James W.C. Pennington Award« nun herausragende Wissenschaftler geehrt, die über Bereiche forschen, die dem Namensgeber wichtig waren: Sklaverei und Emanzipation, Frieden, Bildung, gesellschaftliche Reformen, Bürgerrechte, Religion und interkulturelle Verständigung.

Bislang kamen die Ausgezeichneten, die nicht nur mit einem großzügigen Preisgeld bedacht werden, sondern die auch als »Lautenschläger Fellows« vier Wochen lang am HCA forschen können, allesamt von führenden US-amerikanischen Universitäten wie Princeton, Harvard und Yale. Jene »Yale Divinity School«, die Pennington zwar ordinierte, wo er aber nie seinen offiziellen Abschluss machen konnte. Als die Amerikaner von der »Wiederentdeckung« Penningtons erfuhren, dessen Einfluss auf nachfolgende Bürgerrechtler unbestritten ist, wurde eilig ein Hörsaal nach ihm benannt. Seinen offiziellen Abschluss hat er aber auch posthum nicht erhalten.

Für den Stifter haben Penningtons Ideale und Vorstellungen nichts von ihrer Relevanz verloren, erst recht nicht angesichts eines US-Präsidenten wie Donald Trump und der »Black Lives Matter«-Bewegung. Dass ein führender schwarzer Aktivist, einer der großen Intellektuellen seiner Zeit, der wortmächtige Vorträge hielt und Publikationen veröffentlichte, in denen er die Übel von Rassismus schonungslos offenlegte, nicht in Vergessenheit geraten darf, das hat Trumps Vorgänger Barack Obama erkannt. Als der von der Initiative aus Deutschland erfuhr, bedankte er sich in einer Grußadresse an das HCA: »Ich bin überzeugt, dass die Hochachtung vor den Leistungen Penningtons künftige Generationen von Amerikanern und Deutschen inspirieren wird.« Die haben sich schon inspirieren lassen. Zwei Konferenzen, jeweils in Princeton und Heidelberg, sind in Planung.

Die intensive Beschäftigung mit Pennington und das Wissen um dessen tiefe Religiosität waren für Manfred Lautenschläger immer wieder Anlass für spannende Diskussionen mit Michael Welker. Der Direktor des »Forschungszentrum Internationale und Interdisziplinäre Theologie« an der Universität Heidelberg konnte ihn davon überzeugen, dass Religion und Gott durchaus einen Platz in der Hochschulbildung haben. Denn während sich vor zwanzig Jahren Politiker und Intellektuelle fragten, ob es eine Zukunft mit oder ohne Religion geben wird, habe sich doch die Fragestellung radikal geändert. Es gehe heute vielmehr darum, in welcher Ausprägung Religion in Erscheinung trete – in ihrer ursprünglichen oder einer weiterentwickelten Form. Sowohl Fundamentalisten als auch Folkloristen seien dabei nicht in der Lage, das zu vermitteln, was Religion ausmache: die Wahrheits- und Gerechtigkeitssuche innerhalb einer Gemeinschaft zu stärken. Das sei der Grund, weshalb wir akademische Qualität in den Religionswissenschaften und ihren Nachbarfeldern bräuchten.

Das war es: Die Suche nach Gerechtigkeit. Deshalb hatte der junge Lautenschläger einst davon geträumt, als Missionar die Welt zu verändern. Jetzt setzte er sich mit einem klugen Theologen auseinander, dessen religiöses Weltbild dem seinen nahekam. Deshalb erklärte er sich auch 2013 bereit, mit seiner Stiftung das weiterzuführen, was die »John Templeton Foundation« fünf Jahre zuvor ins Leben gerufen hatte. Dabei geht es um einen Preis, der jährlich zehn junge Forscherinnen und Forscher auszeichnet, die sich international und fächerübergreifend mit Religionsforschung auseinandersetzen. Ein Preis, der aber weit über die Theologie hinausgeht. Aufgrund der hohen Qualität der eingereichten Arbeiten und der strengen Begutachtung erlangte der »Manfred Lautenschläger Award for Theological Promise« schnell hohes internationales Renommee. »Etwa 90 Prozent der Preisträgerinnen und Preisträger haben bereits eine Professur inne«, sagt Welker. Deshalb sei der Lautenschläger-Preis nicht hoch genug einzuschätzen. Denn es gehe nicht in erster Linie um das Preisgeld (jeweils 10.000 Dollar plus 15.000 Euro für zwei Kolloquien) für die jungen Forscher am Anfang ihrer Karriere, sondern darum, Netzwerke auf einem internationalen Level zu schaffen und gemeinsam zu forschen. Zwar kommt die Mehrzahl der Award Winner aus einer der zahlreichen christlichen Kirchen, aber auch jüdische, vereinzelt muslimische und hinduistische Arbeiten wurden ausgezeichnet, ebenso wie säkulare. Dass die Bewerbungen von Australien bis China, von Deutschland bis in die USA, Südkorea oder Neuseeland reichen, spricht für sich.

Für Welker fördert Lautenschläger, der für ihn ein »unglaublich gebildeter Gesprächspartner« ist, damit nicht nur die »internationale, interdisziplinäre und interreligiöse Verständigung«, sondern auch die »Strahlkraft der Universität«. Und wenn sich die jungen Forscher dann am Neckar treffen, ihre Arbeiten vorstellen, miteinander ins Gespräch kommen, dann hat Lautenschläger noch etwas erreicht: ein kleines Stück Völkerverständigung.

Das war auch einer der Gründe, weshalb Lautenschläger neben Welker noch mit einem anderen Professor der Theologie das Gespräch suchte: Mit Manfred Oeming, Ordinarius für Alttestamentliche Theologie. Eigentlich war es umgekehrt. Denn Oeming schrieb einen Brief mit der Bitte um finanzielle Unterstützung, um einem Heidelberger Studenten den Aufenthalt in Israel zu ermöglichen. In Ramat Rahel, zwischen Jerusalem und Bethlehem gelegen, plante er zusammen mit dem Archäologen Oded Lipschits von der Uni Tel Aviv eine berühmte Ausgrabungsstätte aus dem 7. Jahrhundert v. Chr. weiter zu erforschen. Die Idee dabei: deutsche Studierende mit israelischen Kommilitonen gemeinsam buddeln zu lassen, um auf diese Weise in einem deutsch-israelisch-palästinensischen, jüdisch-christlich-islamischen Projekt jungen Menschen eine intensive Begegnung zu ermöglichen. Der Haken: Das kostete Geld. Geld, das sie nicht hatten und auch von keiner Seite in Aussicht gestellt wurde.

Wie überrascht war Oeming da, als er als Antwort auf seinen Brief eine Einladung von Lautenschläger bekam, ihm das Projekt doch im Detail vorzustellen. Und noch überraschter war er, als er feststellte, dass sein Gegenüber hoch interessiert an Israel und jüdischer Kultur war. »Mir gefällt das alles sehr gut, ich mache das«, beschied ihm Lautenschläger nach einstündigem Gespräch. Oeming dachte, er meinte die erbetenen 2500 Euro für einen Studenten, aber Lautenschläger sprach von den Kosten des gesamten Projekts: 80.000 Euro – und das für mehrere Jahre. Oeming: »Das war für mich wie ein Sechser im Lotto.«

Die Grabung entwickelte sich hervorragend. Zu den Kerngruppen aus Heidelberg und Tel Aviv kamen jeweils fünfzig bis siebzig Freiwillige aus aller Welt, die im Schweiße ihres Angesichts von Sonnenaufgang bis Sonnenuntergang ihr Bestes gaben, um eine versunkene Welt sichtbar zu machen. Auch Lautenschlägers Tochter Catharina war einmal mit dabei. Und ausgerechnet sie entdeckte einen Batzen von 498 byzantinischen Münzen aus dem 6. Jahrhundert.

Dass die politischen Diskussionen abends, wenn man noch beisammensaß, teilweise sehr kontrovers verliefen, ist verständlich angesichts der Tatsache, dass die jungen Menschen aus mehr als zwanzig Ländern kamen, unterschiedliche Religionszugehörigkeiten und Wertevorstellungen hatten. Aber sie lernten, sich gegenseitig besser zu verstehen. Die vielen Freundschaften aus diesen Begegnungen sind eindrucksvolle Belege dafür.

Lautenschläger wäre nicht Lautenschläger, hätte er nicht eines Tages zusammen mit Ehefrau Angelika die Koffer gepackt, um sich vor Ort ein Bild zu machen. Er, der Geschichtsverliebte, ließ sich von den Historikern mitnehmen in die Welt der Söhne Davids (ca. 1.000 v. Chr.) und ihren riesigen Palast, erfuhr vieles über die Perserzeit in Rahmat Rahel, über ihr dortiges Verwaltungszentrum und den schönen »Paradiesgarten«, über die nachfolgenden jüdischen Siedler und die Römer, die es sich in einer Villa mit Badeanlage gut gehen ließen. Während seines Besuches ließ es sich Lautenschläger nicht nehmen, in das tiefste Loch der antiken Wasserversorgung hinabzusteigen und durch den engen persischen Wasserkanal zu kriechen. Und wieder ganz in der Gegenwart angekommen, diskutierte er einen Tag später mit dem israelischen Staatspräsidenten und Friedensnobelpreisträger Shimon Peres über deutsch-israelische Kooperationen. Ein Zusammentreffen, das ihn tief beeindruckte.

Zu einem der Höhepunkte im Kibbuz, in dem das Ehepaar Lautenschläger damals übernachtete, gehörte auch eine ungewöhnliche Theateraufführung. Auf Einladung des Mäzens kam ein Schauspieler-Team um Heidelbergs Intendanten Peter Spuhler. In Kooperation mit dem experimentellen »Teatron Beit Lessin« aus Tel Aviv inszenierten sie das Stück »They call me Jeckisch«. Der anschließende Meinungsaustausch warf die Frage auf, ob Juden in Deutschland leben können oder auswandern müssten. Jahre später sollte genau diese Frage eine traurige Brisanz gewinnen.

Zum Weinen schön war hingegen der gemeinsame Gottesdienst zum Abschied vom Grabungsprojekt in der schottischen Kirche in Jerusalem. Im Altarraum saßen und spielten ein Palästinenser und ein Israeli Leonard Cohens »Hallelujah«. Für einen winzigen Augenblick schien ein friedliches Zusammenleben der Völker doch so einfach. Die Ansprache Lautenschlägers im Gotteshaus machte den jungen Leuten klar, worum es ihm bei all seinen Bemühungen in Israel ging: um Völkerverständigung.

Die wird auf archäologischem Gebiet fortgesetzt. Das größte Ausgrabungsprojekt Israels liegt jetzt in Aseka. Hier soll David den Riesen Goliat besiegt haben. Für die Juden ein Ort voller tiefer Symbolik.

Wie eng die Verzahnung innerhalb der Heidelberger Forschungsinstitute ist, auch dank des nach allen Richtungen interessierten Stifters, wird deutlich, als 2010 die »Hochschule für Jüdische Studien« Lautenschläger zum Ehrensenator ernannte. 1979 gegründet, steht sie Bewerbern aller Konfessionen offen, wird getragen vom Zentralrat der Juden in Deutschland und finanziert von Bund und Ländern. Dabei steht sie in enger Kooperation mit der Ruprecht-Karls-Universität.

Von dem Kontakt wusste allerdings Manfred Oeming nichts, als er damals bei Lautenschläger sein Israel-Projekt vorstellte, obwohl er selbst kommissarisch von 2002 bis 2005 als Prorektor der Hochschule vorstand. Und auch nichts davon, dass der Mäzen 2001 zur Eröffnung der neuen Synagoge eine Thorarolle gestiftet hatte. Was er allerdings mitbekam: Von 2007 bis 2014 gehört Lautenschläger dem »Aktionskomitee zur Förderung der Jüdischen Hochschule« an. Unter dem Vorsitz des Verlegers und Ehrensenators Hubert Burda galt es, die neu zu schaffende Institution mitten in der Heidelberger Altstadt in allen Bereichen ihrer strategischen Entwicklung innerhalb der deutschen Wissenslandschaft zu stärken, auch was die internationale Präsenz anbelangte. Dankbar griff die Hochschulleitung dabei auf Lautenschlägers unternehmerische Erfahrungen zurück. Ihm ist es wohl auch zu verdanken, dass ein Drittel des 6,6 Millionen teuren Neubaus durch private Spenden aufgebracht werden konnte. Lautenschläger widmete den von ihm finanzierten Bauteil, die Innenhofgalerie mit Arbeitsplätzen und Begegnungsräumen, dem deutsch-jüdischen Schriftsteller Arnold Zweig. Fünf Jahre lang profitierten Studierende dazu noch von einem Manfred-Lautenschläger-Stipendium.

»Lautenschläger ist ein Begleiter der Hochschule, der nicht nur mit Tat, sondern auch mit wertvollem Rat zur Seite steht. Dafür sind wir dankbar, vor allem, dass er auch selbst neue Ideen an die Hochschule heranträgt«, sagte Johannes Heil, der Rektor, bei der Verleihung der Ehrensenatoren-Würde. Eine dieser Ideen war die Einrichtung einer Arbeitsstelle an der Hochschule, die sich mit Migrations- und Minderheitenforschung in Europa beschäftigen sollte. Mit Schwerpunkt auf aktuellen Fragen. Die von Lautenschläger initiierte Zusammenarbeit mit dem Dokumentations- und Kulturzentrum Deutscher Sinti und Roma in Heidelberg kam allerdings nicht zustande. Der Zentralrat der Juden spielte nicht mit. Damals herrschte noch in weiten Teilen, nicht nur im Zentralrat, die Überzeugung, dass die systematische Vernichtung der Juden einzigartig und nicht vergleichbar sei mit der Verfolgung und Ermordung anderer Minderheiten.

Für Lautenschläger kein Grund, sein Projekt fallen zu lassen. Seit Jahren unterstützte er schon die Sinti und Roma. Und wie sagte Johannes Heil so treffend bei der Verleihung der Ehrensenatorenwürde, übrigens war Lautenschläger der erste, dem diese Auszeichnung der »Hochschule für Jüdische Studien« zufiel: »Lautenschläger will Gesellschaft gestalten. Diesen Plan verfolgt er nicht einfach in Feldern, wo es bequem ist und verlässlich Lob einbringt, sondern besonders da, wo es gilt, Akzente zu setzen und nötige Dinge auf den Weg zu bringen.«

Eine gesellschaftliche Notwendigkeit sieht er in der bislang weitgehend unberücksichtigten Aufarbeitung des Holocaust an den Sinti und Roma und deren fortwährender Diskriminierung. Für den Unterstützer sind die Verbrechen der Nationalsozialisten und die Verantwortung, die sich daraus ergibt, nicht »teilbar«. Sondern: »Wir müssen das Terrorsystem der Nazis als Ganzes sehen.«

Eine Erkenntnis, die sich erst allmählich im Zentralrat der Juden durchsetzen sollte. Denn was die Juden schon 1949 erreichten, dazu erklärte sich die Bundesrepublik erst 1982 bei den Sinti und Roma bereit: Beide Minderheiten fielen unter Hitler einem Völkermord zum Opfer. Mit sechs Millionen Toten auf jüdischer und 500.000 aufseiten der Sinti- und Roma. Heute erkennt der Zentralrat an, dass die »Zigeuner«, wie die Nazis sie nannten, genau wie die Juden, aus rassistischen Gründen verfolgt und ermordet wurden, dass es keinen Unterschied zur Shoah gibt.

Für einen politischen Menschen wie Lautenschläger ist es ein Akt der »Gerechtigkeit«, sich seit über zwanzig Jahren an die Seite von Romani Rose, Vorsitzender des »Zentralrates der Sinti und Roma«, zu stellen. Dessen jahrzehntelanger Kampf um Sichtbarmachung und Anerkennung der Minderheit nötigt Lautenschläger größten Respekt ab. Rose nennt Lautenschlägers fortwährendes Engagement »vorbildhaft«. Weil seine private Initiative öffentliche Aufmerksamkeit schaffe, mit weitreichenden Auswirkungen. Längst sind die beiden Freunde geworden, aber das ist ein späteres Kapitel.

Wie die Auslobung des »Europäischen Bürgerrechtspreises der Sinti und Roma«. Seit 2008 alle zwei Jahre vergeben, sind unter den Preisträgern Namen wie Simone Veil (ehemalige Präsidentin des Europäischen Parlaments), Tilman Zülich (Mitbegründer der Gesellschaft für bedrohte Völker), Wladyslaw Bartoszewski (ehemaliger Außenminister Polens) oder der slowakische Staatspräsident Andrej Kiska zu finden. Alles Persönlichkeiten, die sich gegen Rassismus und Diskriminierung stellen. Große öffentliche Aufmerksamkeit für den Preis und die Sache der Sinti und Roma brachte die Preisverleihung am 28. April 2021 an Angela Merkel. Fernsehen und Presse berichteten ausführlich. Gerade vor dem Hintergrund der aktuellen besorgniserregenden Menschenrechtssituation in den osteuropäischen Ländern mit ihren zehn bis zwölf Millionen Sinti und Roma soll dieser Preis einen Beitrag zur Durchsetzung ihrer Bürgerrechte in ihren jeweiligen Heimatländern leisten.

Einer, der davon profitierte, ist auch Piotr Cywiński. Der Direktor des Staatlichen Museums Auschwitz, der Herausragendes leistet, um das Bewusstsein für den nationalsozialistischen Völkermord an den Sinti und Roma zu stärken, sah sich in den letzten Jahren immer mehr mit öffentlichen Angriffen und Hasskampagnen von rechtsextremen und nationalistischen Bewegungen in Polen konfrontiert. Ihm drohte die Absetzung. Der Sonderpreis der Lautenschläger-Stiftung hat vermutlich zu seiner Weiterbeschäftigung beigetragen.

Diese »politische Schubkraft« ist für Rose »unverzichtbar«. In diesem Zusammenhang sieht er auch die Schaffung der »Unabhängigen Kommission Antiziganismus«, im Frühjahr 2019 von der Bundesregierung eingesetzt. Seit langer Zeit hatte sich Rose dafür starkgemacht. Erstmals beschäftigt sich jetzt ein Expertengremium mit den verschiedenen Erscheinungsformen des Antiziganismus. Das Ziel ist ein Bericht an den Bundestag mit Empfehlungen für weitere Maßnahmen zur Bekämpfung des Antiziganismus. Für Rose ein »historischer Schritt«.

»Wer die Zukunft positiv gestalten will, muss sich der Vergangenheit stellen«, sagte damals Lautenschläger, als er anregte, den Holocaust an den Sinti und Roma geschichtlich aufzuarbeiten. Als dann am 1. Oktober 2017 am Historischen Seminar der Universität Heidelberg die »Forschungsstelle Antiziganismus« ihre Arbeit aufnahm, hatte sich seine Beharrlichkeit gelohnt

Schon in den Jahren zuvor hatte seine Stiftung thematisch verwandte Forschungsarbeiten am Lehrstuhl für Zeitgeschichte gefördert. Jetzt gibt es eine europaweit einmalige Institution, die sich mit grundlegenden Studien zu Ursachen, Formen und Folgen des Antiziganismus in den europäischen

Gesellschaften vom Mittelalter bis in die Gegenwart beschäftigt. Sie erforscht, auf welchen Vorurteilen Diskriminierung beruht, woher der Hass, die Ausgrenzung kommen. Die wissenschaftlichen Erkenntnisse stehen der Öffentlichkeit für Präventionsarbeit ebenso zur Verfügung wie für die Lehre. Lautenschläger unterstützt die Forschungsstelle, die vom Land Baden-Württemberg getragen wird, auch weiterhin. Das »Romani Rose-Fellowship«-Stipendium soll besonders begabte und engagierte Forscherinnen und Forscher aus den Ländern der Europäischen Union nach Heidelberg holen. Für Romani Rose »eine große Ehre«, für Lautenschläger die Anerkennung von Roses jahrzehntelangem Engagement für Menschen- und Bürgerrechte.

Lautenschläger würde vor Langeweile sterben, wenn er nicht diese »*vita activa*« führen könnte, sagt Detlef Junker vom »Heidelberg Center for American Studies«. Eine »*vita activa*«, die von immer neuen Anreizen lebe, die zur Tat führen müsse, als Geschäftsmann oder als Mäzen. Davon profitiert hat auch das von Junker gegründete Institut, das, mit Blick auf Amerika, zu den führenden in Europa gehört. Da mag ein Körnchen Wahrheit drinstecken, ist aber zu kurz gesprungen. Denn es blendet das aus, was Lautenschlägers Persönlichkeit ausmacht: ein schier endloses Interesse an allem, was das Leben ausmacht. Und eine grenzenlose Neugier. Lautenschläger will alles verstehen, will sich auch in schwierige Komplexe einarbeiten, will einspringen, wo es andere Akteure nicht können oder wollen, will initiieren und andere animieren, es ihm gleichzutun.

Weltliteratur – für alle zugänglich

Wie bei diesem Riesenprojekt der Digitalisierung der Heidelberger »Bibliotheca Palatina«. Dass es so weit kam, ist nicht nur ein Aushängeschild für die Heidelberger, sondern ein Glücksfall für die Wissenschaft weltweit. Mussten bislang die Experten aus allen Erdteilen für ihre Forschungsarbeiten an den Neckar reisen, um sich unter größten Auflagen in dem »Buch der Bücher« kundig zu machen, so ist jetzt der Kernbestand von rund 3000 Handschriften über das Internet für jedermann zugänglich. Stolz konnte der Direktor der Uni-Bibliothek, Veit Probst, im Februar 2018 während eines Festaktes den großen Stellenwert der virtuellen »Bibliotheca Palatina« mit Zahlen untermauern. So registrierte im Jahr 2017 der Server der Bibliothek 315.000 Zugriffe aus 172 Ländern, dabei wurden insgesamt 2,2 Millionen Seiten aufgerufen.

Was den Heidelbergern, dank Lautenschlägers Unterstützung, auch gelang: eine der wertvollsten Sammlungen von Handschriften des Mittelalters und der Frühen Neuzeit nach jahrhundertelanger »Trennung« online wieder zu vereinen. Dazu hat die Universitätsbibliothek nicht nur die deutschsprachigen Handschriften in ihrem eigenen Bestand digitalisiert, sondern auch die lateinischen Codices, diese »Mutter aller Bibliotheken«, die sich seit fast 400 Jahren hinter den Mauern des Vatikans in der »Biblioteca Apostolica Vaticana« in Rom befinden.

Im 16. und 17. Jahrhundert war die »Bibliotheka Palatina« ein Mythos: Ihre Bücher repräsentierten im gelehrten Europa das über Jahrtausende gesammelte Wissen der Menschheit. Das bezog neben theologischen, philologischen, philosophischen und historischen Werken auch medizinische, naturkundliche und astronomische Texte mit ein.

Die Wurzeln des Bestandes reichen bis in die pfalzgräfliche Bibliothek um die Mitte des 14. Jahrhunderts zurück. Pfalzgraf Ludwig III. hatte sie im 15. Jahrhundert auf den Emporen der fertiggestellten Heiliggeistkirche in der Heidelberger Altstadt aufstellen lassen. Genau dorthin kehrten die wichtigsten und schönsten Bücher zur 600-Jahr-Feier der Ruperto Carola zurück. Allerdings nur auf Zeit. Denn im Dreißigjährigen Krieg reklamierte Papst Gregor XV. die Palatina als Kriegsbeute. Sechs Monate lang dauerte der Transport nach Rom. Erst 200 Jahre später gab der Vatikan zumindest die 847 deutschsprachigen Handschriften nach Heidelberg zurück. Die Schau im Sommer 1986 zum Uni-Jubiläum mit 275.000 Besuchern war die erfolgreichste Bibliotheksausstellung aller Zeiten und ein Vorläufer des Digitalisierungsvorhabens. Die Frage war nur: Können mehrere Tausend mittelalterliche Codices in zwei Ländern mit weit über einer Million Buchseiten und einem Gesamtwert von über einer Milliarde Euro digitalisiert werden? Die ambitionierte Idee war von praktischem Erfolg gekrönt, auch weil der Vatikan mitspielte und zu umfassender Kooperation bereit war.

Als 16 Jahre später zum Abschluss des Großprojekts die Universität jubelte, da ließen sie ihren Ehrensenator hochleben, der dies ermöglicht hatte. Und Lautenschläger sah sich in seiner Lieblingsrolle: der Stifter als Anstifter. Denn sein Einstieg beflügelte offenbar auch die Deutsche Forschungsgemeinschaft. Sie beteiligte sich an dem »großartigen identitätsstiftenden Heidelberger Gemeinschaftsunternehmen« (Probst).

Laut Detlef Junker liebt es der Unternehmer »außerordentlich, wenn über ihn und seine Aktivitäten berichtet wird«. So lebe er nach der Devise: »Man muss nicht nur Gutes tun, sondern es die Welt auch wissen lassen.« Dem will Lautenschläger gar nicht widersprechen. Wie sonst wäre sein Appell, großzügiger für eine stärkere »Gemeinwohlförderkultur« zu sorgen, an die Adressaten wie vermögende Privatpersonen oder an die Politik zu bringen?

Eine Politikerin, die das sehr wohl zu schätzen weiß, ist Theresia Bauer, baden-württembergische Ministerin für Wissenschaft, Forschung und Kunst. Zu der grünen Abgeordneten seines Wahlkreises hat Lautenschläger in den letzten Jahren ein enges Vertrauensverhältnis aufgebaut. Das hängt natürlich mit ihrem Themengebiet zusammen, das sich mit dem von Lautenschläger in weiten Teilen überschneidet, aber es ist auch die menschliche Ebene, welche die regelmäßigen Gespräche so angenehm machen. »Manfred ist ein Mensch, mit dem man es gerne zu tun hat«, sagt Bauer. Man duzt sich schon seit Jahren, ohne die gebotene Distanz zu verlieren, streitet sich, ohne dem anderen seine Meinung aufzuzwingen, bespricht sich in haarigen Situationen und kommt oft gemeinsam zu tragfähigen Entscheidungen.

Dass sie gemeinsam an einem Strang ziehen, das verdeutlichte auch der »Bluttestskandal« am Heidelberger Universitätsklinikum, der bundesweit für Aufsehen sorgte. Anfang 2019 deckte die *Rhein-Neckar-Zeitung* auf, dass an den als »Weltsensation« gepriesenen Forschungsergebnissen nichts dran ist. Danach sollte es möglich sein, Brustkrebs in einem frühen Stadium im Blut der Patientin nachzuweisen. Der damalige Chefarzt der Gynäkologie hatte es medienwirksam verkünden lassen. Für Lautenschläger als Mitglied des Aufsichtsrats des Uni-Klinikums und Ministerin Bauer als zuständige Politikerin ein Tritt in die Magengrube. Die Reputation des ganzen Klinikums, ja der gesamten Exzellenz-Universität wurde plötzlich infrage gestellt. Lautenschläger, wie auch Bauer, sahen sich einerseits verpflichtet, beide Institutionen zu schützen, andererseits mussten sie aufklären. Nach zähen Auseinandersetzungen mit Aufsichtsrat und Ministerium trat schließlich fast der gesamte Vorstand zurück, einschließlich der Vorstandsvorsitzenden, der Kaufmännischen Direktorin und des Dekans der medizinischen Fakultät. Über die unzähligen Gespräche zwischen Heidelberg und Stuttgart drang nichts an die Öffentlichkeit. Als es dann um die Nachfolge am Klinikum ging, beschied die Ministerin dem fragenden Chefredakteur der *Rhein-Neckar-Zeitung*, Klaus Welzel: »Ohne Manfred Lautenschläger geht nichts. Wir warten, bis er wieder fit ist.«

Der lag zu dieser Zeit in der Orthopädie. Übrigens Zimmer an Zimmer mit Theresia Bauer. Während sich Lautenschläger bei einer Fahrradtour lebensgefährlich verletzt hatte, brach sich seine Leidensgenossin beim Wandern den Fuß. Wenige Tage nach seiner mehrstündigen Operation stand sein Telefon in Sachen »Bluttestskandal« nicht still, seine Nachbarin bestellte zeitgleich während ihres einwöchigen Aufenthalts ihre Mitarbeiter ins Krankenhaus ein, um Akten durchzuarbeiten. Nicht ohne Grund wurde sie dreimal vom Deutschen Hochschulverband als Wissenschaftsministerin des Jahres ausgezeichnet. Lautenschläger, der sich nie parteipolitisch hat einbinden lassen, schätzt ihren ungeheuren Arbeitseinsatz, ihre Effektivität, ihre Durchsetzungskraft. Was sie zurückgibt: »Dieser Mann ist voller Dynamik und Energie. Faszinierend ist seine Vielseitigkeit, ob Sport, Kunst oder Wissenschaft. Ich kann mit ihm genauso über einen neuen Radschnellweg reden wie über Forschung und Kulturprojekte. Nichts ist ihm egal, er weiß genau, was er tut, hat dabei seine eigenen Vorstellungen, ist immer offen und fair und niemals intrigant. Für mich ist er ein kompletter Mensch – an dem fehlt nichts.«

»Dort Gutes tun, wo es gebraucht wird«

Diesen »kompletten Menschen« bewundern auch viele in Heidelbergs Partnerstadt Simferopol auf der Krim, ja sie lieben ihn geradezu. Sind ihm dankbar, weil er ihnen auch weiterhin hilft. Trotz der völkerrechtswidrigen Annexion durch Russland. Sein von ihm gegründetes »Heidelberg-Haus«, Begegnungsstätte für ehemalige Zwangsarbeiter und sozial Schwache, das lässt er nicht im Stich. Allein schon nicht im Andenken an Klara, jene junge Zwangsarbeiterin aus der Ukraine, die er während des Krieges bei seiner Tante auf dem Land getroffen hatte.

Im März 2014 wurde die Krim mit ihrer Hauptstadt Simferopol offiziell der Russischen Föderation einverleibt. Nach schweren Auseinandersetzungen, die auch die westliche Weltgemeinschaft auf den Plan rief, ist die Halbinsel – zumindest nach russischer Deutung – nicht mehr als Autonome Republik innerhalb der Ukraine zu sehen, sondern als Teil Russlands. Die veränderten politischen Bedingungen, für Lautenschläger ein »klarer Völkerrechtsbruch«, sind für ihn aber kein Grund, sein Engagement herunterzufahren: »Es sind doch dieselben Menschen wie vorher auch«, gibt er zu bedenken, wenn andere Stiftungen sich zurückzogen oder auch offizielle Kontakte aus Heidelberg auf Eis gelegt wurden.

Eine, die das nicht akzeptieren kann, ist Magdalena Melter, die langjährige Vorsitzende des Freundeskreises »Heidelberg-Simferopol«. Über die kleine, zähe Frau, die Lautenschläger schon seit vielen Jahren kennt, erfuhr er über die sozialen Projekte in der fernen Ukraine. Spontan bat Lautenschläger zum 25. MLP-Geburtstag seine Geschäftspartner anstelle von Geschenken um Spenden für die Zwangsarbeiterinnen auf der

Krim. Der Unternehmer rundete auf, und so waren 100.000 D-Mark zusammengekommen. Vier Jahre später ging für sie ein Traum in Erfüllung. Mitten in der über 300.000 Einwohner zählenden Stadt hatten sie einen Ort des Austausches und der medizinischen Versorgung gefunden, umgeben von einem großen Garten. Melter erinnert sich an die Eröffnung: »Für die Medien, die offiziellen Vertreter der Stadt und die Bürger Simferopols war es ein beeindruckendes Ereignis. Sie konnten es kaum fassen, dass ein deutscher Unternehmer sich um die geschundenen Opfer des Faschismus sorgte, ihnen ein Haus schenkte, wo sie Beratung erfuhren, wo sie arbeiten und Feste feiern konnten. Solch ein grenzüberschreitendes, wohltätiges Engagement kannte man auf der Krim bis dato nicht.« Erst Jahre danach sollten deutsche Firmen in die »Bundesstiftung zur Entschädigung von Zwangsarbeitern« ihren Beitrag leisten. »Unrecht können wir nicht wiedergutmachen«, sagte der Vorreiter beim Start, »ich möchte Ihnen aber die Hand ausstrecken und dort Gutes tun, wo es gebraucht wird.« Damals begleitete Lautenschläger ein Diabetes-Spezialist, der in seinem Gepäck eine medizinische Grundausstattung für eine Beratungsstelle für Zuckerkranke dabei hatte.

Inzwischen ist das Haus zu einer lebendigen soziokulturellen Einrichtung geworden und dient unterschiedlichen Interessengruppen als Domizil. Hauptnutzer sind aber nach wie vor die Zwangsarbeiterinnen, die ihren sozialen Mittelpunkt »unser Haus« nennen. Und die sich auch schon mal über politische Prominenz aus Deutschland freuen konnten.

Dem ersten Besuch Lautenschlägers sollten weitere folgen. Angesichts der Not kranker Menschen, die zum Großteil unter katastrophalen Bedingungen in den Krankenhäusern behandelt wurden, wobei Medikamente, Verbandszeug usw. selbst bezahlt werden mussten, brachte er eine ganze Reihe von Heidelberger Chefärzten nach Simferopol. Die zeigten den Kollegen in einem auf Abschottung basierenden System, was moderne Medizin, Operationen inbegriffen, heute alles zu leisten vermag. Ihre Hoffnung lag dabei auf dem medizinischen Nachwuchs. Ein erfolgreiches Austauschprogramm kam ins Rollen. Junge Mediziner machten Praktika in Heidelberg, um dann ihr Wissen in ihrer Heimat weiterzugeben. Meist unter abenteuerlichen Arbeits- und Hygienebedingungen und mit veralteten Geräten. Lastwagenweise starteten in der Folgezeit Transporte mit ausrangierten Gerätschaften des Uni-Klinikums in die Partnerstadt, wo man froh über alles war, was man kriegen konnte.

Der »gute Mensch« aus Heidelberg hat seine Spuren hinterlassen. Hat mit Klaus Roth das »Ballprojekt« erst an der Uni, dann in den Vereinen etabliert, eine universitäre Kooperation initiiert, gab dem Städteaustausch einen neuen Schub und vergaß auch bei allen großen Projekten den Einzelnen nicht. So wie Igor, den Mann von Violetta Tischina. Sie schrieb an Lautenschläger: »Ich denke immer mit großer Dankbarkeit daran, dass Du meinem Mann sechs Jahre seines Lebens in guter Gesundheit und zufriedener Verfassung geschenkt hast. Es war nur möglich dank der Behandlung in Heidelberg, die von Dir finanziert wurde.« Für den Mäzen und Magdalena Melter sind Violetta Tischina und ihr kleines Team die Ansprechpartner, denen sie absolut vertrauen. Und wer würde sich einen Brief zum 80. Geburtstag nicht hinter den Spiegel stecken, der aus tiefstem Herzen kommt? »Deine vergangenen Jahre sind das Leben eines würdigen Menschen, der so viel Gutes getan hat. Du hast angesammelt und vermehrt dort, wo die anderen verschwendet und verwüstet haben und selbst leer geworden sind. Du hast immer Kraft gefunden, Dich zu ändern, das Neue aufzunehmen – dort wo andere sich eingeschlossen haben und erstarrten. Du hast sorgfältig nach Goldstückchen wahrer Werte im tauben Gestein täglicher harter Arbeit gesucht. Und das hat gute Ergebnisse gebracht, die Dir ermöglicht haben, vielen Menschen zu helfen, die diese Hilfe brauchen. Für uns, Deine Freunde in Simferopol, bist Du der wichtigste Mann.«

Vielleicht nicht »wichtigster Mann«, aber doch »sehr wichtig«, dieses Prädikat kann sich Manfred Lautenschläger auch auf einem ganz anderen Gebiet ans Revers heften. Er, der schon vor vielen Jahren aus der Kirche ausgetreten ist, der an einen Gott glaubt, ohne den christlichen zu bevorzugen, ausgerechnet er engagiert sich bei der »Evangelischen Stadtmission«. Einem Verein, der sich der Diakonie verpflichtet sieht, unter dessen Geschäftsführung zwei Krankenhäuser und zwei Altenheime stehen, der sich um Wohnungslose, Alkoholiker und Suchtabhängige in seinen verschiedenen Einrichtungen kümmert. In dieser Institution hat er den Beiratsvorsitz übernommen. Mit seinen 1600 hauptamtlichen und 150 ehrenamtlichen Mitarbeiterinnen und Mitarbeitern zählt der Verein zu den großen Arbeitgebern der Stadt.

Und weil Manfred Lautenschläger »nichts egal ist, weil er nicht einfach von Sitzung zu Sitzung rennt, sondern weil er sich einbringen und gestalten will«, wie die Wissenschaftsministerin Bauer feststellte, hat seine Stiftung auch 2 Millionen Euro investiert, damit die Stadtmission ein Projekt verwirklichen konnte, das ihm am Herzen lag: Wiedereingliederung von straffällig gewordenen oder wohnsitzlosen Jugendlichen. Sie sollen die Chance erhalten, wieder in einen geregelten Tagesablauf zurückzufinden.

Den idealen Ort dafür fand man nach langer Suche in einem malerischen Tal an der Bergstraße. In Schriesheim, einer Kleinstadt unweit von Heidelberg, auf einem zwei Hektar großen Gelände am Waldrand, mit Streuobstwiesen, Bächen und markanten Gebäuden, mit einer Reithalle und vielen Tieren. Hier wurde eine Wohlfühloase geschaffen, in der alle willkommen sind. Allein das integrierte Wirtshaus sorgt schon für viele Gäste.

Dass sich der Schriesheimer Gemeinderat mit diesem Projekt nicht leichttat, dass Vorurteile ausgeräumt, Hürden überwunden werden mussten, das ist mittlerweile Geschichte. Seit über zehn Jahren funktioniert der »Mühlenhof«. Die Wohnsitzlosen aus dem Heidelberger »Wichernheim« erwartet hier ein geregelter Tagesablauf durch die Beschäftigung in der Landwirtschaft, den Umgang mit den Tieren, die Arbeit im Restaurant. Betreut werden die »Schützlinge« von einem fachkundigen Team der Wiedereingliederungshilfe der Stadtmission. »Hier wird deutlich, dass Männer und Frauen, die am Rande der Gesellschaft leben, dazu angeleitet werden, dauerhaft Enormes und Sinnvolles leisten zu können und leisten zu wollen«, sagt Heinz Waegner, der bis zu seinem Ruhestand das Vorzeigeobjekt betreute.

Dass der Mäzen selbst hin und wieder vorbeischaut, auch mit seiner Familie, ist für ihn keine »Pflichtveranstaltung«, sondern ein Bedürfnis. Schließlich lässt es sich in der Gaststätte auch gut essen und trinken. Hier wollte er auch mit seinen Radlern am 21. Juli 2019 eine Rast einlegen. Nach 70 Kilometern und 1000 Höhenmetern durch den Odenwald. Das Essen für die 350 Teilnehmer des »21. Radtreffs Rhein-Neckar« war schon gerichtet, als die bestürzende Nachricht die Runde machte: Mit-Organisator Lautenschläger war vom Fahrrad gestürzt, als zwei Mitradler ihn beim Überholmanöver streiften. Mit einer Hüft- und Ellenbogenfraktur und einem Oberschenkelhalsbruch kam er ins Krankenhaus. Ausgerechnet in der Nähe »seines« Mühlenhofs hatte er sich die schweren Verletzungen zugezogen. Das Radfahren hat er mittlerweile aufgegeben – seiner Frau Angelika zuliebe. Das »Mühlenhof«-Wirtshaus wird er aber auch weiterhin besuchen.

IX

VIEL FREUND, VIEL EHR'

Mit dem Begriff »Freund« geht Manfred Lautenschläger sparsam um. Eine Handvoll Menschen sind es, die er so nennen würde. Und dennoch: Freundschaftliche Verbindungen pflegt er – und das über Jahrzehnte hinweg. Entstanden sind sie durch seine Stiftung, durch sein persönliches Engagement, das tief in die Stadtgesellschaft hineinwirkt – und zwar in alle Bereiche. Eine Heidelberger Journalistin bezeichnete ihn einmal als ihren »Lieblingsreichen«, weil er in ihren Augen anders ist als die anderen Multimillionäre, mit denen sie berufsbedingt zu tun hat. Und die Region um Heidelberg ist nicht arm an Spendern und Mäzenen, die mit einem riesigen finanziellen Aufwand dazu beitragen, dass hier Kliniken auf höchstem Niveau arbeiten können, international anerkannte Forschungseinrichtungen existieren, der Sport einen großen Stellenwert hat ebenso wie kulturelle Einrichtungen. Eine Stadt kann sich glücklich preisen, solch großzügige Geldgeber in ihren Reihen zu haben. Der Unternehmer Lautenschläger gehört seit über zwanzig Jahren dazu. Das hat ihm jede Menge Ehrungen und Anerkennung eingebracht.

Aber es ist nicht das Geld, das Lautenschläger so großzügig verteilt, was ihn herausragen lässt, schließlich geben andere zum Teil noch mehr. Es ist vor allem seine Begeisterung für Menschen. Wenn die für eine Sache »brennen«, wenn sie aus einem innersten Drang handeln, dann haben sie Lautenschläger an ihrer Seite. Dann ist er dabei, ein Theater zu retten, als einziger Privatsponsor in Deutschland die Sinti und Roma zu unterstützen, Musikfestivals attraktiver zu machen, Ausgrabungen in Israel zu ermöglichen. Wer etwas von Lautenschläger will, der sucht den persönlichen Kontakt, hofft auf eine Einladung in sein großes, sparsam möbliertes Büro auf dem MLP-Campus in Wiesloch. Wer es geschafft hat, mit ihm am dunklen, schlichten Konferenztisch zu sitzen, der sollte gut vorbereitet sein. Denn der Hausherr will alles wissen, interessiert sich für das große Ganze und die Details – und für den Menschen, der ihm da gegenübersitzt.

So wie an jenem trüben Novembertag 2006, als ein ziemlich aufgeregter grauhaariger Lockenkopf mit diesem »fanatischen Glitzern in den Augen« (Lautenschläger) auf dem Stuhl herumrutscht. Für Peter Spuhler, den damaligen Intendanten des Heidelberger Stadttheaters, ist es die erste Begegnung mit dem Unternehmer. Klar kennt er ihn aus der Zeitung, weiß um seine Großzügigkeit, um seinen Einsatz für die Stadt Heidelberg. Erklären muss der leidenschaftliche Theatermann seinem Gegenüber eigentlich nicht mehr viel. Denn der ist schon bestens informiert, aus der *Rhein-Neckar-Zeitung*, die jeden Morgen als »Pflichtlektüre« auf seinem Frühstückstisch liegt. Die hatte, zum ersten und bislang letzten Mal in ihrer 75-jährigen Geschichte, ein paar Monate zuvor ihre Leser mit einer »Kampagne« konfrontiert: für die vollkommen marode städtische Bühne und gegen das Aus des 150 Jahre alten »Bürgertheaters«. Zusammen mit dem Intendanten und dem damals jüngsten Generalmusikdirektor Deutschlands, Cornelius Meister, der Lokalchefin und dem damaligen Chefredakteur der Zeitung und einem ausgewiesenen Theaterfreund und Finanzfachmann hatten sie das »Bürgerkomitee zur Rettung des Theaters« gegründet. Ihr ehrgeiziges Ziel, 10 Prozent der veranschlagten 40 Millionen Euro teuren Sanierungskosten durch private Spenden einzusammeln. Die am Ende achtköpfige, kleine, aber schlagkräftige Truppe war vom Erfolg nach nur kurzer Zeit selbst am meisten überrascht. Denn eine ganze Stadt war aufgestanden, um mitzuhelfen, dass das Theater nicht in der Versenkung verschwindet, wie es einige Lokalpolitiker angesichts leerer öffentlicher Kassen vorgeschlagen hatten.

Eine unvergleichliche Rettungsaktion begann: Schulklassen sammelten bei eigenen Aufführungen, Privatpersonen wünschten sich bei Geburtstagen keine Geschenke, sondern Spenden für das Theater, Gewerbetreibende dekorierten ihre Schaufenster entsprechend und stellten Sammelboxen auf, Kinder gaben ihr Taschengeld, Firmen, Vereine und Sozialclubs setzten sich ein, Künstler kreierten lustige Regenschirme zur Versteigerung. Versteigert wurden aber auch Gemälde, Altbestände aus der Stadtbibliothek oder Theaterkostüme. Für 100 Euro konnte ein »goldener Baustein« mit prominenter Unterschrift (auch Ex-Ministerpräsident Günther Oettinger verewigte sich bei einem Redaktionsbesuch), für 1000 Euro ein ausgedienter Theaterstuhl erworben werden. Und mittendrin bei allen Aktionen Peter Spuhler, der sich auch als Intendant nicht zu schade war, nach Veranstaltungen mit dem Zylinder Geld zu sammeln, der als Auktionator eine gute Figur machte, der überall da mit anpackte, wo es nötig war. Der unermüdlich nach Ausweichspielstätten suchte, als das Theater für Wochen wegen Sicherheitsgründen geschlossen werden musste. Da öffneten Kirchengemeinden ihre Gotteshäuser, lud die Pädagogische Hochschule ein, offerierten Kulturinstitutionen ihre Räumlichkeiten. Unter dem Motto »Wir spielen weiter« wollte sich das Theater nicht dem Diktat des Faktischen beugen.

Es war die Zeit, als Spuhler bis zur Erschöpfung arbeitete, auch seinem Team alles abverlangte, als er sogar am Telefon einschlief und am nächsten Morgen mit dem Hörer in der Hand aufwachte. Dieser »Verrückte im positiven Sinn«, wie Lautenschläger ihn gerne apostrophiert, der musste einen wie Lautenschläger, dessen erste Leidenschaft nicht unbedingt das Theater war, keineswegs mehr überzeugen, an diesem Novembertag auf dem MLP-Campus in Wiesloch. Denn: »Wenn so ein angestellter Amtsleiter (nichts anderes ist ja in den meisten Fällen der Chef eines Stadttheaters) es ums Verrecken wissen will, wenn er mit allen Mitteln kämpft und das Projekt sinnvoll ist, dann bin ich dabei.« Was ihn damals ebenso beeindruckte, das war die unglaubliche Solidaritätswelle der Bürger. Und »sein« Heidelberg ohne Theater – unvorstellbar.

»Die Zusage von Manfred kam nach drei Minuten. So spontan, so schnell, dass ich sie erst einmal gar nicht wahrgenommen habe«, erinnert sich der ehemalige Generalintendant am Nationaltheater in Karlsruhe. Er konnte es nicht fassen: 750.000 Euro, für die Sanierung seines Hauses, dessen Leitung er ein Jahr zuvor übernommen hatte. Lautenschläger war Premiumpartner des Sponsorenclubs. Der große Saal sollte nach dem Umbau nach ihm benannt werden. Dass es dann doch nicht so weit kam, weil ein anderer Großspender exakt zwei Jahre später 15 Millionen auf den Tisch blätterte, das konnte Lautenschläger leicht verschmerzen. Noch heute hat Spuhler ein schlechtes Gewissen, wenn er daran denkt. »Wir hatten ihm das versprochen. Er hatte sich das Namensrecht doch erworben. Wir haben unser Wort gebrochen. Aber als ich ihm erklärte, dass Octapharma-Chef Wolfgang Marguerre jetzt an der Spitze steht, da lachte er nur und freute sich mit und für uns.« Für Lautenschläger kein Problem, dem anderen den Vortritt zu lassen. Denn er hatte erreicht, was er wollte: Anstifter sein.

Als Lautenschläger jedenfalls im März 2007 den Spendenvertrag im Rathaussaal unterzeichnete, da war er noch als Mäzen der Erste. Die *Rhein-Neckar-Zeitung* titelte damals: »Dieses Autogramm ist 750.000 Euro wert.« Oberbürgermeister Eckart Würzner lobte das »tolle Signal« Lautenschlägers und die »soziale Kompetenz seines Unternehmens«. Und dem Bürgerkomitee schenkte Lautenschläger mit der großzügigen Spende, die er kurz danach auf eine Million erhöhte, Zuversicht, das Millionen-Versprechen einzuhalten.

Aber so ganz dem Freudentaumel wollte sich Lautenschläger nicht hingeben. Er, stets ein Freund des offenen Wortes, war zuvor mit der Stadt ins Gericht gegangen: »Ich will eine vernünftige Lösung für das Theater und nicht wieder ein Stückwerk.« Das bisherige »Stückwerk« hatte ihm beim Gang durch die »Katakomben« sprachlos gemacht. Er hatte gesehen, unter welch »menschenunwürdigen Bedingungen« die Theaterleute hier arbeiten mussten. Er hatte die tollkühn miteinander verbundenen Gebäude gesehen, mit Elektroleitungen aus den 1920er-Jahren, mit den zahlreichen Stahltüren, durch die die Musiker ihre Instrumente in den Orchestergraben schleppen mussten, war erschrocken über die heruntergekommenen Duschen, die Arbeitsräume ohne Fenster. Brandgefährlich war es noch dazu. Bekannt war das der Stadt seit Jahrzehnten. Sie hatte ja auch immer wieder einmal investiert, aber halt nur in »Stückwerk«.

»Es ist doch ein Skandal, dass es überhaupt einer Rettungsaktion bedarf. Für mich ist es unverständlich, wie man ein Theater so in die Bredouille wirtschaften konnte«, empörte er sich.
Wohl wissend, dass »ohne Sponsoring gar nichts mehr geht«.
Am Ende hatte das »Bürgerkomitee zur Rettung des Theaters« 19,5 Millionen Euro auf seinem Spendenkonto, ein Drittel
der mittlerweile auf knapp 60 Millionen angewachsenen Bau-
summe. Eine Stadtgesellschaft mit ihren Tausenden von Spendern hatte gezeigt, dass für sie Kultur unverzichtbar ist.

Als dann nach drei Jahren heftigster Debatten und zweieinhalb Jahren Bauzeit am 23. November 2012 das Theater mit
einem großen Festakt wiedereröffnet wurde – selbst Kultur-
staatsminister Bernd Neumann schickte aus Berlin ein Glück-
wunschschreiben –, da stand Lautenschläger auf der Bühne
und bekam zusammen mit den anderen Engagierten den Applaus. Längst hatte er verfolgt, dass dieses Mal kein »Stückwerk« entsteht, sondern ein heller, lichtdurchfluteter Bau mit
optimalen Arbeitsbedingungen für die Mitarbeiter. Alles nach
neuestem Standard. Der Präsident des Deutschen Bühnenver-
eins sprach vom »Wunder von Heidelberg«.

Das Publikum im meist ausverkauften Haus – ob im neuen
großen Saal oder im wunderschön sanierten Alten Saal – wird
nur noch am Eingang des Foyers daran erinnert, dass es da
mal eine Rettungsaktion gab und dass der Unternehmer Lautenschläger sich an die Spitze einer großen Bürgerbewegung
gesetzt hatte, die bundesweit Wellen schlug. Das Theater unterstützt der Mäzen immer noch. Jedes Jahr können sich die
Autorinnen und Autoren des »Stückemarktes«, einem weltweit
ausgeschriebenen Wettbewerb junger Autoren, über ein Preisgeld seiner Stiftung freuen. Und in Corona-Zeiten hat er das
noch erhöht.

Mit Peter Spuhler ist er bis heute freundschaftlich verbunden, auch wenn der längst seine Zelte weiter südlich aufgeschlagen hat. Aber diese »Herzensgroßzügigkeit, diese Empathie«, die hat der Theatermann nirgendwo sonst erlebt. Auch das ein Grund, weshalb er immer wieder gerne nach Heidelberg zurückkommt – und sich mit seinem Freund Lautenschläger austauscht.

»Ich muss Vertrauen haben in die Menschen, die alles geben, um ihre Ideen umzusetzen«, sagt der Mäzen.

Einem, dem er »blind vertraut«, ist der Heidelberger Romani Rose. Müsste sich Lautenschläger, aus welchen Gründen auch immer, von Teilen seines gesellschaftlichen Engagements lösen, »von ihm und seiner Sache niemals«, bekennt er. Was er vom Vorsitzenden des »Zentralrates Deutscher Sinti und Roma« hält, das machte er vor Hunderten von Gästen in Berlin klar, darunter hochrangige Repräsentanten quer durch die politischen Lager, als er 2016 zusammen mit der Bundeskanzlerin in der ersten Reihe saß und eine Laudatio auf Romani Rose hielt.

Auch Angela Merkel sprach zum 70. Geburtstag Roses, lobte seine Ausdauer in der Bürgerrechtsarbeit, seinen jahrzehntelangen Kampf gegen Rassismus und Antiziganismus, sagte, dass es Rose war, der eines der wichtigsten Ziele in der Aufarbeitung der Nazi-Verbrechen an seiner Minderheit erreicht habe: die Anerkennung des Völkermords. Dass 2012 das Mahnmal für die Ermordeten in Berlin der Öffentlichkeit übergeben werden konnte, auch das sei vor allem ihm zu verdanken. Jahrzehnte hatte Rose darum gekämpft. Ein Kampf, den auch Manfred Lautenschläger intensiv miterlebt hatte.

Es ist nicht der hohe Bekanntheitsgrad, den Rose genießt, die Anerkennung in weiten Teilen der Republik, es sind nicht die vielen Auszeichnungen, darunter das Große Bundesverdienstkreuz, mit dem Rose von Bundespräsident Frank-Walter Steinmeier persönlich ausgezeichnet wurde. Weshalb Manfred Lautenschläger an ihm »festhält«, darauf gab er in Berlin eine öffentliche Antwort: »Romani Rose ist ein authentischer Mensch.« Sein wichtigstes politisches Kapital sei seine »Glaubwürdigkeit«. Entschieden vertrete er seine Anliegen, auch dann, wenn es unbequem werde, spule als Funktionär nicht einfach seine Rolle ab, sondern handle mit einer »tiefen, inneren Überzeugung«. Dabei sei dieser »hochpolitische« Mensch immer »höflich und zurückhaltend im Ton«, aber »hart in der Sache«. Die Lateiner unter den Gästen verstanden das Zitat des Kirchenmanns der Renaissance, Claudio Aquaviva: »*Fortiter in re, suaviter in modo*«, das der Redner zitierte.

Auch wenn einige der Gäste den Jubilar auch von der harten Seite erlebt hatten, Beifall für Lautenschläger gab es trotzdem. Vor allem als er hinzufügte: »Wenn es um die Frage von Gerechtigkeit und Menschenwürde geht, dann brennt das Feuer in ihm, ein Feuer, das niemals erlöschen wird.«

Und genau das ist der Punkt, wo sich der Bürgerrechtsaktivist und der Unternehmer treffen, hier liegen die Schnittstellen. Es sind fast die identischen Worte, die Romani Rose wählt, wenn er bekennt, ein »Fan« seines Förderers zu sein. Nein, für ihn stünden die finanziellen Aspekte wahrlich nicht im Vordergrund. Wobei er zugleich dankbar für alles ist, was Lautenschläger auch finanziell für die Minderheit getan hat. Aber an erster Stelle steht bei ihm der Mensch Lautenschläger, der ihn schon sehr früh in seinen Bemühungen unterstützt habe. Aus »politischem Bewusstsein heraus, aus Menschlichkeit und Gerechtigkeitssinn«.

Kennengelernt hatten sich die beiden im April 2001, als Rose ihn durch die Dauerpräsentation im Dokumentationszentrum führte. Das war in der Zeit, als das Zentrum eine ständige Ausstellung zum Holocaust an den Sinti und Roma in Auschwitz realisierte. Rose erzählte ihm davon und auch von den Schwierigkeiten, die Gelder dafür aufzutreiben. Lautenschläger hörte interessiert zu, Rose war es gar nicht in den Sinn gekommen, ihn um Geld zu bitten. Als sich Lautenschläger verabschiedete, fragte er ganz beiläufig: »Wie viel Geld fehlt Ihnen denn?« Es waren 50.000 Mark. Lautenschläger: »Verfügen Sie über den Betrag.« Rose war so perplex, dass ihm nichts Besseres einfiel als: »Kann ich das schriftlich haben?«

Wieder einmal konnte einer nicht glauben, dass es da einen reichen Menschen gibt, der einfach so, ohne zu zögern, ohne schriftliche Eingaben, ohne langes Bitten bereit ist, Geld zu geben. Lautenschläger kann sich noch gut an die Szene erinnern. Aber auch eine andere ist ihm gut im Gedächtnis geblieben. Es war während einer dieser anstrengenden Kuratoriumssitzungen. Gerade hatte die aus Berlin angereiste Staatssekretärin mitgeteilt, dass die Regierung ihre Zuschüsse kürzen werde. Lautenschläger: »Da bin ich laut geworden.« Noch aus der Sitzung heraus schrieb er an den damaligen Bundeskanzler Gerhard Schröder. Die Kürzungen wurden zurückgenommen. Was ihn damals so erboste, war die Ungleichbehandlung der beiden großen Opfergruppen. Denn während Juden dank einer großen Lobby zu Recht in ihren Anliegen breit unterstützt würden, stünden die Sinti und Roma allein auf weiter Flur. Das ging gegen seinen Gerechtigkeitssinn. »Wir haben aus unserer Nazi-Vergangenheit eine besondere Verantwortung«, begründet Lautenschläger sein Engagement. Diese Verantwortung sei umfassend, lasse kein gegenseitiges Aufrechnen zu.

»Manfred Lautenschläger hat sich nicht abstrakten Stiftungszielen verschrieben, sondern er zeigt immer wieder, dass er sich in erster Linie als Mensch engagiert.« Eindrücklich erlebt hat das Rose, als er den »Atheisten« Lautenschläger zu einem gemeinsamen Besuch bei dem über neunzigjährigen Mönch Lukas Ruegenberg in die Benediktinerabtei Maria Laach einlud. Für Lautenschläger ein Besuch mit weitreichenden Folgen und der Beginn einer Freundschaft mit dem Ordensbruder, die seit bald zwei Jahrzehnten andauert. Hinter den Klostermauern sah sich der Gast mit einem liebenswerten, klugen und aktiven Mann konfrontiert, der sein Leben Gott und den Menschen gewidmet hat, den das Elend im Nachkriegsdeutschland einst bewogen hatte, sein Ordensgelübde abzulegen.

Vor dem außergewöhnlichen Leben des Bruder Lukas, der 1928 in Berlin geboren und mit 15 Jahren noch als Flakhelfer eingezogen wurde, hat Lautenschläger größten Respekt. Das *»Ora et labora«* der Benediktiner, das lebte er aus vollem Herzen. Weil er beten und arbeiten wollte, wohnte Ruegenberg Anfang der 1960er-Jahre mit Erlaubnis des Abts abwechselnd in einer Obdachlosensiedlung in Köln und im neunzig Kilometer entfernten Kloster. Er verstand es, mit viel Ideenreichtum junge Menschen von der Straße zu holen und sie an sich zu binden, half Arbeitslosen, Alten und Familien, gründete »Kellerläden« mit Gebrauchtem und war selbstverständlich dabei, als das Kloster Anfang der 1980er-Jahre begann, Hilfsgüter in die Ukraine und Slowakei zu transportieren.

Hier, nahe der Ortschaft Secovoce, leben Roma in einem Lager, dem Habesch, unter schwierigsten Bedingungen. Dank der Hilfe der Benediktiner aus Maria Laach gibt es dort mittlerweile eine Schule, eine Kapelle und drei Wasserentnahmestellen. Dass ein Haus mit einer chirurgischen Ambulanz, Verwaltungsräumen und einer Küche, in der die Kinder der

Siedlung wenigstens einmal pro Woche eine warme Mahlzeit erhalten, gebaut werden konnte, das kann Lautenschläger mit seinem finanziellen Engagement auch für sich verbuchen.

Aber davon war noch nicht die Rede an jenem Märztag im Jahr 2006, als Lautenschläger gemeinsam und schweigend – wie es die Regeln vorsehen – mit den Mönchen im Refektorium das Mittagessen einnahm, wie er erstaunt einem Vortrag folgte, in dem das Gute im Islam dem Christentum gegenübergestellt wurde. Aber da gab es noch etwas, was ihm imponierte: das Kloster-Atelier von Bruder Lukas. Fasziniert sah er sich die zahlreichen Ölgemälde, die Aquarelle und Zeichnungen an, die dieser Mann geschaffen hatte, der nach dem Krieg an der Berliner Kunstakademie bei Karl Schmidt-Rottluff, einem der wichtigsten Vertreter des Expressionismus, vier Jahre lang studiert, der an der Münchner Kunstakademie sein Zweitstudium für Kirchenmalerei absolviert hatte – Lautenschläger war hell begeistert. Dass die Werke von Bruder Lukas, der auch Gast bei seinem 70. Geburtstag war, im Heidelberger Dokumentations-Zentrum ausgestellt werden, ist dem Kunstfreund ein Bedürfnis. Alles wurde schon dafür in die Wege geleitet.

Damals, beim Atelierbesuch, stand aber etwas ganz anderes im Vordergrund. Denn Lukas Ruegenberg ist für seine Bilderbücher bekannt, die sich vor allem mit den Themen Holocaust, Drittes Reich, Antisemitismus und Antiziganismus auseinandersetzen. Dazu hatte er schon eine Reihe von Kinderbüchern gestaltet, jetzt sollte ein weiteres folgen: »Elses Geschichte«. Nach einem Anstoß des Mönchs und initiiert vom Dokumentationszentrum, hatte der bei Heidelberg lebende Jugendbuchautor Michail Krausnick die bewegende Geschichte eines achtjährigen Sinti-Mädchens aufgeschrieben, das Auschwitz überlebt hatte. Der Mönch lieferte die Illustrationen.

Zum ersten Mal sollte im deutschsprachigen Raum ein Kinderbuch vom Völkermord an den Sinti und Roma erzählen, basierend auf dem Schicksal der damals achtjährigen Else Schmidt. Aus der Wohnung ihrer Hamburger Pflegeeltern verschleppt, als »Zigeunerkind« im Konzentrationslager erfasst und abgestempelt, war das Mädchen der brutalen Willkür der Nazis ausgeliefert. Ihr Überleben hatte sie dem couragierten Kampf ihres Pflegevaters zu verdanken, einem einfachen Hafenarbeiter. Der wollte sich sein Kind nicht wegnehmen lassen, wandte sich bis an die obersten NS-Behörden. Nach einem halben Jahr entließen die Nazi-Schergen das Mädchen aus der Mordmaschinerie. Elses leibliche Mutter, die sie nie kennengelernt hatte, und ihre vier Schwestern wurden in Auschwitz umgebracht.

Für Lautenschläger war es keine Frage, die Veröffentlichung dieses Buches zu ermöglichen. 2007 kam die mittlerweile vielfach ausgezeichnete Erzählung auf den Markt, auch eine Bühnenfassung sorgte nicht nur deutschlandweit für Verbreitung. Selbst in der südkoreanischen Hauptstadt Seoul konnten sich die Theaterbesucher mit dem Schicksal der Else Schmidt, die heute Else Baker heißt und seit den 1960er-Jahren in London lebt, auseinandersetzen. Die Uraufführung des Theaterstückes 2012 am Heidelberger Stadttheater erlebte Else Baker mit. Auf Einladung Lautenschlägers. Fast fünfzig Jahre hatte sie nicht über ihre Erinnerungen reden können. Erst Anfang der 1990er-Jahre brach sie ihr Schweigen, als sie Mitarbeitern des Dokumentationszentrums ausführlich über ihre Verfolgung berichtete – die Grundlage für die Erzählung. Aus Heidelberg durfte die damals 76-Jährige, fast erblindete Sintezza noch eine andere Erinnerung mitnehmen: Lautenschläger hatte ihr in der Stadt am Neckar eine Augen-OP ermöglicht.

»Sein Einsatz ist vom Bewusstsein getragen, dass es letztlich die menschlichen Beziehungen sind, die Prozesse und gesellschaftliche Entwicklungen wesentlich mitbestimmen«, sagt Romani Rose. Auch das ein Grund, weshalb der Bürgerrechtler Lautenschläger als »Botschafter der Toleranz« vorschlug. 2007 wurde dem Unternehmer »mit gesellschaftlicher Verantwortung« (Rose) der Preis von den damaligen Ministern Brigitte Zypries und Wolfgang Schäuble in Berlin überreicht.

Als aber Rose seinem Förderer zum Geburtstag ein ganz persönliches Geschenk machen wollte, wäre das fast als »Wieslocher Fenstersturz« in die Geschichte von MLP eingegangen. Rose hatte den international renommierten Dirigenten Riccardo M. Sahiti gebeten, mit Musikern seiner »Roma und Sinti Philharmoniker« dem Jubilar ein Ständchen zu bringen. Ausgerechnet diese herausragenden professionellen Künstler, in zahlreichen Opern- und Sinfonieorchestern Europas engagiert, was spielten sie? Eine Schnulze von Rocco Granata »Du schwarzer Zigeuner«. »Ich wäre am liebsten aus dem Fenster gesprungen«, erinnert sich Rose. Denn bei ihm »weinte nicht nur die Geige«, wie es da in einer Textzeile heißt. Also riss Rose das Fenster auf, bereit sich in die Tiefe zu stürzen. Allerdings kam er schnell zu der vernünftigen Einsicht, dass Lautenschlägers Büro im dritten Stock doch ein wenig zu hoch sei. Rose überlebte den Auftritt und Lautenschläger, dessen Stiftung seit Jahren die »Sinti und Roma Philharmoniker« unterstützt, hatte seinen Spaß an dem Schlager, den er seit den Zeiten eines Vico Torriani mitsingen konnte. Von Antiziganismus keine Spur.

Einem wie Thorsten Schmidt wäre so etwas wie mit dem »schwarzen Zigeuner« niemals passiert. Wobei nicht auszuschließen ist, dass auch er und sein Publikum dieses Liedchen kennen. Denn wer den »Heidelberger Frühling« besucht, dessen Intendant der studierte Sänger und Betriebswirt ist, dem ist kaum etwas Musikalisches fremd. Auch Riccardo M. Sahiti und seine »Roma und Sinti Philharmoniker« traten schon bei diesem Klassik-Festival auf, einem der größten und bedeutendsten Deutschlands. Es war der Wunsch Lautenschlägers gewesen, der den Auftritt selbstredend auch sponserte. Seit' an Seit' klärten Thorsten Schmidt und Romani Rose bei ihrer Begrüßung das tausendköpfige Publikum darüber auf, dass mehr als achtzig Opern von der Musik der Sinti und Roma inspiriert sind. Dass bekannte Komponisten wie Brahms, Bizet, Liszt oder Strauß ihre starken musikalischen Wurzeln in der Kultur dieser Minderheit fanden. »Unendlich viel zu verdanken haben wir ihrer 700 Jahre zurückreichenden Geschichte«, sagte Schmidt. Der anschließende musikalische Streifzug war diesmal ganz nach Roses Geschmack. Und Lautenschläger hatte wieder einmal zwei Menschen und zwei Ideen zusammengebracht: musikalisches Erbe pflegen und gleichzeitig noch gegen Vorurteile, Vertreibung und das Vergessen anspielen, in dem Landesgrenzen keine Rolle mehr spielen, da die Musik alles in sich vereint.

»Er ist nicht der vermögende Mann, der mit dem Finger schnippt und erwartet, dass alles springt und jeder seiner Wünsche auch prompt umgesetzt wird«, sagt der Intendant. Ja, er mische sich ein, mache Vorschläge – ob daraus dann ein Projekt werde, das stehe auf einem ganz anderen Blatt. »Eine der großen Stärken Manfred Lautenschlägers liegt darin, dass er Kompetenz und Leistung anerkennt und auch einräumt, wenn er etwas nicht weiß.« Für den Musik-Enthusiasten ist er der ideale »Sparringspartner«. Einer, der zuhört und nach Lösungen sucht.

Es ist nicht so, dass Lautenschläger als Kultur-Mäzen ein

ausgesprochener Klassik-Begeisterter wäre. Allerdings: »Bei den langsamen Sätzen eines Konzertes, da fließe ich dahin«, gibt er zu. Gerne bei Max Bruchs Violinkonzert oder bei Beethovens Klavierkonzerten.

Auch wenn die Klassik nicht sein Fach ist, auf den »Frühling« singt er das Hohe Lied – und auf Thorsten Schmidt. Der hat es zusammen mit einem kleinen Team geschafft, aus dem »Nichts« heraus ein herausragendes Festival auf die Beine zu stellen. Das war im Jahr 1997. Mittlerweile kommen die Besucher aus aller Welt, um internationale Stars von heute und morgen zu erleben. Allein im Jahr 2018 waren es knapp 48.000, die bei über hundert Veranstaltungen mit 700 Künstlerinnen und Künstlern dabei waren. Längst hat der »Heidelberger Frühling« eine eigene Identität entwickelt, ist zu einem wichtigen Treffpunkt und Impulsgeber der Musikszene geworden. Dies alles entsteht jedes Jahr aufs Neue. Aus einem Zusammenspiel von »bürgerlichem Engagement, eindrucksvoller Unterstützung von Unternehmen und öffentlicher Hand«, sagt Schmidt. Dass dabei eine »Ausnahmepersönlichkeit« wie Lautenschläger als Gründungsmitglied der Frühlings-Stiftung (2010) und Vorsitzender des Stiftungsrates fungiert, das macht ihn »glücklich«. Und Lautenschläger ist von dessen Fachkenntnis, dessen engagiertem Netzwerken und Ideenreichtum begeistert. Es war Schmidt, der mit der Schaffung einer »Festival-Akademie« international renommierte Künstler dauerhaft an Heidelberg binden konnte. Den amerikanischen Bariton Thomas Hampson etwa, einen der weltbesten seines Fachs, der in Heidelberg nicht nur Konzerte gibt, sondern auch als künstlerischer Leiter der »Lied-Akademie« wochenlang mit jungen Nachwuchssängern zusammenarbeitet und der bei einem der jährlich stattfindenden festlichen Dinner im »Europäischen Hof«, seit vielen

Jahren treuer Unterstützer der Veranstaltungsreihe, den wunderbaren Begriff vom »Kultur-Krieger« prägte. Fast alle großen Liedinterpreten traten in Heidelberg auf. Annette Dasch, Jonas Kaufmann, Christine Schäfer, Christian Gerhaher oder Christoph Prégardien gehören dazu. Und dass einer der renommiertesten Wettbewerbe für Liedgesang, nämlich Thomas Quasthoffs »International Song Competition Das Lied«, von Berlin nach Heidelberg umsiedelte, das ist diesem einmaligen »kulturellen Nährboden« geschuldet.

Auch für Igor Levit, diesen Ausnahmepianisten mit dem hohen politischen Anspruch. Als künstlerischer Leiter der »Kammermusik-Akademie« ist er dem »Frühling« seit Langem verbunden. Für diesen »bedeutendsten Künstler seiner Generation« *(New York Times)* ist seine Kunst untrennbar mit gesellschaftlichen Entwicklungen verbunden.

Ein Gedanke, der auch Lautenschläger umtreibt. Dass er 2012 den ersten Auftritt des Bundesjugendballetts, das gerade mal ein halbes Jahr vorher von John Neumeier in Hamburg gegründet wurde, mit 40.000 Euro spontan unterstützte und im Folgejahr die Kosten für ein weiteres Engagement an die Bitte koppelte, auch in der Jugendstrafanstalt Adelsheim eine Vorführung bei der Terminplanung zu berücksichtigen, das war »typisch« Lautenschläger. Alles in einen Kontext zu setzen. Und so schickte der weltweit gefragte Choreograf, der auf den Bühnen von New York, London, Tokio oder Wien und als erster »Westler« nach hundert Jahren in St. Petersburg inszenieren durfte, seine internationalen, jungen Talente nach Adelsheim im Bauland. Dass sie dort landeten, war kein Zufall.

Während seines Jura-Studiums waren das Strafrecht und die Kriminologie, das »Einzige, was mich interessiert hat«, sagt

Lautenschläger. Mitgenommen aus dieser Zeit hatte er, dass »wir uns um die Täter kümmern, dass wir jugendlichen Kriminellen Brücken bauen müssen, damit sie wieder in die Gesellschaft zurückfinden und nicht zu Wiederholungstätern werden«. Deshalb zögerte er auch nicht, die »Behandlungsinitiative Opferschutz« (BIOS) mit ihren neuen Ansätzen zu unterstützen. Die setzt der immer schärfer werdenden Haft-und Sanktionspraxis bei gefährlichen Gewalt-und Sexualstraftätern eine Methode entgegen, mit der vor allem in der Schweiz beachtliche Erfolge erzielt werden konnten.

»Therapie von Straftätern ist Schutz von Opfern«, davon war Klaus Böhm, Richter am Oberlandesgericht in Karlsruhe, überzeugt, als er 2008 die BIOS zusammen mit anderen Juristen, Politikern, Psychiatern ins Leben rief. 2011 wurde das Programm auch in Adelsheim und Offenburg angeboten – auf freiwilliger Basis. Die Verurteilten – die Experten gingen bei den meisten von ihnen von einer »Persönlichkeitsstörung« aus – sollten üben, selbstsicher zu kommunizieren und Strategien zur Problemlösung zu entwickeln. Die sogenannten »Angstbeißer« würden so lernen, angemessen mit Ärger und Enttäuschungen umzugehen.

Diesen überzeugenden Therapieansatz konnte Lautenschläger nachvollziehen. Er finanzierte weitgehend beide Projekte. Dass auch die Uni Heidelberg schon zuvor an einer wissenschaftlichen Evaluierung mitarbeitete, mag ihn noch zusätzlich motiviert haben.

Als die Einrichtung ihr zehnjähriges Bestehen feierte, sie war mittlerweile zur größten ihrer Art in Deutschland angewachsen, sprach der Justizminister des Landes von einem »unverzichtbaren Beitrag«, bezeichnete die BIOS als einen »kompetenten und verlässlichen Partner der Justiz«. Die Initiatoren dankten Manfred Lautenschläger für seine jahrelange Unterstützung: »Ohne die Hilfe seiner Stiftung wären die Projekte nicht durchführbar gewesen.« Mehr als 3500 Straftäter wurden bislang in den Gefängnissen betreut.

»Bei allem Schlimmen, was die Inhaftierten getan haben, darf man nicht vergessen, dass es immer noch Menschen sind, die hier hinter meterhohen Mauern weggesperrt werden«, begründete Lautenschläger seine Einladung für das Ballett. Als dann in Deutschlands zweitgrößter Jugendstrafanstalt mit ihren über 400 Insassen zwischen 14 und 23 Jahren die Künstler auftraten, war die Begeisterung groß. Ein hingebungsvolleres, ergriffeneres Publikum hatte das Ballett wohl noch nie erlebt. Und von den jungen Männern, zum Teil seit Jahren ohne jeglichen Kontakt zum anderen Geschlecht, kam angesichts von leicht bekleideten, graziösen jungen Frauen kein einziger anzüglicher Laut.

Wovon Lautenschläger überzeugt ist: »Finanzielle Unterstützung ist zwar wichtig, aber es muss auch Leidenschaft und Überzeugung dazukommen.« Aus »Überzeugung« gründete er zusammen mit anderen Mäzenen 2010 die »Stiftung Heidelberger Frühling«, um, wieder ganz Unternehmer, den geplanten Ausbau des Festivals langfristig auf eine solide Basis zu stellen. »Ich bin sicher, dass es noch eine ganze Reihe von Menschen gibt, die gewillt und in der Lage sind, die Zukunft der Musikstadt Heidelberg aktiv mitzugestalten. Wir möchten mit unserem Engagement die Initialzündung für andere Unternehmen und musikbegeisterte Privatpersonen geben«, begründete er die Initiative.

Aber als »unglaublicher Motivator und Kommunikator« (Schmidt) ist es die Sache Lautenschlägers nicht, sich mit Erreichtem zufriedenzugeben. Immer wieder hatte Schmidt in zahllosen Gesprächen auf das Thema »Heidelberg, die Stadt des Liedes« gelenkt, hatte Clemens von Brentano und Achim von Arnims Liedsammlung »Des Knaben Wunderhorn« angeführt und dabei nach den Sternen gegriffen: »Wenn es ein Weltzentrum des Liedes gibt, muss es in Heidelberg sein.« Das hörte Lautenschläger gern. Aber um das zu verwirklichen, musste am ganz großen Rad gedreht werden. Ein Festspielhaus wäre das Nonplusultra, ein lang gehegter Wunsch des Intendanten, den sich der Mäzen zu eigen machte.

Da gab es zwar die Stadthalle, ein denkmalgeschütztes Gebäude aus der Zeit des Jugendstils, aber doch schwer in die Jahre gekommen: mit mangelnder Akustik, überalterter Technik, teilweise schlechter Sicht, zu kleiner Bühne und ohne entsprechende Räume für die Künstler. Auf keinen Fall der Bedeutung des Festivals angemessen. Auf einer Pressekonferenz sagte Lautenschläger: »Wir brauchen hier einen ordentlichen Musiksaal. Mit der Stadthalle und ihren maximal 1200 Plätzen sind wir längst an die Grenzen gestoßen«, machte er Werbung für eine grundlegende Sanierung, die auch dringend notwendig war. Dass das Gebäude auch anderen Einrichtungen weiterhin zur Verfügung stehen würde, stand dabei außer Frage. Und an die Adresse von Stadt und Gemeinderat gerichtet, sagte er im Frühsommer 2015: »Wir haben die Qualität der Mitarbeiter des ›Heidelberger Frühlings‹ auf die Spitze getrieben. Es kann doch nicht sein, dass jetzt Formel-1-Piloten in einem alten VW-Käfer sitzen. Sie müssen einen Ferrari haben.«

Das Argument überzeugte zunächst drei weitere Mäzene. Sie ließen sich »anstiften«. Zusammen legten sie 3,7 Millionen Euro auf den Tisch. Und der Großsponsor Wolfgang Marguerre, der Schmidt auch von Anfang an unterstützte, verkündete ein wenig später: »Ich zahle den kompletten Umbau.« Der dürfte um die 40 Millionen betragen. Und die knapp 4 Millionen der anderen Sponsoren können jetzt für die Erhöhung des jährlichen Budgets und eine weitere Steigerung der Qualität verwendet werden.

In jeder anderen Stadt hätten jetzt die Sektkorken geknallt. Nicht so in Heidelberg. Bürgerinitiativen wollten »Heidelbergs gute Stube« vor dem »Sanierungswahn« retten, ein Riesenstreit entzweite den Gemeinderat, Gutachten wurden angezweifelt, die Architekten-Pläne sowieso. Zahlreiche Zeitungsartikel, Stellungnahmen, Info-Veranstaltungen, Diskussionsrunden und nervenaufreibende Sitzungen später stimmte das Stadtparlament für die Sanierung. Für 2022 ist der Einzug geplant. Größer konnte die »Hommage an Thorsten Schmidt« nicht ausfallen. Für Lautenschläger vollkommen gerechtfertigt, denn »dieser Mann leistet Großartiges, nicht nur für Heidelberg«. Ein Kompliment, das Schmidt nur allzu gerne zurückgibt. Und damit steht er nicht alleine da. Ein anderer, der in Sachen Jazz Großartiges leistet, bezeichnete ihn gar als »einen der besten Manager weltweit«.

Rainer Kern muss es wissen. Denn als Leiter des größten Jazz-Festivals in Europa muss er auch unternehmerische Qualitäten haben. Allein mit Glauben an die Kraft der Musik, Liebe zu den Künstlern und Hoffnung auf ein treues Publikum lässt sich kein Festival aus dem Boden stampfen. Erst recht nicht eines, über das sich die *Frankfurter Allgemeine Zeitung* vor ein paar Jahren sogar zu der Feststellung hinreißen ließ: »Nicht New York, Montreux oder Den Haag bieten das umfangreichste Jazzfestival, sondern Heidelberg, Mannheim und Ludwigshafen.« Und die französische Zeitung *Le Monde* schrieb nach einem Besuch: »Ein Festival, das in Europa seinesgleichen sucht.«

1999 war davon noch keine Rede. Im leicht runtergekommenen Heidelberger Kulturhaus »Karlstorbahnhof« präsentierte der studierte Chemiker sein erstes »Enjoy Jazz – Internationales Festival für Jazz und Anderes« mit gerade mal 14 Bands. Als Top Act trat die britische Band »Nightmares on Wax« auf. Das junge Publikum jubelte den Jungs zu, die ihren Ursprung im Hip-Hop hatten. Die elitären Jazz-Puristen wandten sich hingegen mit Grausen ab. Die Unzufriedenen verwies Kern auf den Zusatz »Anderes«. Denn eines war dem Musikenthusiasten klar: Die Grenzen sind fließend. Klar war ihm aber auch, dass ohne Geldgeber gar nichts gehen würde. »Im ersten Jahr habe ich nicht mal gedacht, dass es eine Neuauflage geben wird«, erinnert er sich. Doch mit solch trüben Gedanken schlug sich der damals 35-Jährige nicht lange herum. Er wusste um das große Potenzial dieser Musikrichtung, kannte die Region und ihren »idealen Nährboden« für kulturell anspruchsvolle Projekte. Wusste genau, was er wollte und in welcher Qualität. Und er kannte die große Jazz-Tradition Heidelbergs.

Da gab es mit dem »Cave 54« den ältesten Jazz-Club Deutschlands, der seine besten Zeiten zwar schon hinter sich hatte, als Jazzgrößen wie Louis Armstrong, Ella Fitzgerald, Dizzy Gillespie, Oscar Peterson oder Lionel Hampton sich auf der winzigen Bühne im Kellergewölbe zu Jamsessions trafen. Nach ihren Gigs in den Heidelberger US-Kasernen. »Truppenbetreuung« nannte man das. Da gab es den »Jazzclub Heidelberg«, von lokalen Musikern 1973 gegründet, um der »Jazzhochburg Heidelberg« wieder neue Impulse zu verleihen. Das erste Domizil war das Gesellschaftshaus der Universität, das »Haus Buhl«, in dem Manfred Lautenschläger während seiner Studentenzeit als Türsteher in der »Tangente« gejobbt hatte. Zwei Tage in der Woche spielten Bands, und die Heidelberger Musiker verlangten einen Monat lang keine Gage, um der Initiative ihr Basiskapital zu verschaffen. Hier traten dann Albert Mangelsdorff, Volker Kriegel, Jan Garbark oder Charlie Mariano auf. Namen, die Musikgeschichte schreiben sollten. Den »Jazzclub« gibt es – mit einer sechsjährigen Unterbrechungsphase – immer noch.

Da gab es die »Heidelberger Jazztage« Mitte der 1970er-Jahre, die internationale Größen wie Charles Mingus, Art Blakey oder Archie Shepp an den Neckar holten. Vierzig Jahre später spielte der weltbekannte Saxofonist zu Lautenschlägers 80. Geburtstag – Rainer Kern hatte das vermittelt.

Was Kern bei aller Leidenschaft für die Musik nicht unterschätzte, das waren die organisatorischen und ökonomischen Probleme im Kulturbetrieb. Dass Durchhaltevermögen und Krisenmanagement dazugehören und dass Geldgeber gefunden werden mussten, denn mit den äußerst kargen öffentlichen Geldern ließen sich nicht mal Hoppelschrittchen machen.

Dass der wenige Kilometer entfernte Softwarekonzern SAP Kerns Projekt für das gerade neu konzipierte lokale Sponsoringkonzept auswählte, gab ihm den Mut, über ein jährliches Event nachzudenken. Als dann nach fünf Jahren SAP ausstieg und sich aufs Sportliche verlegte, stand SAS Deutschland, ebenfalls ein Softwareunternehmen, als Hauptunterstützer parat, und schließlich kam 2003 noch der Chemie-Riese BASF dazu. Da hatte sich »Enjoy Jazz« schon fest etabliert und Kern die nicht wenigen Gegner eines »regionalen Festivals« längst überzeugt, dass lokale Begrenztheit ein Hemmschuh ist. Der Mann hatte eben seine genauen Vorstellungen – er dachte groß.

Als dann zwanzig Jahre später über 20.000 Gäste aus aller Welt anreisten, an fast neunzig Veranstaltungen mit 200 Künstlern auf 25 Bühnen in dreißig Konzertsälen während der sechswöchigen Laufzeit teilnahmen, erinnerte nichts mehr an die bescheidenen Anfänge. Kerns Traum war wahr geworden: Musik auf die Bühne zu bringen, mit dem Schwerpunkt Jazz, die aber andere Genres wie Klassik, Pop, Rock, Hip-Hop oder Electro miteinbezieht. Ein Festival, das zu Masterclasses, Matineen, Symposien und Partys einlädt, das Journalisten aus aller Welt anzieht, um Altmeister wie Archie Shepp, Sonny Rollins, Joshua Redmann oder Herbie Hancock zu hören, die aber auch die Entwicklungen von späteren Stars wie Brad Mehldau, Michael Wollny oder Nick Bärtsch mitverfolgen können, die als relativ unbekannte Künstler über Jahre hinweg eingeladen wurden. Zu hören sind sie neben Heidelberg in Mannheim und Ludwigshafen. Kirchen, Burgen und Universitäten öffnen ihre Tore für »Jazz und Anderes«. Unterstützt wird der Festival-Macher dabei von einem »grandiosen Publikum« (Kern), von einem großen, spendenfreudigen Freundeskreis, von Firmen der Region. Die haben längst die Bedeutung von Kultur als Standortfaktor erkannt. Diese Mischung aus Innovation und Weltoffenheit, Experimenten, Perfektion und Pioniergeist, dazu noch ein klarer politischer Standpunkt – das kommt bestens an.

»›Enjoy Jazz‹ ist mittlerweile ein Fest der Diversität und ein Plädoyer für die Reichhaltigkeit der Kunst schlechthin und darüber hinaus der unterschiedlichen Kulturen, die sich hier gleichwertig und ohne gegenseitigen Wettbewerb vorstellen können.

Zum 20. Geburtstag hielt der Schauspieler Matthias Brandt eine bewegende Rede. Über die Kraft des Jazz, seine enge

Freundschaft zu Rainer Kern und das Streben nach einer »besseren Welt«. Manfred Lautenschläger applaudierte seinem Kuratoriums-Kollegen. Danach hielt es ihn und seine Frau nicht mehr auf den Sitzen. Wie sie tanzte der ganze Saal zu den Songs von »Les Amazones d'Afrique«. Es war nicht nur die mitreißende Musik der westafrikanischen Sängerinnen, die Lautenschläger begeisterte. Es waren die Inhalte dieses feministischen Kollektivs, das gegen soziale Ungleichheit, fundamentale Ungerechtigkeit im Alltag, häusliche Gewalt, Genitalverstümmelung und Zwangsheirat ansang. Es war das soziale Engagement der politischen Initiative, verbunden mit den Grundlagen des Jazz.

Dabei hatte es 2014 erst einmal nicht danach ausgesehen, dass es das Dream-Team Kern/Lautenschläger je geben würde. Es war das Jahr, als die EU ihre Fördergelder nicht in voller Höhe auszahlte und als Heidelberg mit einem Überbrückungskredit der »Enjoy Jazz GmbH« aus den Liquiditätsschwierigkeiten half. In dieser brenzligen Situation hörte der Festival-Macher einen beeindruckenden Vortrag zum Thema »Stiften«, gehalten von Manfred Lautenschläger. Kern war wie elektrisiert und wusste: »Dieser Mann würde zu uns passen, der würde was reißen wollen.« Und weil Matthias Brandt und er sich gerade überlegten, ein Kuratorium zu gründen, rief er bei Lautenschläger an. Das Treffen der drei im »Europäischen Hof« verlief in bester Stimmung. Die Kuratoriums-Idee stieß bei Lautenschläger auf Gegenliebe. Er erklärte sich bereit, den Vorsitz des zu gründenden Kuratoriums zu übernehmen. Die Leistung von Rainer Kern nötigte ihm Hochachtung ab. Er schätzte an ihm nicht nur seine Begeisterungsfähigkeit und Geschick, Künstler wie Publikum an das Festival zu binden, sondern auch seine klar strukturierte unternehmerische

Vorgehensweise, ohne die diese Veranstaltungsreihe in der Bedeutungslosigkeit versunken wäre. So aber war »Enjoy Jazz« zum Aushängeschild für Heidelberg und die ganz Region, ja für Deutschland geworden. Weil einer gewusst hatte, was er wollte und unbeirrt seinen Weg ging. Trotz der Stolpersteine. »Kompromisslos beim Inhalt, aber kompromissbereit bei allem anderen«, mit solchen Sätzen von Kern konnte sich auch der Unternehmer Lautenschläger identifizieren.

Als dann im September 2016 das Kuratorium seine Arbeit aufnahm, traf der auf einen kleinen Kreis sorgfältig ausgewählter Mitstreiter, unter ihnen auch der ehemalige baden-württembergische Kulturstaatssekretär Michael Sieber, der schon seit Jahren die Schirmherrschaft übernommen hatte. »Wir wollen dem Festival noch mehr Strahlkraft verleihen, bestehende Ideen weiterentwickeln, langfristige strategische Planungen erarbeiten und den Marktwert stärken«, gab Lautenschläger vor der Presse die Losung aus, um deutlich zu machen, dass es sich hier nicht um ein Team von »Abnickern« handelt. Quasi als »Einstieg« in sein ideelles und materielles Engagement finanzierte er das folgende Eröffnungskonzert von »Mashrou' Leila« aus dem Libanon.

Das Publikum in der restlos ausverkauften Stadthalle tobte, als die Indie-Pop-Band mit ihrem bekennend schwulen Frontmann Hamed Sinno auf der Bühne stand. Junge Frauen mit Kopftüchern rannten nach vorne, verrenkten sich ebenso verzückt wie gestandene Jazzer in ihrem Rollkragenpullover, elegante Damen pfiffen auf ihre High Heels, sprangen von ihren gepolsterten Plätzen auf und rissen die Herren im Anzug neben sich gleich mit. »Selten war Kritik in der arabischen Welt so tanzbar, wie es die Songs dieser fünf Jungs aus Beirut im Libanon sind«, schwärmte der »Bayrische Rundfunk« in seinem Beitrag. Dass die wenigsten im Publikum die auf Libanesisch vorgetragenen hochpolitischen Texte verstanden, die sich um sexuelle Freiheit, Gewalt gegen Frauen, Religion, Terror und Korruption drehten – das war im kollektiven Freudentaumel zweitrangig. Man wusste Bescheid, war ja im Vorfeld über die Inhalte dieser »Newcomer des Pops« informiert worden. »Arabisch, politisch und irre erfolgreich«, titelte der Berliner *Tagesspiegel.*

Ein Jahr später berichtete Kern, dass fünf Fans in Kairo, als sie die Regenbogen-Fahne schwenkten, verhaftet und mit lebenslanger Haft bedroht wurden, dass in Ägypten wie auch Jordanien ein Auftrittsverbot für »Mashrou' Leila« galt. Betroffenheit im Publikum. Zwei Jahre später stand die arabische Band wieder auf der Bühne. Wieder von Manfred Lautenschläger gesponsert. Und wieder steppte der Bär in der Stadthalle, wurden die mutigen Jungs, die Musik auch als »politische Waffe« begreifen, frenetisch gefeiert für ihr starkes Plädoyer für Freiheit und Toleranz.

Von der Musik »als politische Waffe« ist Archie Shepp beseelt. 18 Monate älter als Lautenschläger, hatte der legendäre Saxofonist auf dem Höhepunkt der Vietnam-Proteste Ende der 1960er-Jahre sein Saxofon zum »Maschinengewehr des Vietkong« erklärt. Der Komponist, Sänger, Literatur- und Theaterwissenschaftler gilt nicht nur als einer der wichtigsten Intellektuellen des Jazz, als musikalischer Pionier, sondern wurde zum politischen Sprachrohr eines neuen, schwarzen Selbstbewusstseins. Als Shepp seine Kompositionen immer mehr mit afroamerikanischen Elementen durchsetzte, da wollte er seinen diskriminierten Brüdern und Schwestern in den Ghettos eine Musik geben, mit der sie sich identifizieren konnten. Über Blues, Gospel und Spirituals, diese ureigenen Ausdrucksformen der Schwarzen in den USA, sprach er auch vor Heidelberger Schülern, als er als »Artist of Residence« am Neckar war und auch den Mäzen kennenlernte – aus der ersten Begegnung wurde eine Freundschaft.

Lautenschläger erinnert sich gerne an den Abend, als er Rainer Kern, dessen Team und eben auch den Musiker zum Abendessen eingeladen hatte. Der Jazz-Revolutionär hatte bei »Enjoy Jazz« wieder einmal für Furore gesorgt. Wie schon so oft. Und wenn ein beglückter Rainer Kern von seinem jährlichen Besuch bei Archie Shepp aus Paris zurückkommt und über das ganze Gesicht strahlt, dann ist klar: Er ist wieder dabei. Dieser »zornige Mann des Free Jazz«, der mit »70 Jahren den aufrechten Gang des alten Bluessängers geht«, wie die *Zeit* einst über ihn geschrieben hatte.

Riesige Freude auch bei den Lautenschlägers, als sie die Ikone ganzer Musikergenerationen in ihrem Haus zusammen mit seiner Partnerin Monette Berthomier bewirteten. Natürlich wurde über Musik und Politik gesprochen und zu vorgerückter Stunde auch gesungen. Es war aber nicht der Bluessänger, der da auf sein großes Repertoire zurückgriff: Es waren Lautenschläger und Monette Berthomier, die im Duett französische Chansons zum Besten gaben – zum Vergnügen der Gäste.

Am nächsten Tag erfuhr Lautenschläger von den gesundheitlichen Problemen des Stars und seinen ständigen Schmerzen in den Füßen. Die Pariser Ärzte, die ein halbes Jahr an ihm herumgedoktert hatten, konnten offensichtlich nicht helfen. Ein Telefonanruf in der Orthopädischen Uniklinik von Lautenschläger, und der gequälte Mann hatte seinen Termin bei einem Fußspezialisten.

Es ist diese »Menschlichkeit und Empathie«, von der sich

auch Kern angezogen fühlt: »Er sieht, wo Not ist, und hilft.
»Diese menschlichen Charakterzüge dürften für einen Unternehmer einmalig sein.« Erfahren hat er das selbst, als Lautenschläger ihn eines Tages vom Tegernsee aus anrief. Nach seinem schweren Fahrradsturz – er hatte sich einen Oberschenkelhalsbruch, einen doppelten Beckenbruch und einen Splitterbruch im Ellbogen zugezogen und musste sich einer sechsstündigen Operation unterziehen – kämpfte er sich in der Reha in sein Alltagsleben zurück. Dem Rekonvaleszenten war es ein Bedürfnis, seinem »Freund Rainer« für dessen Krankenhausbesuche zu danken, aber vor allem ihn wissen zu lassen, dass er jetzt verstehe, was dieser einst durchgemacht habe. Jahre zuvor hatte Kern einen Schlaganfall erlitten. Aber aufgeben, das ist für beide keine Option. Mit viel Disziplin und starkem Willen kämpften sie sich wieder in ihr aktives Dasein zurück. Kern war über den Anruf »tief gerührt«. Diese Fähigkeit Lautenschlägers, »tief zu sehen und dabei total ehrlich zu sein«, findet Kern bei nicht vielen Menschen. »Das sind Werte, die in unserer Gesellschaft verloren gegangen sind. In der Politik genauso wie im Wirtschaftsleben schaut doch jeder auf seine eigenen Vorteile und die Karriere. Das Ich-Bezogene hat die Oberhand gewonnen, das Mitmenschliche geht verloren.«

Die Gesellschaft ein wenig besser machen – diesen Anspruch verbindet die beiden. Kern versucht es über das weite Feld der Musik und ihre Protagonisten, Lautenschläger in den vielen Bereichen, die er unterstützt. Wobei er bei allem Engagement für die Wissenschaft, Bürgerrechte oder soziale Einrichtungen erkennt: »Eine Gesellschaft ohne Kultur ist schließlich eine arme Gesellschaft.«

Wie wenig das bei ihm lediglich ein Lippenbekenntnis ist, das demonstrierte er im Sommer 2020, mitten in der Corona-

Krise, als er vor der Presse sagte: »Rainer Kern hat hier eine wunderschöne Abschussrampe gebaut. Wir sorgen dafür, dass man damit jetzt auch zum Mond oder zum Mars fliegen kann.« Der Flugplan trägt eindeutig die Handschrift des Kuratoriumsvorsitzenden. So wurde das Festival in eine gemeinnützige GmbH umgewandelt, die Zahl der Gesellschafter von zwei auf fünf erhöht. Das Festival soll künftig noch etwas mehr das »Andere« betonen, programmatischer werden, Symposien anbieten und Auftragsarbeiten für Künstler vergeben. Das alles gab es zwar schon in früheren Jahren, aber nicht so strukturiert. Und weil Lautenschläger vom »Projekt Enjoy Jazz« und seinem vor Ideen sprudelnden Initiator Kern »hundertprozentig überzeugt« ist, gab es ein Riesengeschenk obendrauf. Zusammen mit Udo Tschira, Sohn des verstorbenen SAP-Gründers Klaus Tschira, in dessen »Session Music Megastore« Instrumentalisten alles finden, was das Herz begehrt, reihte er sich in den Kreis der Premiumförderer ein. »Wir können Rainer Kern und seinem Team die finanziellen Möglichkeiten geben, künftig ein noch größeres Rad zu drehen«, macht er Hoffnung und Lust auf die Zukunft.

Eine lange Erfolgsgeschichte wird fortgeschrieben. Entspannt könnte sich Rainer Kern zurücklehnen und die Werke seiner »Lieblinge« Frank Zappa, John Coltrane oder Dimitri Schostakowitsch auf sich einwirken lassen. Tut er aber nicht. Wenn er nicht gerade in aller Welt unterwegs ist, sich über neue Trends und »alte Hasen« informiert, dann setzt er sich gerne mit Manfred Lautenschläger bei einem Glas Wein zusammen, schätzt seinen Rat und seine Bereitschaft zuzuhören, zu analysieren und spricht mit ihm über »Gott und die Welt«. Es muss dabei nicht immer nur um »Enjoy Jazz« gehen.

Na ja, vielleicht auch um den »Heidelberger Frühling«.

Denn mit dem arbeitet der Jazzer erfolgreich zusammen. Für Lautenschläger »zwei Marken mit großer Strahlkraft«. Dass sie keine Patina ansetzen, dafür stehen nicht nur die Macher, sondern auch ein »Unternehmer mit Weitblick« (Kern).

»Manfredo Magnifico« nennt Prof. Frieder Hepp Lautenschläger und bezieht sich dabei auf Lorenzo de' Medici, den kunstsinnigen Bankier und Politiker des 15. Jahrhunderts. Der Direktor des »Kurpfälzischen Museums« mitten in Heidelbergs Altstadt weiß, was er an seinem Freund und Mäzen hat. Und umgekehrt auch.

Gerne erinnern sie sich an die Zeit, als Lautenschläger die Präsidentschaft und Hepp die Rolle des Sekretärs in ihrem Rotary Club übernommen hatten. Noch lieber aber an diese wunderbare traditionelle »Präsidenten-Reise« nach St. Petersburg im Jahr 2009, als Hepp sich als großes organisatorisches Talent erwies und seinen rotarischen Freunden eine Exklusiv-Führung mit der Direktorin der Eremitage ermöglichte. Lautenschläger begrüßte die Direktorin auf Russisch. Den Text hatte er sich von einer befreundeten Dolmetscherin lautmalerisch in lateinischen Lettern aufschreiben lassen. »Die Direktorin verstand jedes Wort«, so Lautenschläger stolz. Witziger Nebenaspekt: Für seine rotarischen Freunde musste die Rede auf Deutsch übersetzt werden.

Als typischen »Kunstsammler« würde sich Lautenschläger nicht beschreiben, obwohl er seit über zwanzig Jahren Kunst sammelt. Ja, er umgebe sich gerne mit Schönem. Das trifft auf seine ausgewählten Skulpturen auf dem weitläufigen privaten Grundstück ebenso zu wie auf die Bilder in seiner Villa. Sein Auswahlkriterium: »Es muss mir gefallen. Ein abgeschnittenes Ohr würde ich mir nicht an die Wand hängen«, erheiterte er das Publikum im »Kurpfälzischen Museum« in Anspielung auf das Selbstbildnis von Vincent van Gogh. Emil Nolde und Max Pechstein oder auch Ernst Ludwig Kirchner gehören zu seinen Lieblingskünstlern. Sechs Exponate aus seiner privaten Sammlung, darunter Pechsteins »Hafen von Nidden«, hatte er dem kleinen, aber feinen Museum für die Ausstellung »Unwirklichkeiten« überlassen. Nicht dabei war ein Blumenbild von Nolde, das der Romantiker Lautenschläger seiner Frau – statt eines Straußes – einst zu einem runden Geburtstag schenkte und damit die Basis für seine private Gemäldegalerie legte. »Diese Bilder anzuschauen ist für mich ein sinnlicher Genuss.«

Lässt sich Lautenschläger heute in Sachen Kunst beraten, dann weiß er sich bei Frieder Hepp gut aufgehoben. Der Mann, der in Heidelberg Geschichte, Politische Wissenschaften, Germanistik und Erziehungswissenschaften studierte, ist für Lautenschläger der »gebildetste Mensch, den ich kenne, und solche Menschen faszinieren mich«. Laut Museumsdirektor Hepp sollte ein Kunstsammler sich fragen: »Was passt zu mir als Mensch?« Im Fall von Lautenschläger ist für ihn die Einschätzung eindeutig: »Unkonventionell, gefühls- und ausdrucksstark.«

Seit über zehn Jahren steht nun der »leidenschaftliche Sammler« Lautenschläger dem 800 mitgliederstarken Freundeskreis des »Kurpfälzischen Museums« vor und versucht auch hier seine unternehmerische Erfahrung einzubringen.

Der Museumsdirektor ist froh, jemanden mit diesem »absoluten Gespür für Ästhetik« an seiner Seite zu haben, der »offen seine Meinung sagt, aber anderslautende Meinungen auch akzeptiert«. Dass sich die beiden nicht nur über Kunst austauschen, über Neuanschaffungen für das Museum, das ist längst zur Selbstverständlichkeit geworden. Bereichernd sind die Gespräche für beide Seiten. »Ich verstehe mich mit ihm blind«, sagt Hepp. Dass Lautenschläger »uneingeschränkt zuverlässig ist, immer weiß, was er will und dazu noch entscheidungsfreudig ist«, das macht ihn zu einem »unverzichtbaren Mitstreiter«. Auch, dass die Heidelberger in ihrer Stadt Werke zu sehen bekommen, für die sie sonst weit fahren müssten. Die Ausstellung »Weitsicht« mit zeitgenössischer Fotokunst aus der MLP-Sammlung legt Zeugnis davon ab, dass auch in einer Stadt, die nicht gerade zu den »Hotspots« der Kunstszene gilt, Ungewöhnliches möglich ist. Als Lautenschläger den Vorsitz im Freundeskreis übernahm, versprach er: »Ich will alles tun, dass der Weg, der vor mir liegt, zum Erfolgsweg wird.« Niemand zweifelt daran. Auch seinem Plädoyer für verstärkte Investitionen verschlossen sich die Heidelberger nicht. Applaus gab es für sein persönliches Resümee: »Geld erleichtert das Leben, aber die Kunst verzaubert es.«

Nicht wirklich an die Macht der Kunst glaubte er, als er die Akademiker Mannheims animierte, doch selbst zu Farbe und Pinsel zu greifen. Aufmerksam hatte er Frank Merkel zugehört. Der kannte Lautenschläger schon seit Jahrzehnten, der ihn in dessen beruflicher Startphase als Kommunikationsberater geholt hatte. Aus zwanzigjähriger Zusammenarbeit wusste er allerdings auch, dass sein »Freund Manfred« nicht nur ein großzügiger, begeisterungsfähiger Mensch, sondern auch ein gnadenloser Kritiker sein konnte. Just dem wollte er erklären, dass er dringend Geld brauchte, um die Innenräume der Universität im Mannheimer Barockschloss auf Vordermann zu bringen. Ein »Klar, wie viel brauchst du?«, damit rechnete der Ehrensenator der Mannheimer Hochschule nicht. Worauf er allerdings hoffte: dass sein Gegenüber auf seine ungewöhnliche Idee einging. Denn das gab es noch nie: Renovierung

einer ganzen Universität durch Eigeninitiative und Sponsoren-
gelder. Die Bibliotheken, Vorlesungssäle, Seminarräume, Büros für Wissenschaft, Lehre und Verwaltung waren in einem
äußerst schäbigen Zustand. Das zu ändern, dafür hatte Merkel
zwar ein wunderbares Konzept auf dem Papier stehen – sonst
aber nichts. Außerdem »jede Menge Zweifler im Rücken«.

Zwar hatte das Land einige Millionen bereitgestellt, um
die Außenfassade der einstigen Residenz der Kurfürsten von
der Pfalz (1720 bis 1777) wieder neuen Glanz zu verleihen –
schließlich ist das Mannheimer Schloss nach Versailles der
größte Barockschlosskomplex Europas –, allein, für das Innere fehlte das Geld. Hier strahlten die weiten Fluchten, das
Treppenhaus oder die Säle den Charme der 1950er-Jahre aus.
Alles erinnerte an die Zeit, in der dieser im Zweiten Weltkrieg
nahezu völlig zerstörte Prachtbau wiederaufgebaut wurde.
Schnell waren Merkel die Grenzen eines reinen Do-it-your-
self-Projekts klar: »Die Räume zu groß, die technische Infrastruktur in einem traurigen Zustand.« Nur eine »barocke
Dimension« stand vor seinen Augen – die der Kosten.

Wie erleichtert war Merkel, als Lautenschläger seinen Rede-
fluss unterbrach: »Ich stelle zwei Bedingungen: Erstens greifen
Rektor, Professoren und Studenten selbst zu Pinsel und Farbe
und leisten ihren Beitrag, und zweitens findest du einen zweiten Sponsor, der auf diese verrückte Idee miteinsteigt. Dann
bin ich dabei.« Damit begann die größte Erfolgsgeschichte in
der deutschen Universitätslandschaft. Die Initiative »Renaissance des Barockschlosses« konnte starten – auf den Weg gebracht im MLP-Hochhaus auf dem Heidelberger Emmertsgrund.

Den ersten Teil der lautenschlägerschen Bedingung konnte
Merkel locker erfüllen. Rektor, Kanzler, Professoren und Stu-

denten sagten zu, sich an der Lammfellrolle zu probieren. Mit der zweiten Forderung sah es schon ein wenig schwieriger aus. Manfred Fuchs, erfolgreicher Unternehmer aus der Quadratestadt Mannheim, ließ sich von der »verrückten Idee« begeistern. Er übernahm als Startprojekt den nach seiner Firma später benannten »Fuchs-Petrolub-Hörsaal«. Als sich den beiden Startsponsoren relativ kurze Zeit später weitere Mäzene anschlossen, war der finanzielle Anfang gesichert.

Die zusätzlichen Spender waren auch nötig, denn die Renovierung eines Hörsaals kostete nicht 200.000, wie ursprünglich kalkuliert, sondern 500.000 DM. Lautenschläger wunderte sich nicht, schluckte und übernahm noch die Renovierung des Foyers. »Mit Manfred Lautenschlägers finanziellem Einsatz wurde eine Lawine losgetreten«, ist Merkel ewig dankbar. Bei den vielen Streichaktionen beteiligten sich Hunderte freiwillige Helfer. Dabei stiegen Mitstreiter wie Mannheims damaliger Oberbürgermeister Gerhard Widder genauso auf die Leiter wie der IHK-Präsident, Vertreter der Bundes- und Feuerwehr und US-Soldaten. Und auf dem Konto für das ungewöhnliche Sponsoringprojekt waren mittlerweile 12,5 Millionen DM eingegangen. Viele Mannheimer beteiligten sich daran.

»Wer heute die Universität betritt, findet eine gelungene Mischung aus bewahrter Historie und geschmackvoller Moderne wieder«, freut sich Merkel. »Ohne Manfreds Begeisterungsfähigkeit, seine Großzügigkeit und seine Bereitschaft, ausgetretene Pfad zu verlassen, wäre vieles nicht möglich gewesen.«

Als dann 2001 der »Manfred-Lautenschläger«-Hörsaal samt »MLP-Forum« (Foyer) ihrer Bestimmung übergeben werden konnten, da tanzten die Gäste auf der MLP-Party zu den Rhythmen der Band »Colori di Vita«. Mag der Name der Band auch Zufall gewesen sein: Die »Farben des Lebens« sind es, die Lautenschlägers Existenz bestimmen. Er hat sie in all ihren hellsten und dunkelsten Schattierungen erfahren.

Einen besonders hellen Glanzpunkt in das bunte Gemälde seines Lebens setzte später seine Heidelberger Alma Mater, als sie ihm 2008 die Ehrendoktorwürde der Theologischen Fakultät verlieh. Das Mitglied des Universitätsrats, der Ehrensenator und »großzügige Förderer der Universität Heidelberg« nahm diese Auszeichnung mit Freuden an, »obwohl er ja kein Mann der Kirche ist«, wie Dekan Manfred Oeming in seiner Laudatio unterstrich. »*Etsi deus daretur* – als ob es Gott wirklich gäbe«, danach richte er sein Leben aus. »Viele Menschen bezeichnen sich als Christen, aber leben doch so, als ob es Gott nicht gäbe«, sagte der Theologe bei der Verleihung. Dagegen wirke Lautenschläger, »als ob der Gott der Christen der wahre Gott wäre. Ohne Eskapaden, ohne Arroganz, ganz freundlich und zugewandt.« Als »Leuchtturm für christliche Werte« verkörpere er Ehrlichkeit, Menschlichkeit, Freiheit, Anständigkeit und Solidarität, gepaart mit Treue und Familiensinn. Mit der Promotion wollten die Theologen ihn keineswegs »vereinnahmen«, sondern nur »ehrend anerkennen«, dass durch Lautenschläger »christliche Grundwerte in unserer Gesellschaft aufleuchten«. Dazu gehöre auch eine Stifterkultur, die für ganz Deutschland vorbildhaft sei.

»Nicht vereinnahmen«, aber anerkennen, das war auch das Bestreben einer weiteren christlichen Institution. Bevor Landesbischof Jochen Cornelius-Bundschuh nach seiner Laudatio »ganz unkonventionell« Angelika Lautenschläger den obligatorischen Blumenstrauß und ihm den gläsernen Preis in die Hände gedrückt hatte, da lauschte er mit dem kleinen Kreis geladener Gäste erst einmal – auch das »ganz unkonventionell« – Lautenschlägers offenen Worten. Nämlich, dass er schon in jungen Jahren aus der Kirche ausgetreten sei, weil er mit der Religion seine »Probleme« hatte und dass er sich dort einbringe, wo er es für gegeben halte. Trotzdem sei es ihm »eine Ehre«, 2020 mit dem »Stifter*innenpreis der Stiftungen der Evangelischen Landeskirche in Baden« für das »vorbildliche und erfolgreiche Wirken der Lautenschläger-Stiftung in Kirche und Gesellschaft« ausgezeichnet zu werden. »Der Segen Gottes breitet sich dort aus, wo sich Menschen begegnen«, sagte der Bischof. Auf Persönlichkeiten, die über »den eigenen Horizont hinausblicken, etwas aktiv verändern wollen und sich mit ihrer Sache in hohem Maße identifizieren«. Solche Worte streicheln auch die Seele eines Unternehmers. Er nimmt sie dankbar an. Eine tiefere Anerkennung seiner Person wie aus dem Mund von Theologieprofessor Manfred Oeming hatte er noch nie erfahren.

Dabei ist die Liste der Dankesreden auf den Unternehmer wahrlich beachtlich. Sei es, als er mit der Verdienstmedaille des Landes Baden-Württemberg geehrt wurde, als er das Bundesverdienstkreuz Erster Klasse erhielt, zum Ehrensenator der Hochschule für Jüdische Studien oder zum Botschafter der Toleranz ernannt wurde. Auch dass die 2500-Seelen-Gemeinde Gaiberg, sein Wohnort, ihn zum »Ehrenbürger« ernannte (er hatte kurz davor mit einem von ihm finanzierten Verkehrskreisel den alltäglichen Staus im Berufsverkehr ein Ende gesetzt), macht ihn »sehr stolz«.

Warm ums Herz wurde es den Heidelbergern, als Lautenschläger ein Bekenntnis zu »seiner Stadt« ablegte, das unter die Haut ging. 2009 wurde ihm die »Richard Benz Medaille für Kunst und Wissenschaft« verliehen, die höchste Auszeichnung, welche die Stadt zu vergeben hat und die sich lediglich zehn lebende Preisträger ans Revers heften dürfen. Zu den

Preisträgern gehören die verstorbene Lyrikerin Hilde Domin ebenso wie der Polit-Grafiker Klaus Staeck oder der streitbare Schriftsteller Michael Buselmeier.

Die Laudatio hielt Theaterintendant Peter Spuhler. In seiner Erwiderung setzte Lautenschläger zu einer wahren Liebeserklärung auf die Stadt an, die immer in der Lage sei, auch »streitbare Grenzgänger zu ehren«, sich auf »Querdenker« einzulassen, die sich »in freiem, unabhängigem Geist, intellektuell und zum Teil auch schmerzhaft mit ihrer Heimatstadt auseinandergesetzt haben, die ihre Welterfahrung in das Leben dieser Stadt eingebracht haben, die ihre Heimatverbundenheit aus einer weltläufigen Auseinandersetzung wachsen und reifen lassen«. Ihn mache es »stolz«, sich in einer Gemeinschaft wiederzufinden, die für »lebendige Auseinandersetzung, für Dynamik und positive Veränderung« stehe.

Der unternehmerische Erfolg habe ihm immer eine hohe Befriedigung gegeben, aber »vielleicht noch mehr Freude«, als Geld zu verdienen, bereite es ihm, es »sinnvoll auszugeben, in die Gesellschaft einzubringen, Projekte anzustoßen, anzustiften und zu gestalten: Ja, es ist herausfordernd, über Stiftungs- und Fördergelder zu entscheiden, denn für jeden Euro gibt es auch in unserer vermeintlich reichen, westlichen Gesellschaft unzählige förderwürdige und förderbedürftige Projekte. Dass er dabei stets die Öffentlichkeit gesucht habe, macht für den Mäzen durchaus Sinn. »Ich will ein Beispiel geben, um dazu aufzurufen, uns für eine starke Gemeinschaft einzusetzen«, sagt er. Wie sollte das ohne Öffentlichkeit gehen?

Eine »Kultur des Zurückgebens« möchte Lautenschläger in Deutschland noch viel stärker als bisher etabliert sehen. An die Heidelberger Stadtpolitik appellierte er, doch genau hinzuschauen, wie »weitblickende Wirtschaftspolitik« wirke, wie ein noch engerer Schulterschluss mit der Exzellenz-Universität Synergien freisetzen könne. Lautenschläger leistete sich – wie immer – den Luxus der ehrlichen Worte. Benannte bei seiner »Liebeserklärung« auch die Schwachstellen einer Stadt, an deren »weltstädtischer Provinzialität« auch er sich nicht selten reibt, aber dass es am Ende doch »keine Alternative zu Heidelberg gibt«. Woran das liegt? »Heidelberg hat mir stets die Welt geöffnet. Im Vergleich zu allen anderen Städten, die ich kenne, war und ist Heidelberg immer auch ein wenig anders. Denn diese Stadt hat nicht nur ihre Andersartigkeit, sondern auch ihre Andersartigen ertragen.«

Mit einem dieser »Andersartigen« machte auch die »Ruperto Carola« ihre Erfahrung. Jeder andere hätte mit Ergriffenheit Ja gesagt, wäre ihm die »Ehrensenatoren-Würde« an Deutschlands ältester Universität angetragen worden. »Was kostet mich das?«, konterte Lautenschläger mit einer Gegenfrage. »Na ja, so eine halbe Million Mark müsste schon drin sein«, kam es zurück. Das war Ende der 1980er-Jahre – Lautenschläger lehnte ab. »Ich bin noch zu jung, um mich einzukaufen«, beschied der Mitfünfziger den damaligen Rektor.

Jahre später sprach ihn der nächste Rektor Jürgen Siebke an. Auf die schon bekannte Frage Lautenschlägers »Was kostet mich das?«, kam die Antwort prompt: »Nichts.« Lautenschläger hatte gerade seinen 60. Geburtstag gefeiert und fühlte sich nunmehr »alt genug«, sich 1999 das Band der Würde um den Hals legen zu lassen. Um die Hochschule hatte er sich zu diesem Zeitpunkt »schon in besonderer Weise verdient« gemacht, wie seine Magnifizenz bei der feierlichen Verleihung hervorhob. Einen kleinen ironischen Seitenhieb konnte sich Lautenschläger bei seiner Dankesrede nicht verkneifen. Er sei bei der Spurensuche auf den römischen Kaiser Augustus und dessen »senatorischen Zensus« gestoßen; der Zensus sollte Augustus einen Überblick über die Vermögensverhältnisse seiner Untertanen verschaffen. »Könnte hier des Rätsels Lösung liegen?«, fragte er lachend in die Runde. Weit gefehlt, beschied ihm die Dekanin der Wirtschaftswissenschaftlichen Fakultät, die die Lobrede auf Lautenschläger hielt. Vielmehr habe der MLP-Gründer die »Welt beobachtet und sie verstanden«. Von den Erkenntnissen könne auch eine Universität profitieren. Und sie profitierte, nicht nur finanziell.

Die Universität konnte auf einen Mann setzen, der mit Begeisterung seine neue Herausforderung annahm. Als im Jahr 2000 der Hochschulrat ins Leben gerufen wurde, als wichtigstes Steuerungs- und Kontrollorgan der Universität, gehörte Lautenschläger zu den Gründungsmitgliedern. Unter diesen waren so brillante Köpfe wie die Medizin-Nobelpreisträgerin Christiane Nüsslein-Volhard, der berühmte »Heidelberger Professor« Paul Kirchhof oder auch Avi Primor, ehemaliger israelischer Botschafter in Deutschland. Zwölf Jahre lang gehörte Lautenschläger diesem Gremium an, das die Geschicke einer Universität bestimmt. So lange wie kein anderes Mitglied. Und er nahm es ernst mit seiner Verantwortung. Mischte sich ein, vertrat Standpunkte, die nicht dem augenblicklichen Mainstream geschuldet waren – und befürwortete im Personalausschuss die Ernennung des Juraprofessors Peter Hommelhoff zum neuen Rektor. Mit ihm verbindet ihn bis heute das, was man eine »offene Männerfreundschaft« nennt. Offen für offene Worte. »Kantige Ansichten« vertrat Lautenschläger, wenn er in seinem »lebhaften Interesse« für die Uni nicht zu stoppen war. »Er war sehr viel aktiver als andere«, sagt der ehemalige Rektor. »Gerade im Aufsichtsrat des Uni-Klinikums wurde kontrovers diskutiert.« Aber immer war es »konstruktiv und hilfreich«. Vor allem mit dem damaligen Wissenschaftsminister legte er sich an, als dieser das Modell einer Gewährsträgerversammlung für die Uni-Kliniken installieren wollte. »Was soll denn das, einen Aufsichtsrat über dem Aufsichtsrat? Die Wissenschaft muss frei sein, da darf das Land nicht hineinregieren.« Das Land ließ es sein.

»Manfred war immer eine entscheidende Stimme, weil es ihm immer um die Sache ging«, sagt Ex-Rektor Hommelhoff. Er ist eine der honorigen Persönlichkeiten in der »Siebener Bande«, die sich einmal im Monat zu einem ausgedehnten Mittagessen beim Italiener trifft. Frauen bleibt der Zutritt zu diesem »wunderbaren Freundeskreis« allerdings versagt. Ebenso wie im Heidelberger »Rotary Club«, dem auch Hommelhoff angehört. »Wir sind die letzten Betonköpfe, die keine Frauen aufnehmen«, sagt er lachend. Lautenschläger für diesen »elitärsten Club« Heidelberg zu gewinnen, war eine »diffizile« Sache, erinnert er sich. »Irgendwann ist er dann doch eingetreten. Der rotarische Gedanken hat für mich seine Grenzen«, sagt Lautenschläger. »Mir ist es wichtig, mit interessanten Persönlichkeiten zusammenzutreffen, von denen ich viel lernen kann, wie zum Beispiel Peter Hommelhoff, Paul Kirchhof oder Harald zur Hausen.«

Lieber als der Club ist ihm dann doch die »Quasselbude« der »Siebener Bande«. Ganz nach dem Muster englischer Herrenclubs, sind die Männer unter sich, diskutieren über alles Mögliche, über Politik und Philosophie, über Privates, sogar über Fußball. Dass die Freunde ihn manchmal mit seiner »medialen Omnipotenz« aufs Korn nehmen und selbstironische Sätze fallen wie: »Dass sich alle an der Uni für die Größten halten, das ist bekannt, da fällt Manfred nicht weiter auf«, lässt Lautenschläger schmunzeln: »Das machen sie aber

nur, wenn ich nicht dabei bin.« Für Hommelhoff ist Lautenschläger der »Macher mit großem Selbstbewusstsein«. Dem
Weg, den er eingeschlagen hat, zollt auch er größten Respekt.
Es geht eben nichts über gute, ehrliche Freunde. Freunde, die
Lautenschläger nicht nur in akademischen Kreisen gefunden
hat, sondern auch im Sport. Wie sonst wäre sein Ausspruch zu
verstehen: »Sport ist Leben!«

X

SPORT IST LEBEN

Das saß. Es war am 2. Juni 2014 gegen 21 Uhr auf der Bühne des Heidelberger Theaters. Eineinhalb Stunden lang hatte Manfred Lautenschläger beim »RNZ-Forum« über sich und sein Leben geredet, über Krankheit und Unternehmertum, und war auch den kritischen Fragen des Chefredakteurs der *Rhein-Neckar-Zeitung*, Klaus Welzel, nicht ausgewichen. Aber die letzte Frage, die hatte es in sich. Dabei war sie als netter Abschluss eines langen Gesprächs gedacht: »Werden Sie sich die Fußball-Weltmeisterschaft gemeinsam mit der Familie anschauen?« Harmloser kann man einen interessanten Abend nicht beenden, sollte man meinen. Doch weit gefehlt.

Denn was da aus dem Bühnengast herausbrach, sorgte bundesrepublikanisch für Aufsehen. Von *Bild* bis *Focus* stiegen die Blätter ein und zitierten genüsslich Lautenschlägers Fußball-schelte. Ausgerechnet er, der in frühester Jugend sozusagen mit dem Fußball aufwuchs. Der selbst einmal von einer Fußballer-Karriere geträumt hatte, der Fritz Walter noch immer zu seinen »Lieblingssportlern« zählt, der stundenlang mit ähnlich Fußballverrückten nahezu alle Tore der deutschen Nationalmannschaft ab dem Jahr 1950 diskutieren kann. Ausgerechnet dieser »Fußball-Mensch« zog dermaßen vom Leder, dass man im ausverkauften Stadttheater die sprichwörtliche Stecknadel hätte fallen hören. So vehement, so leidenschaftlich hatte noch keiner über die »korrupte Bande« im Fußball-Zirkus gewettert. »Es widert mich an, wie junge Burschen zu Multimillionären gemacht werden«, empörte er sich. »Nichts gegen die jungen Spieler, die schon als Teenager in diese Mühle hineingeraten. Aber sie werden durch das frühe Geld korrumpiert. Sie leben in einer Blase, in einem goldenen Käfig, fern jeder Realität. Und werden mit Mitte dreißig ins wirkliche Leben entlassen, mit dem sie dann oft genug nicht zurechtkommen. Die Maßstäbe sind verloren gegangen.«

Allen war zu diesem Zeitpunkt noch lebhaft der Skandal um einen Nationalspieler gewärtig, der sich ein paar Wochen zuvor gewaltig danebenbenommen hatte. Nicht nur, dass der Fußballprofi einem Mann einen Döner ins Gesicht geworfen hatte, weil er sich verbal angegriffen fühlte, er erleichterte sich auch noch an einer Säule mitten im Foyer eines Berliner Fünf-Sterne-Hotels. Sein alkoholbedingter »Aussetzer« nach dem Pokal-Finale kostete den Spieler 60.000 Euro. Eine Strafe, ausgesprochen von seinem Club. Vonseiten des Deutschen Fußball-Bundes drohte dem »Allrounder«, der gerade im WM-Trainingslager in Südtirol weilte, keine Bestrafung. Zwar passe das Anpöbeln eines Hotelgastes und das Pinkeln in die Lobby nicht zum Image der Nationalmannschaft, aber, so sagte damals der Bundestrainer laut Zeitungsberichten: »Der Spieler hat sich bei uns entschuldigt. Damit ist der Fall für uns erledigt.«

»Verloren gegangene Maßstäbe« beklagte Lautenschläger aber nicht nur bei den »kickenden Millionären«, als er bekannte: »Ich habe zu Fußball in den letzten Jahren ein sehr distanziertes Verhältnis bekommen. Fußball wird immer mehr zu einem seelenlosen Geschäft.«

Manfred Lautenschläger teilte im Theater wortgewaltig aus, so kurz vor der Fußballweltmeisterschaft in Brasilien. Als er sich dann auch noch wünschte, dass Deutschland schon in der Vorrunde aus dem Wettbewerb fliegen möge, »damit wir uns wieder mit den wichtigen Themen beschäftigen können und nicht die gesamte mediale Aufmerksamkeit dem Fußball gehört«, da gab es kein entsetztes Schweigen, sondern Beifall brandete auf. Der verstärkte sich noch, als Lautenschläger hinterherschob: »Brasilien sollte ebenso rausfliegen.« Fußball sei in Brasilien »Opium fürs Volk«. Würde es dem Volk entzogen, würde dieses sich vielleicht den eigentlichen Problemen widmen und gegen seine korrupte Regierung protestieren.

Die Wünsche Lautenschlägers erfüllten sich nicht – Deutschland besiegte Brasilien im Halbfinale mit 7:1 und gewann im Endspiel gegen Argentinien mit 1:0.

Zwar brach im Rekord-Weltmeisterland Südamerikas nicht die »Hölle« aus. Durch die musste das gebeutelte Volk schon lange vorher gehen – und danach. Denn auch das hatte der Fußballfan vor Publikum öffentlich angeprangert: »Ich halte es für falsch, dass in Ländern wie Brasilien, mit ihren enormen sozialen Spannungen, eine Weltmeisterschaft stattfindet, die nur dazu dient, die wahren Probleme im Land zu überspielen.« Ohnehin sei es fragwürdig, welche Länder den Zuschlag erhielten. Lautenschläger nannte auch den Wüstenstaat Katar, WM-Spielort 2022. »Mir kann keiner erzählen, dass der Wüstenstaat der ideale Austragungsort für eine Fußballweltmeisterschaft ist.«

Aber Sepp Blatter und seine Fifa hatten den großen Reibach machen wollen. Für die Brasilianer sollte es die »Weltmeisterschaft aller Weltmeisterschaften« werden. Es wurde zum bisher teuersten Turnier der Geschichte, mit sozialpolitischen

Folgen. Mit einer Viertelmillion Menschen, die umquartiert wurden, um den Stadien Platz zu machen, die weiterhin gegen mangelnde Infrastruktur, Armut und Korruption zu Felde ziehen. Millionen von Brasilianern hatten gegen diese Fußball-WM protestiert. Ihnen sind die nutzlosen Stadien, diese »Kathedralen des Fußballs«, geblieben, die zig Milliarden gekostet hatten, jetzt nicht mehr gebraucht werden und vom Urwald verschluckt werden. Oder Unterkünfte wie das »Campo Bahia«. Die Residenz der deutschen Mannschaft, von einem Münchner Privat-Investor errichtet, wartet als Luxusresort noch immer auf zahlungskräftige Gäste. Entstanden ist es als Insel des Reichtums in einem armen Umfeld. Der Deutsche Fußballbund (DFB) hat damals den Indios, die in der Region leben, einen Bolzplatz für die dortige Schule versprochen. Der wurde auch nach einjähriger Bauzeit fertiggestellt. »Wir werden uns darum kümmern«, hatte der Sprecher der Nationalmannschaft noch während der WM erklärt. Tatsächlich aber flossen nach Informationen von *Spiegel online* die rund 20.000 Euro für die Anlage des Platzes aus einer Strafzahlung, die den Bauherren des DFB-Quartiers auferlegt worden war. Die Zahlung war eine verordnete Wiedergutmachung für die Umweltschäden, die durch den Bau des Resorts verursacht worden waren. Wie so viele andere »Wohltaten« des DFB entpuppte sich auch diese als eine Art »Sündenablass«, wie die Journalisten recherchierten.

Die harsche Schelte von Lautenschläger damals im Heidelberger Theater war mehr als berechtigt. Im Hinterkopf hatte er all die »unsauberen Geschäfte«, die politischen Verstrickungen, die mangelnde Transparenz und die Korruption, als er konstatierte: »Der Fußball-Zirkus geht weiter.« Aber mit der puren Lust am Sport habe das alles für ihn nichts mehr zu tun.

Natürlich hat er sich dann trotzdem gefreut, als Deutschland nach einem faszinierenden Spiel in der Verlängerung gewann und Weltmeister wurde. Für Fußball wird sich Lautenschläger immer interessieren. Seine Kritik richtet sich, wie gesagt, gegen korrupte Funktionäre, nicht gegen die jungen Spieler, die für Erstere nur Mittel zum Zweck sind. Der »pinkelnde Nationalspieler« war für ihn weniger Täter als Opfer.

Dass sein Vater ihn einst vom »Proletensport« abgehalten und seinen Traum von einer Fußball-Karriere platzen ließ, ist eine hübsche Geschichte – mehr nicht. Nicht nach hinten schauen, immer nach vorne. Sich nicht damit beschäftigen, was unmöglich, sondern mit dem, was machbar ist. Hauptsache, Sport.

Nach dem elterlichen Machtwort gegen das Fußballspielen wandte er sich einer neuen Sportart zu: dem Rudern. Sein Sportlehrer, selbst ehemaliger Ruderer, hatte ihn und drei Klassenkameraden dafür begeistert. Nach zwei Jahren intensiven Trainings – sie ruderten auch für den Karlsruher Ruderclub Alemannia und starteten auf Regatten – waren sie so gut geworden, dass sie sich als 16-jährige Obersekundaner gegen die zwei Jahre älteren Unter- und Oberprimaner für die Stadtschulmeisterschaften qualifizierten. Dort gewannen sie die Wettbewerbe im Vierer und im Achter. Und Lautenschläger las ganz stolz zum ersten Mal seinen Namen in der örtlichen Zeitung. Selbst der dicke unsportliche Lateinlehrer gratulierte dem »Ruderknecht«.

Rudern ist eine der härtesten Sportarten. Schon die Jugendlichen mussten täglich trainieren und ein feierliches Gelöbnis ablegen, abends um halb neun im Bett zu liegen, keinen Alkohol zu trinken, nicht zu rauchen und »vorsichtig zu sein beim Umgang mit Frauen«. Für den nunmehr 17-Jährigen etwas zu viel des Guten, hatte im Winter doch gerade die Tanzstundenzeit begonnen. Den letzten Teil des Gelöbnisses verstand er allerdings nicht so richtig. Aufklärung war damals ein Fremdwort.

Als aber sein Achter ohne ihn im nächsten Jahr deutscher Jugendmeister wurde und in der Zeitung ein großer Bericht unter der Überschrift »Größter Karlsruher Rudererfolg seit Jahrzehnten« erschien, war er doch sehr traurig.

Während er also im Sommer ruderte, hatte er sich für die Winterpause eine neue Sportart ausgesucht. Er hatte mit dem Basketballspielen angefangen, zunächst in der Schule, bald auch in der Jugendmannschaft des KSC. Schon mit 18 Jahren spielte Lautenschläger in der Herrenmannschaft in der badischen Oberliga, damals die oberste Liga, da es noch keine Bundesliga gab. Die Konkurrenz war hart, darunter der USC Heidelberg, der mit neun deutschen Titeln quasi ein Abo auf die Meisterschaft hatte. Und so gibt es einen Zeitungsausschnitt der Heidelberger *Rhein-Neckar-Zeitung* vom Herbst 1957, wo über einen haushohen Sieg des USC, dessen Mannschaft mit Nationalspielern gespickt war, über den KSC berichtet wurde. Top-Scorer beim KSC: Der 18-jährige Nachwuchsspieler Lautenschläger. Hunderte weitere Erwähnungen in der Heidelberger Lokalpresse sollten folgen.

Der Name Lautenschläger ist bis heute mit diesem »Akademiker-Sport« eng verbunden. Allerdings nicht in Karlsruhe, sondern in Heidelberg. Seit vielen Jahren unterstützt sein Unternehmen die Profimannschaft dieses 1899 gegründeten »Universitäts Sport-Clubs«, der mit der 1952 geschaffenen Basketballabteilung einst die führende Vereinsmannschaft der Herren in der Bundesrepublik war. Dass er auch heute noch, meist mit der ganzen Familie, kein Spiel versäumt, wenn die

»MLP Academics« (so nennt sich heute die Herrenmannschaft des USC) antreten, ist nicht nur der reinen Sportbegeisterung geschuldet. Lautenschlägers Sohn Matthias ist mittlerweile Hauptgesellschafter und Geschäftsführer im Traditionsverein.

Sport gehört zu Lautenschlägers Leben. In der Theorie und in der Praxis. »Sport ist für mich unverzichtbar«, sagt er. Dabei geht es ja nicht nur um körperliche Ertüchtigung, sondern auch um Disziplin, Konzentration und Gemeinschaftsgefühl. »Intensive sportliche Betätigung steigert die intellektuelle Leistungsfähigkeit«, sagen die Wissenschaftler. »Sport beflügelt den Geist«, sagt Lautenschläger. Er hat es am eigenen Leib erfahren.

Gibt es ein besseres Beispiel als einen, der mit seinem Pankreaskrebs den Tod vor Augen hatte, der nicht resignierte, sondern dem drohenden Ende »davonradelte«? Nach seiner Krebs-Operation startete Lautenschläger auf dem Rennrad so richtig durch. Gegen ärztlichen Rat. Dass ihn sein Lieblings-Hobby Jahrzehnte später fast das Leben gekostet hätte, das war nicht etwa der zu großen körperlichen Anstrengung für einen über Achtzigjährigen geschuldet. Im Gegenteil: Sein lebenslanges intensives körperliches Training war sein Lebensretter.

»Der Manne hat zwar spät angefangen, aber er ist bombastisch Rad gefahren«, zeigt sich Rolf Heutling heute noch begeistert über dessen »runden Tritt«. Die beiden kennen sich schon lange. Lautenschläger war es schließlich, der ihn, den Fahrradfreak, animierte, einen eigenen Verein zu gründen. Mit ein paar Jugendlichen beim MSC Leimen fing alles an. Die freuten sich, endlich wieder einen Trainer zu haben, der sie ernst nahm und sie bei ihrem Traum, Radrennfahrer zu werden, unterstützte. Jugendförderung stand an erster Stelle, als 2005 der »Radsport Rhein-Neckar e.V.« gegründet wurde.

Lautenschläger stand Pate und unterstützte den Verein. Er spendierte die Trikots, stellte Räder zur Verfügung, und vor allem motivierte er die jungen Kerle. Mit Erfolg.

Das junge Rennteam der Region, angesiedelt am lautenschlägerschen »Racket-Center« in Nussloch, stieg in die Radbundesliga auf, wurde vom Unternehmen des Rennrad-Fanatikers gesponsert, nannte sich »MLP-Radteam« – und fuhr beeindruckende Siege ein. Als dann das neu gegründete »MLP Team-Bergstraße« in die Saison 2014 startete, durften sich die Fahrer als Jungprofi-Team mit dem Status Kontinentalteam (KT) auf international besetzte Rennen in Deutschland sowie Wettkämpfe im europäischen Raum freuen. Das ehrgeizige Ziel der Manager: »Wir wollen zu den besten Teams in Deutschland gehören.« Rolf Heutling damals: »Zudem unterstützen wir Nachwuchstalente noch gezielter auf ihrem Weg zum Profisportler.« Dass der Traum nach großen Anfangserfolgen schnell ausgeträumt war, lag an der fehlenden Unterstützung weiterer Sponsoren. Der Radsport taugte mit seinen Dopingskandalen schlecht als Werbeträger.

Für Lautenschläger kein Grund, sich gänzlich zurückzuziehen. Auch als MLP das Sportsponsoring auf den Basketball konzentrierte, hielt er den Radlern die Treue. Der Verein mit Rolf Heutling konzentrierte sich jetzt wieder ganz auf die Nachwuchsarbeit: »Die Nähe zu Manfred war aber immer da«, sagt er. Und der »Manne«, der fühlte sich unter seinen »Kumpels« wohl. Er, der Feingeist, Akademiker, Multimillionär, er, das Alphatier, konnte problemlos im Kreis seiner Sportsfreunde umschalten. »Da bin ich Gleicher unter Gleichen«, sagt er und: »Der Profi ist der Chef.«

So wie eben Rolf Heutling. Sogar in den Urlaub hat Lautenschläger ihn mehrfach eingeladen. »Ich denke, er hat mich ein wenig als Personal-Trainer gesehen«, lacht er. Die gemeinsamen Touren in Griechenland sind beiden unvergesslich geblieben. Hier erfuhr der »Trainer« auch, welch »unglaublich disziplinierter Mensch« Lautenschläger ist und wie »wahnsinnig hart« er trainiert. Lautenschläger hat nichts gegen dieses Urteil seines Freundes einzuwenden. Dass er aber »unglaublich ehrgeizig« und »immer der Erste sein will«, weist er von sich: »Beim Radfahren bestimmt nicht.« Klar, gewinne er gerne, aber »mir geht es darum, eigene Ziele zu erreichen und das Optimum herauszuholen«. Und ganz pragmatisch fügt er hinzu: »Ich hatte keine Lust, dass Jüngere auf mich warten mussten.«

Heutling war auch dabei, als sich der Mittsechziger mit drei ebenso verrückten Gesinnungsgenossen morgens um sieben Uhr in Leimen auf das Rennrad setzte, um ins österreichische Gaschurn zu strampeln, mit Zwischenstation am Bodensee. Als sie um 19 Uhr in Konstanz ankamen, da hatten sie (inklusive eines Schlenkers, weil sie sich verfahren hatten) 294 Kilometer zurückgelegt. Weit mehr als die längste Etappe der Tour de France. Die restlichen 160 Kilometer fuhr Lautenschläger am nächsten Tag dann solo. Hoteldirektor und Gäste empfingen ihn in Gaschurn mit einer Flasche Champagner.

»In vierzig Jahren bin ich 250.000 Kilometer gefahren, sechsmal um die Erde«, sagt er nicht ohne Stolz. »In meinen guten Zeiten werden es so um die 7000 Kilometer gewesen sein, die ich im Jahr geschafft habe.« Und weiß sich da in allerbester Gesellschaft. Denn 7000 Kilometer gibt auch der große Eddy Merckx an, wird er nach seiner jährlichen Distanz gefragt. Dass er den größten Fahrer der Radsportgeschichte mit seinen fünf Tour-de-France-Siegen, seinen drei Weltmeistertiteln und unzähligen weiteren Rekorden dennoch an einer schweren Steigung in der Heimatregion abgehängt hatte, verbucht Lautenschläger für sich unter »Kuriositäten«. Allerdings wog der gute Eddy zu dieser Zeit über hundert Kilo. Aber noch heute denkt er voll Stolz an den Moment, als er an Eddy vorbeizog und ihm »Come on, Kannibale« zurief. »Kannibale« war Merckxs Spitzname in seiner aktiven Zeit.

Es war so um 1990, als Lautenschläger den »Speyrer Radtreff« nach Nussloch ans »Racket-Center« eingeladen hatte. Neben Politikern, einer Handvoll Promis und Journalisten kam auch das Rad-Idol mit seinen Kumpels. Der dreifache »Weltsportler des Jahres«, der Ende der 1970er-Jahre seine Profi-Karriere an den Nagel hängte, war zu diesem Zeitpunkt »ziemlich übergewichtig«. Ihm ging am Berg einfach die Puste aus. Der durchtrainierte Lautenschläger fuhr locker davon. Für Lautenschläger ist der immer bescheiden gebliebene Merckx einer der »besten Sportler des 20. Jahrhunderts«. Selbst die nie ganz geklärten Dopingvorwürfe können ihn nicht von seiner Meinung abbringen. Selbstverständlich kennt er dessen phänomenale sportliche Dominanz bei großen Rundfahrten, die unzähligen Siege bei Ein-Tages-Klassikern und Sechstagerennen. Auch wenn Lautenschläger nicht alle 525 Siege auf der Straße aufsagen kann, seiner Bewunderung kann sich Merckx sicher sein.

Leiden auf dem Rennrad, das kennt auch Manfred Lautenschläger. Ein Schultereckgelenkbruch bescherte ihm sechs Wochen einen eingegipsten Oberkörper. Ein Schlüsselbeinbruch ein paar Jahre später war da schon harmloser. Der dritte Sturz hätte ihn fast das Leben gekostet. Dass er nach einem knappen halben Jahr wieder fit auf den Beinen stehen konnte, das hatte er seiner Bären-Konstitution zu verdanken, einem ausgezeichneten Ärzteteam und seinem eisernen Willen.

Es geschah am 21. Juli 2019. Über 300 Radler, darunter auch als ältester Teilnehmer Manfred Lautenschläger, waren an diesem heißen Sommer-Sonntag zum »Radtreff Rhein-Neckar« gekommen, um die 115 Kilometer mit ihren 1200 Höhenmetern durch den Odenwald zu fahren. Rolf Heutling hatte, wie in den zwanzig Jahren zuvor, wieder eine anspruchsvolle Strecke für die Benefiztour zusammengestellt. »Das Fahren im geschlossenen Verband, mit abgesperrten Kreuzungen, ohne Ampeln, mit Polizeieskorte – fünf Motorräder, zwei Autos –, das ist etwas ganz Besonderes«, schwärmt der Organisator. Das finden auch die Hobby-Rennfahrer aus ganz Deutschland, die sich regelmäßig anmelden und denen klar ist: »Für Weicheier ist das nichts.« Denn die Rundfahrt ist nicht zu unterschätzen. Für Lautenschläger, der bis zu diesem Zeitpunkt so vier-bis fünfmal die Woche trainierte, alles kein Problem. Er hatte alle bisherigen Rundfahrten mitgemacht, freute sich auf die Fahrt im Pulk und auf den stolzen Betrag von 100- bis 120.000 Euro, der für krebskranke Kinder zusammenkommen würde.

Als Lautenschläger 1998 den Radtreff und damit die Benefiztour in seiner Heimatregion initiierte, war für ihn wichtig, dass die Spenden auch an diesem »exzellenten Forschungsstandort« bleiben. Die »Tour der Hoffnung« nimmt den Betrag entgegen, verdoppelt ihn und gibt ihn weiter. Davon profitiert die Heidelberger Kinderklinik, die sich der Verbesserung der Heilungschancen und der Betreuung der betroffenen Kinder verschrieben hat. Weit über eine Million Euro kamen seit 1998 zusammen, oft von Lautenschläger großzügig aufgerundet.

»Bei uns geht es hier nicht ums Ergebnis, sondern ums gemeinsame Erlebnis und um einen guten Zweck«, hatte der Mitorganisator seinen Sportsfreunden vor Startbeginn am

»Racket-Center« an jenem Sonntag noch mit auf den Weg gegeben. Einem Sonntag, nach dem er schweren Herzens seinen geliebten Radsport für immer an den Nagel hängte.

Etwa die Hälfte der wunderschönen Runde war schon geschafft, alle freuten sich auf die bevorstehende Pause im Schriesheimer Tal, da kam es zu diesem unglücklichen Zusammenstoß. Ein Teilnehmer überholte Lautenschläger und touchierte ihn dabei. Lautenschläger stürzte und blieb mit »unvorstellbaren Schmerzen liegen«. Einige Stunden später die Diagnose in der Universitätschirurgie in Heidelberg, die den Patienten erst einmal stabilisierte: Trümmerbruch des Ellenbogens (das Gelenk hatte sich in 13 Einzelteile aufgelöst), Oberschenkelhalsbruch und doppelter Beckenbodenbruch. Geschlagene sechs Stunden dauerte die anschließende Operation in Heidelbergs Orthopädie. Sechs Stunden zwischen Bangen und Hoffen. Vor allem für die Familie. Nicht nur bei Lautenschlägers Frau stand das Telefon nicht mehr still. Der Unfall war innerhalb kürzester Zeit zum großen Thema in der Region geworden. »Manfred war sehr gut drauf. Er ist bekannt als Kämpfer, und ich hoffe sehr, dass er nächstes Jahr wieder dabei sein wird«, wurde der Geschäftsführer des »Racket-Center« nicht müde, die Anfragen von Journalisten zu beantworten. Mehr wusste Matthias Zimmermann, der selbst bei der Rundfahrt dabei war, auch nicht zu sagen. Das traditionelle Pasta-Essen am Ende der Tour – das wollte an diesem Abend niemandem schmecken. Zu tief saß der Schock über den Unfall bei allen Beteiligten.

Als dann weit nach Mitternacht Angelika Lautenschläger endlich die erlösende Nachricht bekam, dass die Operation gut verlaufen war und es ihrem Mann »den Umständen entsprechend gut« ging, konnte sie sich einige Stündchen Schlaf gönnen.

In der Klinik erholte sich Lautenschläger erstaunlich schnell, überraschte mit seinen Fortschritten das ganze Ärzteteam: »Bei fast allen Menschen in diesem Alter wäre solch ein Sturz nicht gut ausgegangen. Da reicht ja meist schon ein Oberschenkelhalsbruch, um sie für immer an den Rollstuhl oder ans Bett zu fesseln.« Nicht so bei ihrem prominenten Patienten mit dieser Eins-a-Kondition und Werten wie bei einem Fünfzigjährigen. Die Mediziner waren doch sehr erstaunt, als der Schwerverletzte schon wenige Tage nach der Operation Besucher empfing, geschickt von seiner Frau kanalisiert. Hätte sie es nicht getan, das geräumige Krankenzimmer hätte einem Versammlungsort geglichen. Von morgens bis abends.

Im Zimmer stapelten sich Geschenke mit Genesungswünschen. Den kleinen Patienten der Kinderklinik war es ein Bedürfnis, für »ihren Freund« zu malen und zu basteln, Freunde und gute Bekannte schickten Bücher, brachten CDs vorbei, und diejenigen, die durch die Einlasskontrolle an der Pforte kamen, die wunderten sich nicht schlecht, als sie einen abgemagerten Manfred – ganze 67 kg wog er noch – schon auf Krücken herumlaufen sahen. Und noch mehr wunderten sie sich, als sie ihn bester Dinge im Bett antrafen, Pasta essend und mit einem Glas Wein in der Hand. Seine Frau hatte die Verpflegung übernommen. Denn bei allem Lob für das Klinikpersonal: An das Essen im Krankenhaus konnte er sich während seines vierwöchigen Aufenthalts nicht gewöhnen. Manfred war schon fast wieder der alte.

Klar, er schaute in die Bücher, hörte sich auch die Musik an – aber viel wichtiger war ihm der Kontakt nach außen. Das Telefon klingelte unablässig – und es waren nicht immer nur Freunde, die sich um sein Wohlergehen sorgten. Draußen wartete ja auch die Arbeit wie die Entscheidungen zum Bluttestskandal. Als Lautenschläger nach wochenlangem Klinikaufenthalt wieder in die Freiheit entlassen wurde, begann seine Reha am Tegernsee. Zusammen mit seiner Frau logierte er in einem wunderschönen Apartment in einer erstklassigen Klinik mit bezauberndem Blick auf See und Berge – und vor allem mit guten Trainern. Als er nach drei Wochen wieder zu Hause war, war sein erster Gang am nächsten Tag in das Fitnessstudio im »Racket-Center«.

Einer Konsequenz aus den Ereignissen beugte er sich dennoch: Er hatte seiner Frau versprochen, nie mehr auf ein Rennrad zu steigen. Seine beiden Rennräder verschenkte er an Rolf Heutling – für den Verein. Für Lautenschläger ist das Kapitel Fahrradfahren damit endgültig beendet. Aber manchmal schaut er doch ein wenig sehnsüchtig den Rennradfahrern hinterher, wenn sie auf der Straße an ihm vorbeifahren. Als – schwacher – Trost bleiben ihm Fahrrad- und Ruderergometer.

Lautenschläger will sich körperlich fit halten, will seine eigenen Grenzen austesten. Auch am Rudergerät. »Manfred, übertreib es nicht«, diesen Rat eines ärztlichen Freundes überhört er geflissentlich. »Ich weiß meine Kräfte schon gut einzuschätzen«, ist er überzeugt und erzählt so nebenbei, dass er im Trockenrudern sogar den deutschen Meister in seiner Altersklasse im Fernduell geschlagen hat.

Wäre er bei den Deutschen Meisterschaften im Trockenrudern in Starnberg dabei gewesen, hätte er in seiner Altersklasse den Titel gewonnen. Für sich und eine Handvoll trainierter Freunde verlegte er kurzerhand ein »Fernduell« ins »Racket-Center«, um sich mit den Teilnehmern in Starnberg zu messen. Es ging darum, wer in 30 Minuten am weitesten kommt. 2017 trat Lautenschläger in der Klasse Ü75 an und brach mit

6912 Metern den Rekord. Zwei Jahre später – als Ü80er – kam er immer noch auf 6700 Meter. Deutscher Rekord.

Manfred Lautenschläger und der Wettbewerb. Da macht er selbst vor der eigenen Familie nicht halt. Ob beim Steinewerfen mit seinen Söhnen, wo er den Teenagern zeigt, was ihr »alter Vater« noch so draufhat, und die längst die Geschichte kennen, als er in der fünften Klasse den Schlagball 58 Meter weit warf – weiter kam keiner der circa 600 Sextaner in Karlsruhe. Zurückstecken musste er allerdings beim Tennismatch mit seiner 14 Jahre jüngeren Frau Angelika. Ihr zuliebe hat er als »Spätberufener« mit dem »weißen Sport« angefangen. Mangelnde Technik ersetzte er durch überlegene männliche körperliche Konstitution. Das war auch nötig, denn die ehemalige westfälische Jugendmeisterin war ihm technisch haushoch überlegen. Mit diesen Grundvoraussetzungen gehörten sie zu den wenigen Ehepaaren, die Tennis auf gleichem Level spielen konnten – sie mit Technik, er mit Kraft. »Sie ist einfach die bessere Spielerin«, erkennt er neidlos an.

»Eigentlich bin ich ja ein Jogger«, lenkt er dann gerne ab und erzählt die Geschichte mit dem Cooper-Test, bei dem es darum geht, wie weit man in zwölf Minuten läuft. Die Sportpresse berichtete im Herbst 1977, dass dieser Test von den Profis von Bayern München durchgeführt wurde. Der Beste unter ihnen erreichte 3700 Meter. Lautenschläger lief im Fernduell 3400 Meter und hätte damit als 39-jähriger Jogger bei den Fußballprofis den zweiten Platz belegt.

Aber mit dem Laufen war das so eine Sache. Das erfuhr Lautenschläger viele Jahre später, als er es mit 61 Jahren noch einmal wissen wollte und sich zum Wiener Marathon anmeldete. Als Ausdauersportler, wenn auch Radfahrer, wollte er einmal im Leben einen Marathon laufen. Er schaffte zwar die respektable Zeit von 4:06 Stunden, musste sich aber unterwegs dreimal die total übersäuerten Beinmuskeln massieren lassen. Radfahren und Laufen beanspruchen die Muskulatur eben sehr unterschiedlich.

Was tut ein Mann, der so sportversessen ist wie er, der aber geschworen hat, sich nie wieder aufs Rennrad zu setzen? Er übt sich in Krafttraining, setzt sich auf sein Ergometer oder Rudergerät – und spielt Golf. »Na ja, seit ich nicht mehr Rad fahre, bin ich so zweimal die Woche auf dem Golfplatz.« Wahre Begeisterung hört sich anders an. Dennoch: Das Zertifikat, das ihm 2016 in seinem griechischen Urlaubsort Navarino überreicht wurde, hat er bis heute aufgehoben. Darin bestätigt: ein »Hole-in-one«. Seine Frau war ihm damals um den Hals gefallen, als er mit dem Abschlag den Golfball über die gesamte Bahn schickte und im Loch versenkte. Perfekt »eingelocht«. Das schafft auch ein Profi in seiner gesamten Laufbahn nicht immer. »Reiner Zufall«, räumt Lautenschläger ein.

Sport – das ist für Manfred Lautenschläger Leben. War es schon immer gewesen und wird es immer sein. In jeder Lebenslage. In seiner Stiftung hat er den Fokus darauf gerichtet, im privaten Umfeld sowieso. In unzähligen Vorträgen hat er seinem Publikum klargemacht, dass es bei ihm nicht nur um eine persönliche Obsession geht, sondern dass Bewegung ein »gesellschaftliches Muss« sei, wolle eine Gesellschaft nicht im wahrsten Wortsinn »verfetten«. Gegen Bequemlichkeit, Disziplinlosigkeit, Trägheit setzt Lautenschläger den Sport.

Dass ausgerechnet in Schulen und Kindergärten am ehesten auf Sportunterricht verzichtet wird, nennt Lautenschläger »ein Armutszeugnis«: »Versteht die Politik nicht, dass aus faulen Kindern faule Jugendliche und bequeme, übergewichtige Erwachsene werden?«

»Internationale Untersuchungen haben gezeigt, dass sportlich aktive Kinder in der Schule erfolgreicher sind, weil ihre kognitiven Fähigkeiten geschult werden«, sagt Lautenschläger, wenn er an das »Stiefkind« Sport denkt. Man müsse ja nicht gleich so weit gehen und behaupten, dass Sportler die intelligenteren Menschen seien. Um möglichen Missverständnissen vorzubeugen, sagte er einmal vor Hunderten von Zuhörern bei einem Vortrag anlässlich des Internationalen Reitturniers beim Mannheimer Maimarkt: »Der Satz ›Toben macht schlau‹ heißt nicht, dass Bewegung, Spiel und Sport direkt die Intelligenz fördern. Es gibt beispielsweise viele motorisch ungeschickte Professoren. Im Gegenzug fallen herausragende Fußballer im Interview nicht immer durch intelligente Aussagen auf.« Lachen im Publikum, das aber durchaus verstanden hatte, wie ernst es dem Vortragenden war, auf die »vielfältigen und wichtigen Potenziale« des Sports hinzuweisen. »Sport macht uns stark, im persönlichen Alltag, wenn Leistung von uns verlangt wird, im Team, im wirtschaftlichen Wettbewerb oder in schweren Zeiten der Krankheit. Sport macht uns stark fürs Leben.«

Wer wollte ihm da bei seiner Lebensgeschichte widersprechen?

Einer, der das ganz sicher nicht tut, ist Marc Girardelli, einer der besten alpinen Skirennläufer aller Zeiten. Fünfmal gewann er den Gesamtweltcup, 46 Weltcuprennen gehen auf sein Erfolgskonto, dazu hundert Podestplätze. Er holte elf Medaillen bei Weltmeisterschaften und zwei bei Olympischen Spielen. Er gehört außerdem zu den drei Rennläufern, die in einer Saison den »Ski-Grand-Slam« gewannen, nämlich in allen vier Disziplinen: Slalom, Riesenslalom, Super-G und Abfahrt. Dieser Ausnahmesportler wird sein Erlebnis der besonderen Art mit Lautenschläger nie vergessen.

Es war Ende der 1990er-Jahre, als Lautenschläger mit dem Ski-Star auf die Piste ging. Wie schon einige Male zuvor machte die gesamte Familie Lautenschläger Urlaub in Gaschurn. Im Montafon fühlten sie sich pudelwohl, genossen die schöne Unterkunft und noch mehr die idealen Sportbedingungen im Schnee. Für die Kinder, die dort als kleine Ski-Asse Medaillen einheimsten, war es »das Größte«. Das war es wohl auch für einen reichen Inder, der sich in den Kopf gesetzt hatte, aus seinem Sohn einen Skirennläufer zu machen. Als Trainer war der Beste gerade gut genug. Und das war Marc Girardelli. Der indische Gast hatte Girardelli gemeinsam mit dem Ehepaar Lautenschläger zum Abendessen eingeladen.

Girardelli erinnert sich noch an das Essen und an die »Unterhaltung voller Respekt«. Da saß ein Mann an seinem Tisch, der so vieles über seine Karriere wusste. Der all seine Erfolge kannte. Aber das war für ihn nicht das Entscheidende. »Ich freute mich, einen besonderen Charakter mit einer wohltuenden Gelassenheit getroffen zu haben. Einen Mann, der mit sich im Reinen war und wusste, wie man mit Menschen umgeht.« Mit so jemandem verabredete er sich gerne zum »genüsslichen Schwingen« am nächsten Tag.

»Ich fahre also locker vorne raus«, erzählt Girardelli, »als ich hinter mir einen markerschütternden Schrei hörte«. Womit das Ski-Ass nicht gerechnet hatte: »Manfred war volle Kanne hinter mir hergefahren.« Ein senkrechter Abriss von zwei Metern – für Girardelli eine kleine Unebenheit – wurde ihm zum Verhängnis. »Es hat ihn gotterbärmlich auf die Schnauze gehauen. Weit verstreut lagen seine Sachen, die Skier, er selbst war im Tiefschnee eingetaucht«, vergisst Girardelli nie diesen Anblick. »Mir ist fast das Herz stehen geblieben. Ich wusste ja nicht, ob er überhaupt noch lebt.« Doch Lautenschläger stand auf, klopfte sich lachend den Schnee ab, sammelte seine Skier ein – und weiter ging es. Ohne einen Mucks. »Ich war heilfroh, dass nichts passiert ist.« Auf Youtube hätte Lautenschlägers Sturz sicherlich die besten Bewertungen bekommen.

Der Kontakt zwischen den beiden Männern ist nie abgebrochen. »Wenn Manfred und seine Frau rufen, dann ist mir kein Weg zu weit«, sagte die umjubelte Sportlegende 2018 in Heidelbergs »guter Stube« vor ausverkauftem Haus. Als Laudator war er kurz vor Lautenschlägers 80. Geburtstag an den Neckar gekommen. Hier wurde der Unternehmer neben regionalen Leistungssportlern mit dem »SportAward Rhein-Neckar« ausgezeichnet. Für sein Lebenswerk. Die Hommage des Freundes hätte nicht liebevoller ausfallen können. Sichtlich stolz und gerührt nahm Lautenschläger den goldglänzenden »Victor« aus den Händen desjenigen entgegen, der für ihn einer der »ganz Großen« der Sportlerszene war und immer bleiben wird. Dass Girardelli in Lautenschlägers Heimatstadt die Ski-Szene vor großem Publikum zum Besten gab, amüsierte ihn. Tiefe Dankbarkeit empfand er für die lobenden Worte: »Manfreds Lebenskapital ist seine Bodenständigkeit, seine Freundlichkeit und Hilfsbereitschaft. Er hat für jeden ein offenes Ohr, bietet seine Hilfe uneigennützig an und gibt großzügig.«

Was der Sportler damals nicht erwähnte: Lautenschläger sagt immer seine Meinung, auch an solch einem festlichen Ehrungsabend. Nach dem herzlichen Dank für die Auszeichnung kam er auf das zu sprechen, was ihm am Herzen liegt: eine Lanze für den Sport zu brechen. Der sollte bei Kindern selbstverständlich sein. »Wenn ich bedenke, dass fast ein Drittel aller Kinder in Deutschland übergewichtig ist, dann muss die Politik doch reagieren. Es darf nicht immer den Sportunterricht treffen, wenn an den Schulen Personalnot bei den Lehrern herrscht.« Der Applaus der Sportler war ihm sicher.

Lautenschläger wird nicht müde, sich immer wieder mit alten und neuen Appellen an eine Gesellschaft zu wenden, die den Sport vernachlässigt. In seinem Kopf hat er jede Menge Ideen. Große Bretter wird er noch bohren müssen, will er seine Vorstellung von der Zusammenlegung von Sportmedizin und Sportwissenschaft an der Universität Heidelberg verwirklichen. Mit dem Rektor hat er schon gesprochen. Der konnte sich noch nicht so recht für dieses »einmalige Modell an einer deutschen Universität« begeistern. Aber Lautenschläger wird nicht lockerlassen.

XI

LEBENSWERK FAMILIE

»Papi, ich bin so froh, dass wir keine reichen Leute sind«, sagte Tochter Christine. Das war in den 1980er-Jahren, Schnuppi war zwölf Jahre alt, ihr Vater ein vermögender Mann, sein Unternehmen MLP auf dem unaufhaltsamen Weg nach oben, und die Familie fühlte sich wohl auf dem Peloponnes. Wie die Jahre zuvor verbrachte die Familie Lautenschläger mit ihren fünf Kindern ihren Sommerurlaub im exklusiven Robinson-Club. Die kleine Schnuppi störte, wie ihre neuen Freunde im Club so schrecklich mit dem Geld ihrer Eltern angaben, ihr Vater würde sagen: »Ihren Reichtum vor sich hertrugen.« Das war nicht Sache des kleinen Mädchens, das überhaupt nicht ahnte, aus welch wohlhabendem Haus sie und ihre jüngeren Geschwister stammten.

Da gab es aber auch die nette Geschichte in Gaschurn, wo Matthias, sieben Jahre alt, mit Vater und Geschwistern Ski fuhr. Als in der Mittagspause der Regen einsetzte, sie nach einer Abfahrt völlig durchnässt in der Gondel nach oben hocken, hat der Vater genug und schlägt vor, an der Bergstation sitzen zu bleiben und mit der Gondel ins Tal zu fahren. Antwort Matthias: »Ein Lautenschläger fährt nicht mit der Gondel nach unten.« Der Vater, Opfer seiner Erziehung, musste Haltung zeigen und, durchnässt, wie er war, auf Skiern abfahren.

Und wer weiß als Erwachsener noch, was die »Binomische Formel« ist? Beim Lautenschläger-Nachwuchs klickt es sofort, wenn dieser Begriff fällt. Besser als bei »Wikipedia« können sie erklären, wie die Tricks zum Kopfrechnen funktionieren. »Wieder und wieder wurden wir auf unseren Wanderungen abgefragt«, sagt Markus. So lange, bis es saß. Gehirnjogging nannte er das. »Unser Vater war der Meister im Kopfrechnen.«

Die Pünktlichkeit ist nicht nur die Höflichkeit der Könige, machte Vater Lautenschläger seinen Kindern schon im zarten Alter klar. Seinen Spruch »Drei Minuten vor der Zeit ist Catharinas Pünktlichkeit« hat seine zweite Tochter dermaßen verinnerlicht, dass auch ihr der gedankenlose Umgang mit der Zeit der anderen ein Graus ist. »Wir haben die Kinder ganz normal erzogen«, sagt Angelika Lautenschläger. Da war die Bescheidenheit, aber auch das Selbstbewusstsein, das sie ihnen mitgaben, die Sportbegeisterung und die Höflichkeit. »Ich bin stolz auf meine Kinder«, sagt der Vater. »Sie wurden nie auf Erfolg getrimmt, sondern sollten zu glücklichen Menschen heranwachsen.«

Mit seiner Frau Angelika ist Manfred Lautenschläger schon seit über vier Jahrzehnten verheiratet. Eine Frau, die ihm in allen Lebenslagen zur Seite steht, die nicht nur die Mutter seiner fünf Kinder ist, sondern auch engste Beraterin und Vertraute, mit der er alles besprechen kann. Die Kinder nehmen sie als »liebendes Paar«, als eine »Einheit« wahr. Das war schon immer so gewesen.

Angelika Lautenschläger ist eine starke Frau, die mit ihren Ansichten, ebenso wie ihr Mann, nicht hinter dem Berg hält. Eine Frau, die bedingungslos zu ihm hält, die aber auch sagt: »Manfred ist ein Mann, den man aushalten können muss.«

Kein »elder statesman«, sondern einer, der »impulsiv und emotional« ist. Früher noch viel mehr als heute. Dass die Rollen von Beginn ihrer Beziehung an festgelegt waren, hat die attraktive Endsechzigerin noch nie gestört. Und ihr Mann sagt auch offen und so gar nicht dem heutigen Bild einer modernen Ehe entsprechend: »Für mich kam die Rolle eines Mannes, der sich zu Hause um den Haushalt und die Kinder kümmert, niemals infrage. Ich verdiene den Unterhalt, und Angelika sagt daheim, wo es langgeht«, getreu dem Motto: »Herr im Haus bin ich, gemacht wird, was meine Frau sagt«, umschreibt er lachend das Rezept einer langen, glücklichen Ehe.

Dass sein »Lebenswerk« Nummer eins seine Familie ist – noch vor seinem Unternehmen –, bestätigte er in unzähligen Interviews. Auch wenn es schwer zu glauben ist, aber er meint es offenbar ernst. Wie sonst hätte er seine Krankheit überleben können, wie den Beinahe-Zusammenbruch seiner Firma, seine menschlichen und beruflichen Enttäuschungen, wenn es da nicht den »sicheren Hafen« der Familie gegeben hätte und diesen beneidenswerten Zusammenhalt?

Dass die Kinder und damit die neun Enkelkinder alle in Heidelberg leben, hängt wohl auch mit dem großen Familiensinn zusammen. Nur Maximilian, bislang unverheiratet und kinderlos, wohnt im achtzig Kilometer entfernten Frankfurt. Selbstredend, dass er, sooft es ihm möglich ist, in sein Elternhaus kommt. In telefonischem Kontakt steht der Lautenschläger-Clan sowieso fast täglich.

Sie alle lieben das sonntägliche Ritual, wenn entweder die Familie zusammen am Tisch sitzt oder sich zum Mittagessen beim Lieblingsitaliener trifft oder im »Racket-Center«, wo sie ein Viertel des Gastraums belegen.

»Vom Geld war ich in meiner privaten Lebensführung wenig beeinflusst«, erzählt Lautenschläger. »Ich besitze weder eine Finca auf Ibiza noch irgendwo ein Schloss. Wir lebten und leben stets ein normales Familienleben. Ich habe mich erfolgreich bemüht, ein Vater zu sein, nicht nur ein Onkel, der sonntagmorgens überraschend am Frühstückstisch sitzt.« Selbst in seinem aktiven und nicht wenig stressigen Berufsleben versuchte er, Geschäftsreisen auf ein Minimum zu beschränken. Und wenn es halt doch unbedingt sein und er schon auf das tägliche gemeinsame Abendessen verzichten musste, dann versuchte er es so einzurichten, dass er zumindest am nächsten Morgen neben seiner Frau aufwachte. Keine Autofahrt nach Hause war ihm dann zu weit. Er brauchte seine Lieben um sich, weil »dieser unmittelbare familiäre Umgang miteinander den Konterpart zum Berufsleben darstellte«.

Schließlich war er erst mit 36 Jahren Vater geworden, hatte seine Kindheit mehr oder weniger vaterlos und mit einer viel älteren Schwester und der Mutter verbracht. Er wollte für seine Kinder da sein, ihnen Werte vermitteln, die ihm wichtig waren. Und ein Wert gehörte sicher nicht dazu: Geld.

Aus welch reichem Elternhaus sie stammen, wurde den Kindern erst spät bewusst. Markus erinnert sich, als ein Freund seiner Schwester eines Tages zu ihm meinte: »Dein Vater verdient mehr als Bruce Willis.« Er war damals so 13, 14 Jahre alt und tat es als absoluten Blödsinn ab. Und Schwester Catharina erinnert sich noch, wie sie in der Grundschulklasse einem Jungen eine klebte, weil er sie als »Millionärin« titulierte.

Klar, gab es da einmal für kurze Zeit einen MLP-Firmenjet, mit dem die Lautenschlägers in Urlaub flogen – selbstverständlich gegen Bezahlung. »Das war aber nur zweimal«, stellt Angelika Lautenschläger klar. Keines der Kinder dachte darüber weiter nach. Das war halt so. Auch dass sie immer gemeinsam in die Winterferien fuhren, wurde als Selbstverständlichkeit hingenommen.

»Ich hatte eine superschöne Kindheit«, blickt Max zurück. Dass das monatliche Taschengeld knapper als bei vielen seiner Schulkameraden ausfiel, war damals natürlich gar nicht nach seinem Sinn, noch weniger, dass das Thema Ernährung so hoch gehängt wurde. »Für unseren Vater war es wichtig, dass wir alles brav aufessen, vor allem das Gemüse. Minutenlang habe ich im Blumenkohl herumgestochert.« Auch belehrte ihn der Vater, sehr zu seinem Leidwesen ausgerechnet im Urlaub, dass ein kalorienreiches Dessert »schwabbelig« macht.

Sport war für Max ein großes Thema seiner Kindheit. »Er hat uns immer zu Höchstleistungen angespornt«, ist er seinem Vater heute noch dankbar. Er war sechs oder sieben Jahre alt, als sein Vater ihn mit einer Belohnung dazu animierte, ganz privat den Fahrtenschwimmer zu machen, also eine halbe Stunde zu schwimmen. Allerdings nicht in einem Pool, sondern im wellenbewegten, kühlen Atlantik vor Fuerteventura. Der Vater schwamm eine halbe Stunde mit, dann wurde ihm kalt, er stieg aus dem Wasser, verriet Max aber nicht, dass er es schon geschafft hatte. Matthias löste den Vater als Begleiter ab und schwamm mit Max eine weitere halbe Stunde. Hinterher wurde der Bub darüber aufgeklärt, dass er den Fahrtenschwimmer »doppelt« geschafft hatte – dafür bekam er auch die doppelte Belohnung.

Im gleichen Urlaub gab es da noch die Siebzig-Kilometer-Tour mit dem Mountainbike, bei sengender Hitze, die Hälfte der Strecke durch den sogenannten Naturpark, ein Gelände ähnlich der hundert Kilometer entfernten Sahara. Jammern half nichts. Der Papa hielt mit Spaß dagegen, erklärte den Ausflug durch die Wüstenlandschaft zum Sahara-Abenteuer.

Gewandert wurde in der Familie Lautenschläger schon immer viel und ausgiebig. »Da hatte ich meist keinen Bock drauf«, bekennt der Sohn. Als er aber auf die Idee kam, Zollschranken auf dem Waldweg aufzubauen und vorbeikommende Spaziergänger mit 50 Pfennigen zur Kasse bat, konnte er auch längeren Spaziergängen etwas abgewinnen.

Vergessen wird er aber auch nie, wie sich sein alter Herr im Gymnasium für ihn einsetzte. Es ging um Sprichwörter. Statt »Ehrlich währt am längsten« sagte der Sohnemann: »Erich hat den Längsten.« Er flog aus der Klasse, und die Eltern bekamen einen Anruf. Doch anstatt wie erwartet in den Tenor der Empörung einzustimmen, erinnerte Vater Lautenschläger die Schule daran, dass es nicht nur die Schulpflicht, sondern auch ein Recht auf Unterricht gibt. »Wenn einer Pädagogin bei einem Zehnjährigen bei einem solchen Spruch nichts anderes einfällt, als ihn aus dem Unterricht auszuschließen, hat sie ihren Beruf verfehlt«, sagte er dem Direktor der Schule. Der gab ihm recht.

Ärger gab es, als Max mal die nächtliche Abwesenheit der Eltern mit einer »Hausparty« groß feierte und seine Kumpels im ehelichen Schlafzimmer übernachten ließ. Dass er mit seiner vier Jahre älteren Schwester Catharina, die ihm altersmäßig am nächsten stand, ein Zimmer teilte, das fand er »super«. Und in manch einer heiklen Situation war sie, immer überlegt und strukturiert, die Retterin in der Not.

Wenn Maximilian so zurückblickt, dann bekennt er offen: »Ich habe schon viel Scheiß gemacht. Und es war nicht so sicher, ob es noch was wird mit mir.« Aber es wurde ja was aus ihm. Ausgerechnet in der Finanzwelt. Die »Frankfurt School of Finance & Management«, eine private, staatlich anerkannte Wirtschaftsuniversität, absolvierte er mit der Note 1,7. Hier bekam er auch die Anregung, sich mit einem Start-up selbstständig zu machen. »Ich bin komplett unabhängig, mache mein eigenes Ding.« Seit 2018. Mit seinem »Interesse am Neuen« ist er Mitgründer und Geschäftsführer eines Unternehmens der Finanztechnologie im Umfeld von Blockchain und Kryptowährung.

Dass er auch als Aufsichtsrat der Konzerngesellschaft MLP Finanzberatung SE Verantwortung für das vom Vater gegründete Unternehmen übernahm, ist für ihn keine Frage der »Verpflichtung«, sondern ein persönliches Bekenntnis zu MLP.

Wenn Tochter Catharina auf ihre Kindheit zurückblickt, fallen ihr ähnliche Themen ein wie dem Bruder. Ja, bestätigt sie, »der Vater war sehr streng«, vor allem beim Essen. War er dann mal länger unterwegs, was ja äußerst selten vorkam, dann kam auch »Schrott« auf den Tisch: »Wir liebten Burger und Pommes.« Süßigkeiten waren eh tabu, die bekamen die Kinder bei den Spielkameraden in der Nachbarschaft zugesteckt. Heute lacht die große, schlanke junge Frau herzhaft darüber. Auch über die stundenlangen Wanderungen, wo sie über »Beinweh« klagte und gleichzeitig wusste, dass sie würde durchhalten müssen. Dafür lenkte der Vater die Kinder mit Kopfrechnen ab oder mit ganz wunderbaren erfundenen Geschichten.

Natürlich begehrten auch die Lautenschläger-Kinder gegen all das auf, was ihnen »ungerecht« vorkam, weil »die anderen« das ja alles durften: mehr fernsehen, nicht so früh ins Bett oder öfter auf Partys gehen. Aber alles Betteln half nicht: Die Eltern blieben konsequent. Und sollte es mal Meinungsverschiedenheiten zwischen Angelika und Manfred Lautenschläger geben, vor den Kindern wurden diese nie ausgetragen. Der Nachwuchs nahm die beiden immer als »Einheit« wahr, wohl wissend, dass die nachgiebigere Mutter so manch gutes Wort bei ihrem Ehemann einlegte. Das übliche Gegeneinander-Ausspielen verfing einfach nicht. »An offenen, sehr direkten Worten fehlte es bei meinem Vater wahrlich nicht. Böses Blut gab es aber nie.«

Dass er mit seinen neun Enkelkindern wesentlich sanfter umgeht, verbucht Catharina als eine Art »Altersmilde«. Trotz aller Strenge: »Die Liebe zu uns war immer spürbar.« Und sie erinnert sich, für Lautenschläger eher untypisch, wie er mit ihr auf dem Sofa vor dem Kamin saß und ihr beibrachte, mit der Strickliesel umzugehen (was er als Kind in der Nachkriegszeit gelernt hatte), wie er ihr Grimms Märchen vorlas, »Sophiechen und der Riese« von Roald Dahl oder »Ronja Räubertochter«, ihr Lieblingsbuch, das sie später auch ihren Kindern vorgelesen hat. Und es war immer nur der Vater, der jeden Abend vorlas.

»Das Elternhaus hat uns viel mitgegeben«, sagt Catharina. Vor allem »Strukturen und Zielorientierung«. Dass ihr Vater eindeutig der dominantere war und ist, hat ihr gesellschaftliches Frauenbild nicht geprägt, denn »meine Mutter war und ist eine starke Partnerin, die durchaus auch Tacheles redet«. Ihr Wunsch, das Gedächtnis ihres Vaters und die Geduld der Mutter zu erben, daraus ist allerdings nichts geworden. »Es ist genau andersherum.«

Die ganze Großfamilie ist für sie eine »coole Horde« mit einem ungeheuren Zusammenhalt. Das manifestiert sich nicht nur an den regelmäßigen Zusammenkünften, an den regelmäßigen Telefonaten, daran, dass jeder vom anderen immer weiß, was gerade los ist, sondern auch an dem fehlenden Konkurrenzdenken untereinander, an der Abwesenheit von Eifersüchteleien. Dass sie immer und zu jeder Zeit alles mit dem

»Clan« besprechen kann, stärkt auch ihr Selbstbewusstsein für den Alltag.

Dankbar ist sie ihren Eltern, dass sie in einer ganz normalen Familie aufwachsen durfte, mit den ganz normalen Streitereien unter Geschwistern, ganz normalen Freunden, die nicht zur High Society gehören mussten. Im Gegenteil. »Sie akzeptierten auch die größten Exoten.« Auch wenn es Freunde waren, »die nicht so geradeaus gelaufen sind.« Das Vertrauen der Lautenschlägers in die eigenen Kinder wurde nie enttäuscht. »Es war diese positive Lebenseinstellung, die eine gute Voraussetzung ist, das Leben zu bestreiten.«

Prägend war für Catharina ein Schuljahr in einem englischen Internat. Hoch rechnet sie ihren Eltern an, dass sie ihr bei der Berufswahl, wie den Geschwistern auch, freie Hand ließen. »Du musst nur immer ein Ziel haben«, gaben sie ihr als Prämisse mit auf den Weg. Und weil es schon mit 13 Jahren ihr sehnlichster Wunsch war, Kinder-und Jugendpsychiatrie zu studieren, absolvierte die strebsame Catharina ein Praktikum in der Kinder- und Jugendpsychiatrie. Andere Ausflüge in die Arbeitswelt sollten folgen. Ein Abitur-Schnitt von 2,3 erlaubte es ihr nicht, Psychologie zu studieren, weshalb sie das Psychologie-Studium in Australien begann. Aber das war nicht ihr Ding, es fehlte ihr an Distanz. »Aber ich wollte doch nicht diejenige sein, die etwas abbricht«, erklärt sie und ergänzt, dass sie sich schwergetan habe, mit dem Vater darüber zu sprechen. Die ältere Schwester machte ihr Mut. Und der Vater meinte nur lapidar: »Du solltest offen für alles sein, aber mit einem Plan und dich nicht verzetteln.« Ihr neuer Plan: das Studium der Soziologie, mit dem Ziel, sich später in einer NGO oder im Stiftungswesen einzubringen.

Heute ist Catharina zusammen mit ihrem Bruder Markus

Geschäftsführerin der Manfred Lautenschläger-Stiftung, in dem Bewusstsein, »das lebendige Erbe« weiterzuführen. Dass sie dabei ihre eigenen Schwerpunkte setzt, entspricht ihrem Selbstverständnis und steht in keinem Widerspruch zu ihrer Aussage: »Nichts geht ohne meinen Vater«.

»Zurückhaltend, introvertiert, in sich gekehrt, überlegt«, das sind die Adjektive, die sich bei Markus Lautenschläger aufdrängen. Der Gegensatz zu seinen Geschwistern könnte nicht größer sein. Wo es bei den anderen heraussprudelt, wägt Markus ab. Überlegt genau, was er sagt. Man nimmt ihm sofort ab, dass er sich als Jugendlicher zurückzog, als dieser Satz mit Bruce Willis fiel, dass sein Vater mehr verdienen würde als der amerikanische Superheld. »Danach habe ich mich bedeckt gehalten«, sagt er.

»In mancherlei Hinsicht war unser Vater sehr streng, vor allem was das Essen und den Fernsehkonsum anging.« Aber: »Unser Vater war ja durch seinen Diabetes zum Ernährungsprofi geworden. Schon vor Jahrzehnten sagte er, dass Zucker schlecht für die Gesundheit ist«, entschuldigt er die Strenge beim Essen. Dass sein Vater immer für die Familie da war, dass es immer diese gemeinsamen Mittag- und Abendessen gab, findet Markus im Nachklang »beachtlich«. Die Urlaube mit den Wanderungen in den Alpen, die ausgedehnten Fahrradtouren, zählt er zu seinen schönsten Erlebnissen. Dazu gehören auch die fantasievollen Fortsetzungsgeschichten, die der Vater für die Kinder erfand. Das war »echt eine krasse Leistung«. Stundenlang konnte er erzählen von der Gazelle und dem Elefanten Jumbo, die einer ausgewanderten Familie begegneten. Dass sich er und seine Schwester Schnuppi in den geschilderten Tieren wiederfanden, erhöhte den Reiz.

Aber da gab es auch dieses traurige Märchen von Hans Christian Andersen »Das Mädchen mit den Schwefelhölzern«, das der Vater ihnen vorgelesen hat, oder das Buch »Mio, mein Mio« von Astrid Lindgren, das Markus besonders in Erinnerung geblieben ist. »Aber er hat selbst Geschichtliches so spannend erzählt, dass mir davon heute noch vieles im Gedächtnis geblieben ist.« Dieses heimische Ritual des abendlichen Vorlesens, das hat er auch bei seinen Kindern beibehalten.

Wie bei allen Lautenschläger-Kindern spielte auch für ihn der Sport eine große Rolle. »Ich konnte ganz gut Ski fahren«, sagt er in seiner bescheidenen Art. Tatsächlich war er ein exzellenter Skifahrer und spielt bis heute sehr gut Tennis. Wie bei so vielen Jungs stand auch bei ihm der Fußball ganz oben, dann kam der Basketball. »Ich war ein guter Werfer, hatte aber zwei linke Füße«, lacht er. »Wie wichtig Bewegung ist, das habe ich von zu Hause mitbekommen und gebe das auch an meine Kinder weiter«, sagt Markus.

Selbstverständlich waren für ihn auch die Ferienjobs. »Es hat mir Spaß gemacht, als Hausmeister bei MLP zu arbeiten, um mir dann neue Skier zu kaufen.«

Es hätte zu Markus gepasst, seine Wunschfächer Geschichte und Archäologie zu studieren. Dass es dann doch Jura wurde, hängt wieder mit seiner überlegten Art zusammen und dem Argument seines Vaters: »Jura ist eine gute Schule für analytisches Denken.« Die Grundlagen dafür hatten die vielen Diskussionen im Elternhaus gelegt. Er entschied sich also für die Jurisprudenz. »Ganz ohne Druck meiner Eltern. Ich konnte frei wählen.«

»Mein Vater ist einer der ehrlichsten und aufrichtigsten Menschen, die ich kenne.« Wenn so ein Kompliment vom erwachsenen Sohn kommt und wenn der auch noch sagt, dass er »viel Respekt« vor dem Vater hat, dann kann in der Erziehung nicht allzu viel schiefgelaufen sein.

Matthias Lautenschläger wohnt wie seine Geschwister nur einen Katzensprung von seinem Elternhaus entfernt. Wie sein Vater hat auch er ein Faible für schöne Autos und schönes Wohnen. Im Gegensatz zu ihm ist er aber auch noch ein guter Koch. Zum Vergnügen der Eltern lädt er sie hin und wieder zu seinem »wunderbaren Fisch in Salzkruste« ein. Der enge Kontakt ist also nicht nur durchs Telefon garantiert.

Als Manfred Lautenschläger mit achtzig Jahren den MLP-Aufsichtsrat verließ, rückte der damals 38-jährige Matthias nach. Die Hauptversammmlung wertete es damals als »Zeichen für das langfristige Bekenntnis der Familie zum Unternehmen«. Der Diplom-Betriebswirt Matthias nannte es eine »Herzensangelegenheit«.

Allerdings: Eine Karriere im Unternehmen, das war nie sein Ziel, auch wenn er einige Monate in der Verwaltung und im Vertrieb hospitiert hatte. »Mein Vater hat mich nicht in seine Fußstapfen gezwungen.« Im Gegenteil. »Wir sind ihm sehr dankbar, dass wir unsere eigenen Wege gehen durften.« Sein Weg hat ihn als Gesellschafter und Geschäftsführer zum Basketball-Zweitligisten Academics MLP geführt. So heißt heute die Basketball-Abteilung des Traditionsvereins USC Heidelberg. Dieser war in früheren Jahren, als Basketball noch ein Studenten- und kein Profisport war, neunmal Deutscher Meister gewesen. Im Zeitalter der Professionalisierung allerdings war er in die Drittklassigkeit gestürzt.

Matthias übernahm das Management mit dem ehrgeizigen Vorsatz, den USC mit neuem Branding, gesponsert von MLP, wieder in die Erstklassigkeit zu führen. Als die letzten Zeilen zu diesem Buch geschrieben wurden, schaffte die Mannschaft im Mai 2021 den Aufstieg in die erste Liga.

»Bei aller Strenge war unser Vater sehr liebevoll«, erinnert sich Matthias heute. Und für die langen Wanderungen am Wochenende, für die Radtouren, dafür ist er ihm heute dankbar, auch wenn er später mit den Spaziergängen »nichts mehr anfangen konnte«. Prägend war für ihn die Geschichte vom »Opo«, dem Delfin aus Paul Watzlawicks »Wie wirklich ist die Wirklichkeit?«, die ihm sein Papa vorlas. Prägend deshalb, weil sein Drittältester mit einem angeborenen Hörfehler zur Welt kam, was die Ärzte erst spät herausgefunden hatten. Von ständigen Ohrenschmerzen wurde der Knirps geplagt, dreißig Mal platzte ihm das Trommelfell, spät lernte er sprechen, weil er kaum etwas hörte. Und da war dann diese spannende Erzählung, die ihm Mut machte, auch weil er seinem Vater vertraute, der jedes Mal den Zusatz hinzufügte: »Eines Tages wird das alles wieder gut sein.« Mit sechs, sieben Jahren wurde für Matthias »alles gut«. Für ihn heute noch »unglaublich«, mit welcher Geduld und Hingabe sich sein Vater um ihn kümmerte.

»Ein bisschen was bleibt ja immer von der Erziehung hängen«, sagt er, selbst Vater von drei Kindern. Sicher sei sein Umgang mit dem eigenen Nachwuchs »lockerer«. In manchen Dingen aber auch viel vorsichtiger. Er erinnert sich, wie sie als Kinder neue BMX-Räder bekamen, die steilsten Hügel hinunterfuhren und stundenlang wegblieben. »Das wurde zu Hause so hingenommen. Ich würde durchdrehen.« Ihm hat es damals Selbstbewusstsein und ein Gefühl für Eigenverantwortung gebracht. Allerdings: »Mitbekommen habe ich, dass Kinder einen Rahmen brauchen, dass Konsequenz unabdingbar ist.« Auch wenn er die Mutter als »Zufluchtsort« beschreibt, gab es immer eine »einheitliche Sprache der beiden«. Irrelevant war es aber für die Eltern, aus welchem »Stall« die Freunde kamen. Fragen wie: »Was macht der Vater?«, wurden im Hause Lautenschläger nie gestellt. Auch in die Wahl der Lebenspartnerinnen oder Ehemänner mischten sich die Eltern nicht ein. Alle wurden in die Herde mit aufgenommen und gewannen ihrerseits eine neue Familie dazu.

Wie auch die Ehefrau von Matthias, Stephanie Gehrlein. Die ehemalige Profi-Tennisspielerin, die deutsche Meisterin von 2003 und Nummer hundert in der Weltrangliste, hatte sich ihren Traum verwirklicht. Ein Traum, den auch Matthias nach seinem Abitur träumte. Immerhin hatte er es mit zwanzig Jahren als Mannschaftskapitän des Rot-Weiß Wiesloch bis in die 2. Bundesliga geschafft. Eine Schulter-Operation beendete den Traum von mehr. Dass es so kam, wie es kam, hat er dennoch nie bereut. Körperlich fit hält sich der 1,97-Mann mit Skilaufen, Krafttraining und Joggen. Das gemeinsame Golfen bei den heutigen Familienurlauben zählt er dabei zu den »echten Happenings«.

Wie auch seine Geschwister wurde er von seinen Klassenkameraden mit Sätzen konfrontiert wie: »Die Probleme habt ihr nicht, ihr seid ja Millionäre.« Matthias wusste überhaupt nicht, was die meinten. Der Sprössling wunderte sich andererseits nicht darüber, dass teure Autos in der Garage standen oder sie in einem großen Haus wohnten. Heute sieht er das anders. »Ich bin mir total bewusst, dass es für einen jungen Mann wie mich nicht normal ist, so leben zu können, wie ich es kann.«

Wie zerbrechlich ein Leben sein kann, das lediglich auf finanziellen Erfolg aufbaut, erlebte er als 22-Jähriger, als die Eltern ihre Ferien in Österreich verbrachten und MLP in die

Krise geriet. Der Vater wollte mit ihnen über die Situation seines Unternehmens reden. Also machte sich Matthias mit seinen Geschwistern Markus und Schnuppi auf den Weg in den Urlaubsort. »Es war das erste Mal, dass wir offen über Geld gesprochen haben.« Was bei ihm bis heute hängen blieb, ist der Satz seines Vaters: »Solange ich euch habe, so lange wird es mir gut gehen.« Da wusste Matthias, dass die Familie diesem starken Mann »Halt gibt«.

Neben seinem großen Freundeskreis ist für Matthias das Verhältnis zu seinen Geschwistern bis heute sehr wichtig geblieben. »Unsere Wege sind alle sehr unterschiedlich, vielleicht mussten wir deshalb untereinander nie Kämpfe austragen.«

Die trug als Erstgeborene Christine aus, die »Rebellischste von uns allen«. Sie war es, die zum 80. Geburtstag diese anrührende Rede vor den Gästen hielt. Voller Liebe.

Und immer wieder Schnuppi. Diese »rebellische Kämpferin« (Matthias), dieses »geile Wesen« (Catharina), diese »Vertraute« (Markus). Die ungewöhnlichste der fünf Geschwister. Die, als sie vor Gericht als Zeugin aussagen und ihren Beruf angeben musste, einfach nur »Mutter« sagte. »Das ist kein Beruf«, beschied ihr die beisitzende Schöffin. »Es ist der ehrenwerteste Beruf«, sagte der Richter.

Wenn Schnuppi erzählt, dann schwingt in jedem Satz Leidenschaft mit, eingeschlossen die vielen Superlative. Die Kindheit war für sie »brutal schön«, der Vater »schätzt die Mutter so unfassbar«, »ich bin meinem Vater extrem dankbar« oder »mit Markus bin ich fast schon an der Hüfte zusammengewachsen. Nur strahlt der eine unfassbare Ruhe aus.« Am ähnlichsten sei sie allerdings ihrem Bruder Max, dem Jüngsten der Familie. »Wir haben beide diesen Freiheits- und Unabhängigkeitsdrang, auch wenn Max eher schon mit Perwoll gespült wurde.«

Mit Oberflächlichkeit hat das alles nichts zu tun. Schnuppi erfasst das Wesen der Dinge und gibt alles so weiter, wie sie es erspürt. In einer entwaffnenden Offenheit. Sie strahlt das aus, was Psychologen »Resilienz« nennen. Eine psychische Widerstandsfähigkeit, geeignet, »Krisen zu bewältigen und sie durch Rückgriff auf persönliche und sozial vermittelte Ressourcen als Anlass für Entwicklungen zu nutzen«, so die etwas sperrige Definition. Ihre »idealen Eltern« gaben ihr mit, den Widrigkeiten des Alltags zu trotzen und diese große Lust am Leben.

Schnuppi machte alles, was Pubertierende halt so treiben. Sie stieg nachts aus dem Fenster, »lieh« sich ungefragt das große Auto des Vaters aus, um eine Freundin in Konstanz zu besuchen. Da hatte sie gerade ihren Führerschein, und die Eltern waren im Urlaub. Nur zu dumm, dass ein MLPler den Wagen entdeckte und den Vater anrief. Er glaubte, diesem sei sein Auto geklaut worden.

Als ihre schulischen Leistungen in den Keller rasselten und sie nach der zehnten Klasse die Schule verlassen wollte, war ihr Vater keineswegs einverstanden: »Welch eine Verschwendung, wenn man deine Intelligenz hat.« Schnuppi machte weiter, im Internat. Das Abitur schaffte sie mit einem Schnitt von 3,0. Wegen Mathe wäre sie beinahe durchgefallen. Über einen speziellen Berufswunsch hatte sich die junge Dame da noch keine tiefgreifenden Gedanken gemacht. Vielleicht irgendetwas mit Sprachen. Englisch und Spanisch waren ihr in den Sinn gekommen. Sie flog nach Australien, verbrachte ein Vierteljahr in Schottland auf einer Sprachenschule, machte da ihren Abschluss. Das anschließende halbe Jahr in Spanien, erst in Salamanca, dann in Barcelona, genoss sie in vollen Zügen: »Mein Straßenspanisch war bestens.« Wieder in Deutschland, verlegte sie sich auf den Journalismus. Nach verschiedenen Praktika machte sie eine Ausbildung zur Rundfunk-Moderatorin. »Das kreative Chaos, das gefiel mir.«

Dabei wäre sie auch eine »echte Bereicherung« (Aufsichtsrat Burkhard Schlingermann) für MLP gewesen. Nach dem Besuch eines Seminars arbeitete sie in der Akquise in der Geschäftsstelle Münster, wo Schlingermann damals Berater war. Und es verwunderte niemanden, dass sie von 48 angeschriebenen Zahnärzten gleich 46 für einen Termin gewinnen konnte.

Was die Älteste nicht erzählt, das ist, wie gut sie fotografieren kann. Ihre aussagekräftigen Bilder schmücken nicht nur die Festschriften zu runden Geburtstagen ihres Vaters, sie hängen auch gerahmt in Vaters Büro.

Als sie dann ihren »Traummann« kennenlernte, einen neuseeländischen Rugby-Profi, ahnten die Eltern, wie es kommen würde. Doch sie mischten sich nicht ein. Aus Prinzip. Mit den aus der Ehe hervorgegangenen Enkelkindern schwimmt der »supertolle Großvater« um die Wette. »Wenn er nicht mein Vater wäre, dann wäre ich glücklich, ihn als Menschen zu kennen«, sagt sie strahlend. Und sie erinnert sich an die vielen frohen Momente im Elternhaus. Natürlich auch an die erfundenen Geschichten, an das abendliche Vorlesen. »Es gab bei uns alle Märchenbücher.« Und da kommt auch ihr »Das Mädchen mit den Schwefelhölzern« ins Gedächtnis. »Es war auf einer Charity-Veranstaltung in der Heidelberger Stadtbibliothek. Mein Vater als Vorleser musste abbrechen, weil er so von seinen Gefühlen überwältigt wurde. Ich habe dann den Schluss gelesen.« Dagegen landete James Fenimore Coopers »Lederstrumpf« im Feuer. Das Buch, das ganze Generationen von Heranwachsenden begeistert hatte, war dem Herrn des Hauses zu »rassistisch«.

Wie bewundert sie ihn dafür, dass er »sich seine Emotionen

erlaubt«. Die erlaubte sich Lautenschläger am heimischen Esstisch aber nie, wenn es um das Unternehmen ging. MLP hatte zu Hause keine Priorität. »Ich wusste nie, ob der Tag bei MLP gut oder schlecht für ihn gelaufen war.«

Wie bei ihren Geschwistern auch spielte der Reichtum nie eine Rolle. »Das habe ich erst mit Mitte zwanzig kapiert.« Luxus war für sie die »viele Zeit, die wir miteinander verbracht haben«. Aber auch die klaren Ansagen. »Extrem dankbar« ist Schnuppi ihrem Vater, den sie als »Konditionswunder« bezeichnet, dass er sie davon abgehalten hat, Leistungssportlerin zu werden, wie es ihr Schwimmtrainer vorgeschlagen hatte. »Ich hatte keinen ausgeprägten Ehrgeiz für irgendetwas, habe aber überall gerne mitgemischt.« Dass sie in den Weihnachtsferien mit 16 Jahren schon ihren Skilehrer-Schein machte, verbucht sie für sich neben all den anderen Dingen, die ihr Spaß machten. »Es war wunderbar, dass ich dann Kindern Skilaufen beibringen konnte.«

Ja, klar, sei ihr Vater öfter mal streng gewesen, aber viel öfter kam das Lob: »Das hast du gut gemacht«. Sie wusste es immer zu schätzen, denn schließlich hatte sie den »ehrlichsten Kritiker vor sich«, aber auch eine Familie, in der Vertrauen großgeschrieben wurde. »Da gab es null Misstrauen«, dafür dieses große Geschlossenheitsgefühl. Das deutlich sichtbar wurde, als es mit MLP abwärtsging. »In Österreich haben wir ja dann darüber geredet, und ich hatte zu keinem Zeitpunkt das Gefühl von existenzieller Bedrohung.« Schließlich hatten ihnen die Eltern vermittelt, dass sie »alle selber was können«. Heute sagt Schnuppi: »Wenn du den Reichen Geld und Namen wegnimmst, dann braucht es Identität.« Diese »Echtheit« ihrer Persönlichkeit, diese Übereinstimmung mit dem, was sie ist, was sie sagt und wie sie lebt, strahlt Schnuppi aus.

Dazu gehört auch, dass sie nach der Scheidung mit einem Barkeeper zusammenkam, dazu gehört auch, dass sie, als der später Geschäftsführer eines kleinen Restaurants an der Alten Brücke in Heidelberg wurde, dort im Service aushalf, wenn Not am Mann war, dazu gehört auch, dass sie mit ihrem orangefarbenen »Dodge Challenger« durch Heidelbergs Straßen fährt.

Da ist aber auch dieses tiefe Erspüren. »Mein Vater braucht diese Momente, wo er alleine am Strand sitzt, liest und die Magie der Welt in sich aufnimmt.« Für sie wird er immer der »Mensch Manfred Lautenschläger« bleiben, »wie er mit 25 Jahren war«. Mit dieser »unstillbaren Neugierde«, dieser »charismatischen Ausstrahlung«, dieser Fähigkeit, »alles krass in sich aufzunehmen«, und zu jeder Zeit willens, »anderen eine Freude zu bereiten«. Der ihr in früher Jugend klarmachte, »Verantwortung zu übernehmen« für ihr eigenes Leben.

»Meine Eltern leben beide für die Familie, zu genau gleichen Teilen als Liebespaar«, sagt sie. Dass sie eine »sehr enge Beziehung zur Mutter« hat, die vieles »abgepuffert«, aber nie mit ihrem Mann sich vor den Kindern gestritten habe, auch wenn sie anderer Meinung war, daraus macht Schnuppi kein Hehl. »Bei ihr bin ich nie auch nur in Versuchung geraten, sie zu belügen.« Auch wenn die beiden nicht tagtäglich in Kontakt stehen: »Mir reicht es zu wissen, dass sie meine beste Freundin ist,« sagt sie.

In zahlreichen Interviews gab Manfred Lautenschläger Privates preis. Nur, wer den leidenschaftlichen Familienvater kennt, der erkennt hinter der distanzierten Sprache den Stolz eines Mannes auf seine fünf Kinder und den tieferen Sinn hinter dem Begriff »Lebenswerk Familie«.

Zur Kindererziehung: »Das Bestreben meiner Frau und

mir war immer, unsere Kinder so zu erziehen, dass sie – jedes auf seine Art – glückliche Menschen werden. Keines wurde dazu gezwungen, in meine Firma einzutreten, im Gegenteil. Ich habe dagegen anerzogen. Denn es wäre für ein Kind mit dem Namen Lautenschläger eine ungeheure Belastung, in die vom Vater gegründete Firma einzusteigen. Es gibt genug Beispiele, dass Vergleichbares in persönlicher psychischer Zerstörung oder auch im Selbstmord endete.«

Zu Maßstäben: »Unsere Erziehung ist durchaus auch an den Zehn Geboten ausgerichtet, ohne dass diese zitiert werden. Eines Tages werde ich tot sein und mich im Lauf der Jahre in Staub auflösen. Und das war's dann! Die Gefahr besteht in meiner Position darin, dass man die Maßstäbe verliert. Man wird hofiert, mit Respekt behandelt, von Leuten, die damit einen gewissen Zweck verfolgen. Man hält sich dann für unheimlich wichtig und bedeutend. Darüber sollte man hin und wieder nachdenken. Das gab ich auch meinen Kindern mit auf den Weg.«

Zu Reichtum: »Wenn ich zum Sozialfall würde, wäre das sicherlich nicht einfach. Denn mein Lebensrhythmus wäre dann ein gänzlich anderer. Sich im Alter noch mal daran zu gewöhnen, fiele mir schwer, aber es würde mich auch nicht umbringen. Ich habe andere Wertigkeiten, die mich auffangen würden, insbesondere meine Familie. Am 2. August 2002 war der ganz große Absturz der MLP-Aktien. Da wurde es für mich auch privat kritisch. Ich war gerade auf einer Wanderwoche im Montafon mit meiner Frau, ohne Kinder, und ich bekam an diesem Spätnachmittag von allen fünf Kindern innerhalb einer Stunde auf dem Handy Anrufe, von jedem einen Trostanruf.

Ich lebe konsequent meine Überzeugung – beruflich und privat. Nicht ausflippen, nicht den Boden unter den Füßen verlieren und immer wissen, was wichtig ist im Leben. Ich habe nichts vom neunstelligen Bankkonto, wenn das Privatleben nicht stimmt.«

Weil das Privatleben stimmig ist, weil er die Gewissheit hat, dass jedes seiner Kinder zu einer »Persönlichkeit« herangereift ist, die ihn liebt und respektiert, weil er sein Unternehmen in guten Händen sieht, deshalb kann er es sich auch leisten, jeden Tag in »Champagner zu baden«. Denn sein Wohnhaus hat er vor über zwanzig Jahren in der »Champagnerluft« von Gaiberg gebaut. Fünfzehn Minuten mit dem Auto von Heidelbergs Altstadt entfernt. Der weltberühmte US-Architekt Frank Lloyd Wright stand Pate für den zeitlos ästhetischen Bau im Stil einer toskanischen Villa auf dem 12.000 Quadratmeter großen Gelände mit dem weiten Blick über die Hügel des Odenwalds und des Kraichgaus. In der Ferne ist die Silhouette der über 800 Jahre alten Bergfeste Dilsberg auszumachen, die im Dreißigjährigen Krieg erst nach erbittertem Widerstand von Tilly in die Knie gezwungen wurde, rechter Hand grüßt das alte Gemäuer der Burg Steinsberg von ihrem Vulkanhügel, seit der Zeit der Bauernkriege »Kompass des Kraichgaus« genannt. Manfred Lautenschläger liebt diese geschichtsträchtige, hügelige Landschaft. In der er nicht nur seine »ruhige Oase« gefunden hat, sondern die sich auch ideal für seine ausgedehnten Fahrradtouren anbot.

Was braucht solch ein Privilegierter noch eine Villa auf Mallorca? »Was gibt es Schöneres, als hier auf der Terrasse zu sitzen?«, verweist er auf die ländliche Idylle. Wiesen und ein Stück Wald, ein kleiner Bachlauf und der Teich mit den Kois machen die Naturverbundenheit auf seinem Anwesen aus. Von den Hunden Aura und Buddy bestens bewacht. »Die sind effektiver als jede Alarmanlage«, streicht er der lebhaften Berner

Sennenhündin und dem in die Tage gekommenem Golden-Retriever-Labrador-Mischling über die Köpfe. Und effektiver als jeder Sicherheitsdienst. Wachmänner sind nirgends aus-zumachen. »Wir wollten keine neurotischen Kinder, und ich kann es nicht leiden, wenn mir jemand beim Einkaufen hin-terherdackelt«, sagt Angelika Lautenschläger.

Im Inneren des Hauses werkeln die beiden Haushälterin-nen Milla, ein Jahr älter als Lautenschläger, und Iris, inzwi-schen auch schon Ü50. Seit vier bzw. drei Jahrzehnten sind sie hier schon beschäftigt und im Laufe der Zeit zu einem Teil der Familie geworden. Zu tun gibt es für sie genug bei einer Wohnfläche von 550 Quadratmetern. Mit den zehn Zimmern, fünf Bädern und zwei Küchen sind die Lautenschlägers für alle Eventualitäten einer Großfamilie bestens gerüstet. Und für Gäste.

Allerdings: Ein kleines Problem gibt es doch. Nämlich dann, wenn sich alle zum sonntäglichen Essen treffen. An dem gro-ßen, polierten Holztisch, der die gesamte Länge des Esszim-mers beansprucht, finden zwar die Erwachsenen Platz, nicht aber die neun Enkelkinder. Hier schaffte die praktische Haus-herrin mit einem einfachen Tisch-Stuhl-Set Platz. Mit zwei Stufen und einer halbhohen Wand vom lichtdurchfluteten Wohnzimmer getrennt, kommt kein Gefühl der Enge auf. »Außerdem gibt es dann sowieso nur kaltes Buffet«, erklärt Angelika Lautenschläger, »wie soll ich auch für zwanzig Leute kochen. So große Töpfe habe ich gar nicht.«

Nicht missen möchten Angelika und Manfred Lautenschlä-ger das gemeinsame Frühstück am quadratischen dunklen Tisch mit der Eckbank im fensterreichen Erker – Rundum-blick und Zeitungslektüre inklusive. Ins Büro geht er noch je-den Vormittag, gemäß seinem Motto: »Wenn man beschäftigt

bleibt, dann hat man mehr Spannkraft – körperlich und geis-
tig.«

»Geistige Spannkraft« strahlt vor allem Lautenschlägers
heimisches Arbeitszimmer aus. Auch von hier hat er diese tolle
Sicht in die Natur durch die bodenhohen Fenster. Ausgelegt
ist sein Refugium mit abgetretenen Teppichen, zwei wertvolle
Expressionisten hängen an der Wand, das Sofa lädt zum Ent-
spannen ein. Auf dem mustergültig aufgeräumten Schreibtisch
steht der Computer, daneben liegen Hanteln und Faszienrol-
len.

Im krassen Gegensatz dazu überall Bücher gleich stapel-
weise. Auf den kleinen Tischen oder auf dem Boden liegt gerade Gelesenes oder noch zu Lesendes. Und Lautenschläger
verschlingt so ziemlich alles. Belletristik und Wissenschaftli-
ches, Geschichtliches und Politisches. Aber auch »leicht ver-
daulichen Krimis« ist er nicht abgeneigt. Lieblingsautor ist
gegenwärtig Don Winslow. In jungen Jahren las er sämtliche
Romane von Raymond Chandler und B. Traven. Anregungen
für seine literarische Unersättlichkeit holt er sich bei literatur-
begeisterten Menschen oder bei der Buchhändlerin im kleinen Buchladen in Nussloch. In den Regalen stehen seine Lieb-
lingswerke wie die »Handschrift von Saragossa« von Jan Graf
Potocki, aber auch südamerikanische Literatur oder deutsche
Klassiker. Von Yuval Noah Hararis »Eine kurze Geschichte
der Menschheit« ist er immer noch beeindruckt. In seinem
Arbeitszimmer verbringt Lautenschläger immer noch seine
meiste Zeit.

Hier ist auch eine Wand voll mit Auszeichnungen vom Eh-
renbürgerbrief Gaibergs bis zum Bundesverdienstkreuz Erster Klasse. Von der Verdienstmedaille des Landes Baden-
Württemberg bis zur Ehrendoktor-Urkunde der Universität

Heidelberg. In der Vitrine stehen die vielen Preise des Mäzens. Die massive Skulptur der Sportregion Rhein-Neckar gehört dazu. Aus der Schublade zieht er eine Mappe mit bunten Bildern, gemalt von kleinen Wasserratten, die sich dank »Schwimmfix« über Wasser halten können. Es sind auch die »kleinen Dinge, diese ganz persönlichen Geschenke«, die Lautenschläger in Ehren hält. Wie die Miniaturzeichnung des Expressionisten Richard Ackermann. Darauf zu sehen, ein Lautenspieler – die Verbindung zu Lautenschläger ist nicht weit. Das Geschenk eines Nachbarn.

Ist Manfred Lautenschläger ein glücklicher Mensch? Sein »Ja« kommt spontan. 1973 lernte er Angelika kennen, da hatte er seinen 34. Geburtstag schon hinter sich. Die 21 Jahre alte Studentin mit der »süßen Figur, den langen Beinen und dem kurzen Röckchen« gefiel ihm. Dazu war sie noch eine Super-Tennisspielerin. Er lud sie in »Fischer's Weinstube« ein, dieses kleine, romantische Lokal, das schon lange nicht mehr als Treffpunkt für Liebespaare existiert. Doch wie das Leben so spielt: Das »schönste Mädchen Heidelbergs« und der Unternehmer verloren sich aus den Augen. Erst eine ganze Weile später trafen sie sich zufällig wieder. Und da funkte es gewaltig. Sie verbrachten eine wunderbare Woche. Es waren Semesterferien, und ihr damaliger Freund kam nur am Wochenende. Angelika musste sich entscheiden. Samstag Morgen verabschiedeten sie sich. »Sonntag um 19 Uhr bin ich unter der Normaluhr am Uni-Platz. Es wäre schön, wenn du auch kommen würdest. Wenn nicht, weiß ich Bescheid.« Angelika kam und blieb für immer. Ein Jahr später verbrachten sie ihren ersten gemeinsamen Urlaub auf Ibiza, Angelika war mit Schnuppi schwanger. Die Hochzeit am 6. Dezember 1974 feierten sie in Heidelberg. »Es war eine selbstverständliche Liebe«, sagt Lautenschläger, wenn er zurückblickt auf die Zeit, als er diese »sehr reife, selbstständige« junge Frau kennenlernte.

Die kam aus einer anderen Welt. Geboren 1952 in Darmstadt, da war ihr Vater noch Student, lockte fünf Jahre später ein Angebot den jungen Ingenieur und Architekten nach Kuwait. Hier verbrachten sie und ihre zwei Geschwister eine Kindheit, die frei von Zwängen war, eingehüllt in eine liebevolle Zuwendung. »Es war wunderschön«, erinnert sich Angelika. »Wir wuchsen zweisprachig auf, konnten machen, was wir wollten, hatten dort unsere Freunde.« Schwierig wurde es erst, als die Kinder ins Gymnasium wechseln sollten. »Da gab es nichts Gescheites in Kuwait.« Die Alternative war Deutschland. Drei Jahre war Angelika im Internat Salem, zusammen mit Schwester und Bruder. Die Eltern sahen sie in den Ferien. Keine schlechte Zeit. Der »Kulturschock« kam erst später, als die Eltern nach sieben Jahren von Arabien in ihren Wohnort Dorsten, einer Kleinstadt in Nordrhein-Westfalen, zurückkamen und Angelika in die Mädchenschule der streng katholischen Ursulinen steckten. Sie hat es überstanden und machte 1970 dort ihr Abitur. Welche Befreiung, als die Familie kurz darauf nach Berlin umzog und sie an der TU Berlin mit dem Studium beginnen konnte. Die sprachbegabte 18-Jährige hatte sich für Anglistik und Romanistik entschieden, nicht aber mit dem Ziel, Lehrerin zu werden. Als sie ans Dolmetscher-Institut nach Heidelberg wechselte, da hatte sie Großes im Sinn: Simultan-Dolmetscherin in Brüssel. Dass daraus nichts wurde, hatte mit ihrem Umzug nach Heidelberg zu tun. Zwar bestand sie am dortigen Dolmetscher Institut ihr Vordiplom, aber dann lernte sie Manfred kennen und wurde schwanger. Bei der Industrie- und Handelskammer erwarb sie noch das Diplom und kann sich »Staatlich geprüfte Übersetzerin« nennen.

Für sie aber begann das Familienleben. Die Kinder, 1975, 1978, 1980, 1983 und 1987 geboren, ließen ihr nicht den Freiraum, sich auch noch beruflich zu engagieren. Das wollte die selbstbewusste Frau auch gar nicht. Die Rollenverteilung war klar. »Zwar war Manfred schon immer kinderlieb, aber die ersten drei Jahre war er am Abend kaum da.« Das änderte sich, als er mit den Kleinen reden konnte, diese fantasievollen Geschichten wie »Jumbo und Gazelle« erfand, ihnen Märchen vorlas. »Ohne Familie würde er eingehen wie eine Primel«, ist sie überzeugt.

Mit Angelika hatte der »dominante Mann, der es gewohnt war, sich durchzusetzen«, eine Frau gefunden, die stark genug war, um neben ihm auf Augenhöhe zu bestehen. »Das Geheimnis unserer langen Ehe liegt wohl auch darin, dass wir uns immer alles erzählt haben.« Angelika – die ideale Gesprächspartnerin. »Manfred wollte nie, dass eine Frau nur wegen seines Reichtums bei ihm bleibt, deshalb hat er mir auch schon früh Vermögenswerte überschrieben und mich damit unabhängig und selbstständig gemacht.« Dass es manchmal Meinungsverschiedenheiten wegen der Kinder gab, liegt in der Natur der Sache. Aber, wie schon der Nachwuchs sagt, sie wurden niemals vor den Kindern ausgetragen. Einig war sich das Paar, dass die Kinder ihren eigenen Weg finden müssen. Selbst als Schnuppi ihren Rugby-Spieler heiratete (»Wir wussten ja, dass das schwerlich gut gehen konnte«), gab es kein Einmischen. Mike wurde vorbehaltlos in die Familie aufgenommen.

Nein, »untergebuttert« hat sich Angelika Lautenschläger nie gefühlt. Aber auch sie musste sich erst einmal an die »direkte Art« ihres Mannes gewöhnen. »Das ist bei ihm eine Charaktereigenschaft, er kann nicht anders.« Für sie zählen diese »absolute Ehrlichkeit, die große Offenheit«, aber auch die

»Warmherzigkeit« ihres Mannes zu den großen Pluspunkten. Vielleicht ist es sein glasklarer Verstand, der es ihm ermöglicht, sich mit ausweglosen Situationen abzufinden, der ihm sagt, wann es Zeit ist, den Schalter umzulegen. Und sie fügt hinzu: »Dabei ist er nicht nachtragend, aber er vergisst nicht. Dazu gehört auch, dass er mit Menschen, die ihn einmal schwer enttäuscht haben, kein Wort mehr wechselt.«

Dass sich ihr Ehemann mit Small Talk schwertut, kann sie nachvollziehen. »Aber er unterhält sich gerne mit Leuten, die er schätzt.« Dass er viele »gute Bekannte«, weniger »allerbeste Freunde« hat, erklärt sich Angelika mit ihrer besonderen Beziehung: »Ich bin ja nicht nur die Ehefrau, sondern auch seine engste Vertraute.« Ihr Mann, der so schnell Vertrauen gewinnt und auch gibt, tue sich »schwer damit«, dass er mit ihr nicht immer einer Meinung sei. »Das muss man dann halt so stehen lassen«, sagt sie, die sich als »Ruhepol zu seiner Dauerbewegung« versteht. Seine Spontaneität, die »reicht für uns beide«.

Ihre schlimmste Zeit durchlebte Angelika, als die Ärzte ihr kaum Hoffnung machten, dass ihr Mann den Pankreaskrebs überleben könnte. »Ich war damals 28 Jahre alt. Matthias war gerade geboren, Markus zwei und Schnuppi fünf Jahre alt.« In der Mainzer Klinik »behandelte mich das Personal schon wie eine Witwe«. Aber sie glaubte an die »Kraft ihrer eigenen Jugend« und an den »unheimlichen Willen« ihres Mannes. Er überlebte. Und als sie danach mit ihrem vierten Kind Catharina schwanger war, da werteten sie dies als »Zeichen eines neuen Lebens«. Denn eigentlich hatte nach dreien Schluss sein sollen. Es wurden fünf.

Worauf die »friedliebende und diplomatische« Angelika stolz ist: »Wir haben unsere Kinder zu freundlichen und höflichen Menschen erzogen, das wollten wir weitergeben.« Glücklich ist sie auch darüber, dass alle in der Gegend leben, die jeweiligen Partner sich in ihr Familienleben einbinden lassen und – vor allem – dass es unter den Geschwistern keine Streitereien gibt. Das wertet sie als »großes Geschenk«. Gibt es bei ihr so etwas wie ein »Lieblingskind«? »Nein«, sagt sie lachend, »das wechselt täglich.«

Wenn das Schicksal es will, dann wird sich im Leben der Lautenschlägers auch in den kommenden Jahren nicht viel ändern. Die Sonntagstreffen wird es auch künftig geben. Der Kontakt mit den Kindern wird eng bleiben. Manfred Lautenschläger wird auch weiterhin jeden Tag in sein MLP-Büro fahren, wird kräftig in der Stadtgesellschaft mitmischen und immer wieder mit neuen Ideen begeistern. So plant er gerade, jeweils eine Million für die Alzheimer-Forschung und die Erforschung des Pankreaskrebs zu geben. Glücklich der Mann, der keine Depressionen und keine Schwermut kennt, der möglichst lange leben will, weil »ich das Leben liebe«. Die Voraussetzungen dafür hat er selbst geschaffen. Alles Weitere liegt nicht in seiner Hand.

Epilog & Dank

Ich habe jetzt meinen 82. Geburtstag gefeiert, weiß Gott ein gesegnetes Alter, auch in Zeiten gestiegener Lebenserwartung. Und natürlich ein Grund, zurückzuschauen, Rechenschaft abzulegen. Man fragt sich: »Hast du alles richtig gemacht?« Oder: »Was würdest du anders machen?« Oder: »Bist du ein glücklicher Mensch?«

Und öfter einmal hat man mich gefragt: »Du hast ein so langes und spannendes Leben gehabt, du hast unendlich viel erlebt, privat und beruflich, hast eine große Familie, hast ein erfolgreiches Unternehmen gegründet und aufgebaut, das jetzt fünfzig Jahre alt geworden ist. Du solltest das einmal niederschreiben.«

Ich hatte immer mit einem deutlichen Nein geantwortet, wollte mich nicht dem Verdacht der Nabelschau, der Selbstbeweihräucherung aussetzen. Dann kam die Feier meines 80. Geburtstages mit über 300 geladenen Gästen im Königssaal des Heidelberger Schlosses, in wunderbarer Atmosphäre. Und mir wurde mein Leben vorgeführt mit Fotos aus allen Stationen, Fotos, an die ich selbst mich nicht mehr erinnern konnte.

Im Lauf der folgenden Wochen keimte in mir die Idee, ob es nicht doch die Sache wert wäre, über mein Leben zu schreiben, für mich, für meine Kinder, für die 4000 Mitarbeiter und Berater von MLP und vielleicht auch für eine interessierte Öffentlichkeit. Das Leben eines alten Menschen, der als Kind noch sehr bewusst den Krieg erlebte, den Hunger und die Kälte der Nachkriegsjahre, der sich aus einfachen, klein-bürgerlichen Verhältnissen befreite und mit vielen Irrungen und Wirrungen heute sagen kann: »I did it my way.«

Ich sprach darüber mit meiner Freundin Ingrid Thoms-Hoffmann, die vierzig Jahre Redakteurin bei der lokalen *Rhein-Neckar-Zeitung* war. Sie bestärkte mich in dieser Idee, und was wäre naheliegender gewesen, als dass Ingrid dieses Buch schreiben würde?

Ich glaube, sie war sich nicht darüber im Klaren, worauf sie sich einließ. Es waren Dutzende von Interviews mit Freunden und Bekannten, mit meiner Familie, mit Wissenschaftlern und Kunstschaffenden zu führen und zu verarbeiten. Und es waren wirtschaftliche Komplexe aus der Firmengeschichte von MLP zu verstehen und zu beschreiben – geradezu eine Herkulesarbeit für eine Journalistin, die im Laufe ihres Berufslebens Tausende von Artikeln über Lokales, über Kultur und Politik geschrieben hatte, aber keine Wirtschaftsjournalistin war. Ingrid hat sich mit großer Energie und Einfühlungsvermögen dieser Herausforderung gestellt und sie bewundernswert gemeistert. Kompliment und Dank an Dich, liebe Ingrid.

Vor 25 Jahren habe ich das Buch »Mythos MLP« geschrieben – und das Wort »Mythos« war mehr als angebracht. Als Anfänger in diesem Markt, direkt aus dem Studium kommend, hatten wir uns gegen eine etablierte, finanzstarke Konkurrenz gestellt. Wir, »das Unternehmen mit der Jeansphilosophie«, wie uns das *Manager Magazin* einmal bezeichnete. Und wir hatten Erfolg!

Ein Erfolg, der Ende der 1970er-Jahre existenziell gefährdet war: Im Januar 1978 verunglückte mein Partner Eicke Marschollek beim Schlittenfahren. An den Folgen dieses Unfalls starb er ein Vierteljahr später. Ich selbst erkrankte im

Sommer 1980 schwer. Die Diagnose: Pankreaskrebs, Überlebenschance im einstelligen Prozentbereich. Der Rat der Ärzte: MLP verkaufen. Selbst wenn ich die nächsten Jahre überleben sollte, hätte ich nicht die Kraft, das Unternehmen weiterzuführen. Durch die schwere Operation, bei der unter anderem die Bauchspeicheldrüse entfernt wurde, war ich zum Diabetiker geworden.

Nach vielen Gesprächen mit meiner Frau und sehr fairen Verhandlungen mit der Alten Leipziger Versicherung lehnte ich deren Angebot ab und entschied mich fürs Weitermachen. Die Beschäftigung mit »meinem« MLP sollte zu meinem Lebenselixier werden. Und der Erfolg setzte sich nahtlos in atemberaubendem Tempo fort! 1988 wagten wir den Gang an die Börse, wurden bereits 1990 vom *Manager Magazin* zum Unternehmen des Jahres gekürt. Insgesamt erhielten wir diese Auszeichnung fünfmal. Und als Krönung erfolgte im Jahr 2000 der Ritterschlag, die Aufnahme in den Dax.

2002 kam dann er Absturz. Fragwürdige Anschuldigungen bescherten uns staatsanwaltschaftliche Ermittlungen, Anklagen gegen drei Manager, darunter den ehemaligen Vorstandsvorsitzenden, und ein katastrophales Image in der Öffentlichkeit. Aus dem Superstar war ein Schmuddelkind geworden. Drei Jahre hatten wir mit diesen Problemen zu kämpfen. 2007 wurde das Strafverfahren gegen die ehemaligen Manager eingestellt. Das öffentliche Ansehen wiederherzustellen stand allerdings auf einem ganz anderen Blatt und dauerte wesentlich länger.

Im Lauf der Jahre entwickelte sich MLP wieder zu einem exzellenten Unternehmen, wir hatten die Krise erfolgreich gemeistert. Heute sind wir der unumstrittene Marktführer unter den unabhängigen Finanzdienstleistern. Diese Entwicklung ist untrennbar mit dem Namen Uwe Schroeder-Wildberg verbunden. Er kam – noch mitten in der Krise – 2003 als junger Finanzvorstand zu MLP. Schon nach einem Jahr berief ihn der Aufsichtsrat zum Vorsitzenden des Vorstands. Uwe hat in diesen Jahren MLP sukzessive neu aufgestellt. Und das Wichtigste: Er hat für MLP das Vertrauen der Öffentlichkeit wiedergewonnen. Als Gründer und Hauptaktionär sage ich Dir, Uwe, dafür ein ganz herzliches Dankeschön.

Dank an die vielen Beraterinnen und Berater, die Mitarbeiterinnen und Mitarbeiter in der Firmenzentrale und den Geschäftsstellen, die auch in schweren Tagen immer an »ihr« MLP geglaubt und ihm die Treue gehalten haben.

Der »MLP-Spirit« ist durch die fünfzig Jahre seit unserer Gründung immer lebendig geblieben und ist die Basis, auf der unser Erfolg aufgebaut ist.

Ein ganz besonderer Dank gilt meiner Assistentin Stefanie Bernhard, die mir mit unendlicher Geduld bei der Niederschrift und den vielen Änderungen eine wahre Stütze war und mit der ich im nächsten Jahr »silberne« Zusammenarbeit feiere.

Bildnachweis

Dokumentations- und Kulturzentrum Deutscher Sinti und
Roma: Abbildungen 04, 10

Dorn, Peter: Abbildungen 07, 20, 25

Hentschel, Friederike: Abbildung 09

Kresin, Stefan: Abbildungen 02, 24

Lange, Michael / VISUM: Abbildung 27

Miethe, Michael: Umschlagmotiv

MLP: Abbildungen 03, 08

Privat: Abbildungen 05, 06, 11, 13–19, 21, 22, 28

Oeming, Manfred: Abbildung 29

Stadtarchiv Karlsruhe: Abbildung 12

Thoms-Hoffmann, Ingrid: Abbildung 26

Veigel, Thomas: Abbildung 30

Walz, Martin: Abbildung 01

Welker, Dagmar: Abbildung 23